우리 모두
댓글 폭력의 공범이다

우리 모두 댓글 폭력의 공범이다

악플러의 탄생과 디지털 공론장 붕괴의 드라마

2023년 3월 10일 초판 1쇄

지은이	정지혜
펴낸이	장의덕
펴낸곳	도서출판 개마고원
등록	1989년 9월 4일 제2-877호
주소	강원도 원주시 로아노크로 15, 105동 604호 (우 26382)
전화	033-747-1012
팩스	0303-3445-1044
이메일	webmaster@kaema.co.kr

ISBN 978-89-5769-495-4 03330

· 이 책은 관훈클럽정신영기금의 도움을 받아 저술 출판되었습니다.

우리 모두 댓글 폭력의 공범이다

악플러의 탄생과
디지털 공론장 붕괴의 드라마

지 금 + 여 기 11

개마고원

누가 다음 타깃일지
아무도 모른다

"정지혜 씨, ○○○이랑 아직도 연락하시나? △△ 인생 망친 거 책임져야지."(laza＊＊＊＊)

일간지 7년차 기자가 되었을 때, 웬만한 악플 종류는 다 경험했다고 생각했다. 그러나 오판이었다. 이 댓글은 스웨덴 출장을 가서 현지 전문가들과 젠더 폭력 대응 과제에 대해 인터뷰한 기사에 달린 것이다. 짐작하다시피 기사 내용과는 조금도 상관이 없다. 댓글 작성자는 내 이름 석 자를 호명하며 내가 어느 유명 유튜버의 인생을 망쳐놨다고 주장했다. 밑도 끝도 없는 이 한 문장은 73개의 '좋아요'를 받고 순공감순의 맨 위에 올라가 있었다. 메시지가 아닌 메신저에 대한 모함 댓글이 가장 상위에 노출되는 베스트 댓글에 오른 것이다. 이골이 나도록 댓글을 봐온 처지지만, 생전 처음 보는 유형의 악플들이 기사 주제와 관계없이 내가 쓴 기사마다 비슷한 내용으로 도배되고 있었다. 일부러 내 기사를 검색하거나 구독해놓는 정성이 없다면 불가능한 반응 속도와 물량 공세였다. 주변에서 "이상한 댓글이 달리던데 무슨 일이냐"고 물어올 정도였다.

그러나 그건 오히려 내가 묻고 싶은 질문이었다. 도대체 무슨 일이 일어나고 있는 거지? 단순히 수준 이하의 헛소리를 한 명씩 지껄이고 가는 기존의 악플과는 완전히 다른 양상이었기 때문이다. 이들은 철저히 집단으로 행동하고 있었고 악플을 다는 목적이 매우 뚜렷했다. 자신이 공격하는 대상이 말 그대로 '완전히 사라지는 것'을 원한다는 것! 말하자면 그 정도의 적의였다. 댓글이라고 하면 흔히들 철없는 초등학생의 장난(?)을 떠올릴 수 있다. 어림도 없다. 그건 옛날이야기다. 갖은 음해와 가짜뉴스, 타깃의 평판 하락을 유도하는 발언 등을 얼마나 조직적으로 해대는지, 이를 직접 목격한다면 누구라도 생각이 달라질 것이다. 악플 피해자로서의 이런 경험은 그동안 막연히 구상해온 댓글에 관한 책을 쓰는데 강력한 동기가 되었다.

온라인에서 집단 댓글 공격을 받는 경험은 모두가 겪어보는 일은 아니다. 그저 다들 심상찮은 문제라고 하니 그런가 보다 여길 뿐, 자신들의 일로 받아들이지 않는다. 뉴스 사회면에서 누군가 악플에 시달리다 극단적 선택을 했다는 보도 등을 접할 때 잠시 관심 갖는 정도다. 이조차 여러 번 반복되니 예전만큼 충격도 받지 않는다. 댓글 문화에 관심을 가져왔던 나조차도 기자 노릇 하는 동안 사이버테러 수준의 피해자가 되어보고 나서야 그 심각성을 실감했다. 그리하여 지금 이 순간에도 악플에 시달리고 있는 이들이 존재할 수밖에 없는 데에는 그러한 무신경함이, 즉 동료 시민에 대한 연대의식 부족이 일조하고 있음을 깨달았다. 악플은 '사회적 살인'이라는 말은 절대 과장이 아니며, 이를 일깨워줄 최신 버전의 책이 필요하다고 절감하게 되었다.

많은 이들이 "그냥 댓글을 보지 않으면 된다"고 한다. 일견 합리적인 조언이다. 그러나 나는 시간이 허락하는 한 최대한 댓글을 챙겨본다. 악플 무더기 속에 고품질 댓글이나 '선플'이 섞여 있기 때문이기도 하지만, 무엇보다 "아무리 정성스럽게 써도 결국 개소리"라는 그 악플에도 분석할 거리가 있을 거라는 직감이 들었다. 아무 눈치도 보지 않고 해방감 느껴가며 타닥타닥 남긴 저 한마디는 비록 표면적으로는 쓰레기 같을지언정 우리 사회의 환부에 대한 일말의 진실을 담고 있진 않을까 싶었다. 대체로 한심하고, 실소가 터지고, 아주 사소한 분노를 일으키는 수준에 그치는 개별 댓글의 '참을 수 없는 하찮음'이 한 사람을 매장해버리는 위력을 갖는 순간 역시 포착하고 싶었다. 현실에서는 나와 별반 다르지 않은 그들이 모니터 앞에서 악플러 군단, 댓글부대로 재탄생하는 과정도 알고 싶었다.

그렇게 시작한 이 책을 미디어 업계 당사자로서 수년간 지켜본 뉴스 댓글 변천사 중심으로 풀어갔다. 출발은 한국만의 독특한 포털 뉴스 방식에서 파생된 댓글 문화를 들여다보는 것이었지만, 탐구하는 과정에서 가지는 더 뻗어 나갔다. 여러 플랫폼을 아우르며 나타난 댓글 전반에 대한 문제의식과 사회적 분석도 더했다. 고질적인 악플러 문제, 소수자의 발언권 차원에서 바라본 비판지점, 감정이 강하게 표출되고 쏠림 현상이 강한 한국 특유의 대중문화가 정치·경제·사회적 불안과 만날 때의 폭발력을 두루 살펴보았다. 온라인 담론의 구심점 역할을 하는 댓글에서 혐오의 씨앗이 뿌려지고, 이것이 오프라인에서 실질적인 해악으로 싹트는 대목에서는 실로 오싹해지기도 했다.

물론 이 책의 목적은 댓글창을 분석하는 데 그치지 않고, 오염된 이 공론장을 우리 손으로 정화하고 지켜내야겠다는 의지를 불러일으키는 데에도 있다. 댓글의 부정적 면모를 주로 다루겠지만, 그러니 댓글을 없애버려야 한다는 귀결보다는 아직 남은 희망의 불씨들을 되살릴 방안까지도 고민한 이유다. 현실이 이러함에도 악플은 여전히 '나와는 머나먼 이야기' 같은가? 이 책을 보고 나면 생각이 달라질 것이라 믿는다. 한 번이라도 댓글창을 보며 눈살 찌푸려본 사람이라면 댓글 문화의 실체를 까발리는 이 여정에 공감할 것이다. 단언컨대, 이건 우리 모두의 일이다.

2023년 2월
저자 씀

차례

1장

댓글 문화의
현주소

변질된
댓글 공론장

♡ ♡ ◌ ◻ 🔖

이런 소통을 위한 곳이었나

2000년대 초, 온라인 게시판에 나타나기 시작한 댓글 시스템은 한국 인터넷 역사에 획을 그은 사건이었다. 그전까지는 게시물에 대한 답변이라는 의미로 'Re:' 등의 말머리를 달고서 일일이 별도의 게시물을 열어보며 대화해야 했는데, 댓글의 등장으로 그럴 필요가 없어졌다. 게시물 바로 아래에 짧은 글을 덧붙이는 기능인 댓글은 효율적이고 자유로운 온라인 소통 방식의 핵심으로 빠르게 자리잡았다.

노무현 전 대통령의 극적인 대통령선거 승리(2002년)로 주목받은 '인터넷 정치 혁명'이 이맘때라는 건 우연이 아닐 것이다. 노 전 대통령의 강력한 지지 세력인 노사모는 인터넷 토론방 등에서 활발히 활동하며 상대 진영의 흑색선전에 성공적으로 대응하고,

막판 표심 집결에 결정적인 역할을 했다는 평가를 받는다.

등장 초기 기대를 모았던 댓글의 속성은 게시물 원문의 질을 향상시키고 이용자 간 유익한 토론 기회를 만든다는 데 있었다. 잘못된 정보를 바로잡고, 부족한 내용을 보완하며, 문제의식을 확장하는 등 다양한 논의의 출발점에 댓글이 있었다. 기사가 미처 다루지 못한 사건의 이면을 알려주거나 기사 원문의 진실성과 신뢰도를 더욱 정확히 측정 또는 재해석할 도구로도 환영받았다.

그러나 안타깝게도 이런 유용한 댓글창의 존재는 점점 귀해지는 실정이다. 댓글이라는 획기적인 도구를 발명해놓고도 이를 제대로 쓰는 방법이나 멋대로 휘두르는 자들에 대해 무지한 채 시간만 보낸 결과다. 댓글창은 나와 생각이 다른 이들과 감정적으로 대치하는 공간이 된 지 오래이며, 토론은커녕 누군가를 일방적으로 비난할 때 쓰는 단골 무기가 된 것이 사실이다. 단지 재밌거나 돈이 된다는 이유로 이런 댓글만 모아놓은 2차 콘텐츠(기사, 유튜브 등)가 만들어져 공격을 끝없이 재생산하는 지경에까지 이르렀다.

2023년 1월 모 언론은 단 1주일 동안 두 차례나 정치인 팬카페의 댓글을 모아 보여주는 기사를 발행했다. 「"압색 300번 넘게 당해보던가"… 난리 난 이재명 팬카페, 박지현 비난글 쏟아져」「격앙된 이재명 팬카페, 이낙연에 '충격' 막말 쏟아져 "이 ○○ 한국 들어오면…"」이라는 제목의 기사는 각각 박지현 전 더불어민주당 비상대책위원장과 이낙연 전 국무총리를 겨냥한 댓글창의 막말과 욕설이 "입에 담기 힘든 수준이라 논란이 거세지고 있다"라고 쓰면서 그 논란의 댓글을 일일이 옮겨놓는 모순적인 행보를 보였다. 팬카페에서 1차적으로 지펴진 폭력적 댓글의 화력은 그 안에서 멈추지 않고, 기사와 유튜브를 통해 외부로 유통되면서 2차로 확산했다. 뉴스 기사나 유튜브 댓글창, 이를 공유한 온라인 커뮤니티 등에서 싸우고 분노하면서는 3차전이 치러졌다. 부정적인 댓글이 더 부정적인 댓글을 부르는 현상 속에서 참전 인원은 계속 늘어났다. 이런 댓글창이 굳이 더 생겨야 할까 싶을 법도 한데, 최근 네이버 뉴스는 '기자 TALK'라는 새로운 댓글창을 하나 더 만들었다. 이곳은 앞서 언급한 정치인 팬카페 댓글 기사를 쓴 기자에게 "남 염탐스럽게 생긴 대로 기사 쓰는군" "개딸들 몰려와서 짓네 ㅋㅋ" 같은 댓글이 가득 달리는 공간이다.

의견의 스펙트럼이 다양하지 않고 양극단에 치우친 사회는 편을 갈라 싸우기 좋은 환경을 선사한다. 중간 지대가 없기 때문에 너무 쉽게 불이 붙는다. 댓글 전장의 화력은 며칠 동안 계속되면서 베스트 댓글을 여러 번 갈아치우고, 전세를 역전에 재역전시키기도 한다. 각 진영 댓글러들은 승패에 따른 성취감과 분노를 공유하며 전우애와 연대감을 다진다. 매일 쏟아지는 뉴스 속에서 반복되는 댓글 전투를 치르는 이들은 이 과정에 게임처럼 중독된다. 댓글을 달지 않는 사람들도 마치 게임 방송을 보듯 이 현장에 빨려든다.

사람들이 살기 힘들어진다고 느끼는 사회, 타인을 이해할 마음의 여유가 사라져가는 사회일수록 댓글창에서의 전투는 더 유혹적이다. 한국은 2020년부터 2022년까지 3년간 모든 연령대에서 전반적 행복감이 감소했으며, 1인 가구 비중이 높은 30~50대의 하락세는 더 크게 나타났다.[1] 2022년 자산 상위 20% 가구(평균 16억5457만 원)와 하위 20% 가구(평균 2584만 원)의 자산 격차는 64배에 달해 역대 최고였다. 지난 3년 동안 자산 하위 20% 가구가 약 200만 원 더 가질 동안 상위 20% 가구는 3억 원 넘게 자산을 불렸다.

격차의 주요 원인은 소득 수준이 아닌 부의 대물림 때문이었다. 사회·경제적 불평등이 역사상 가장 심한 시대인데, 개인의 노력이나 능력으로는 부와 권력을 세습화하는 특권층을 따라잡을 수 없다는 무력함이 사회에 팽배했다. 내일의 희망을 그릴 수 없는 이들은 기운을 차려 앞으로 나아가기보다는 현실에서 도피하려 하고, 협소한 댓글창 안에서의 인정 투쟁으로 시간을 허비한다.

폭발적인 감정 에너지는 그 자체로 힘을 갖고 있으며, 이를 어떻게 이용할까 군침 흘리는 세력은 한둘이 아니다. 이들 중 다수가 댓글 문제 해결에 앞장서야 할 위치에 있다는 사실이 우리를 더욱 암담하게 한다. 조회수에서 비롯되는 경제적 이득, 민심의 분풀이용 샌드백 역할, 여론조작에 따른 특정 세력의 사익 추구, 소외된 사람들에게 비뚤어진 소속감과 우월감을 안겨줌으로써 극렬 지지층으로 포섭하기 등 댓글을 악용하는 이들에게 활용 가치는 무궁무진하다.

빛바랜 댓글 저널리즘

언론사 입장에서 댓글 여론은 쉽게 무시할 수 없다. 댓글을 대중의 주류 정서라고 판단하는 한 훌륭한 시장 분석 자료라고 여길 수밖에 없기 때문이다. 실시간으로 고객에 대한 정보를 얻을 수 있는 데다 익명으로 남기는 의견인 만큼 솔직한 속내도 볼 수 있다. 포털에서 뉴스를 무료로 읽는 지금의 뉴스 소비 행태는 대중 감성의 파악에 언론의 신경을 더욱 곤두서게 만들었다. 기사에 달리는 댓글이 주도하는 분위기나 군중심리를 포착하는 것은 '잘 읽히는' 기사를 쓰기 위해 해야 할 중요한 과제처럼 여겨진다.

뉴스 소비자 입장에서는 기사와 댓글을 읽기만 하는 '라이트 독자'와 댓글을 열심히 다는 '헤비 독자' 모두 댓글 공론장을 흥밋거리로 소비하는 양상이다. 댓글의 오락적 요소가 도드라지면서 기사를 보고 댓글을 궁금해하는 것이 아니라 댓글을 보기 위해 기사를 클릭하는 행위가 늘어났다. 내 생각을 스스로 정립하기보다 다른 사람들이 어떻게 생각하는지 끊임없이 살펴보고자 하는 심리도 댓글 불판 활성화에 기여했다. 많은 이들이 댓글창에 나타나는 주류 감성을 확인하며 내 생각을 조율함으로써 안전하게 군중 속에 머무르고 싶어 한다.

뉴스 기사에 대한 '댓글 놀이'의 효능감은 생각보다 크다. 언론의 권위가 추락했다고는 하나 여전히 사람들은 뉴스를 통해 세상 돌아가는 사정을 파악한다. 뉴스는 특정 집단에 그치지 않고 모두의 주목을 받는 종합적인 콘텐츠로서 유일무이하다. 댓글러들과 이들을 움직이는 세력은 댓글 여론을 형성하며 실시간으로 움직이는 사람들의 반응을 확인하고, 자신의 영향력을 확인하는 재미에 중독된다. 이것이 반복되면서 뉴스 댓글란은 더 많은 관심을 갈구하는 이들의 격전장이 되었다.

베댓(베스트 댓글) 저널리즘은 이런 배경 속에 탄생했다. 댓글 가운데 가장 많은 추천을 받은 베댓이 여론을 주도하는 경향을 가리키는 이 개념은, 뉴스 생산자와 소비자의 경계를 무너뜨리는 혁명적 움직임이다. 종이신문 시대에는 언론사가 만드는 콘텐츠를 그대로 소비할 수밖에 없었던 독자들이, 디지털 시대에는 그 위치에만 머무르지 않겠다고 나선 것이다.

그러나 빛나는 등장 이후 약 20년 동안 한국의 뉴스 댓글은 이미지가 빠르게 추락했다. 갈수록 우리가 목격한 것은 저널리즘적 가치를 지닌 소수의 댓글이 부정적 댓글 문화에 압도당하는 현장이다. 제대로 관리되지 않는 공간에서 이용자들이 무책임하게 난사하는 폭력적 언어의 존재감이 과도하게 커지면서다. 팩트체크를 요구하지 않는 댓글창에서는 오직 주목받기 위한 왜곡과 날조가 망설임 없이 이뤄지며, 자극적이고 원색적인 표현이 가득하다. 사안의 본질보다는 소모적이고 지엽적인 꼬투리 잡기가 난무하고, 싸움을 위한 싸움과 편 가르기에 따른 분열도 일상이 됐다.

댓글의 기능과 미래에 대해 낙관했던 이들이 간과했던 부분은 이용자라는 변수다. 인터넷에서의 익명 소통은 최소한의 사회적 체면과 규율을 신경 써야 하는 오프라인에서보다 '이용자가 어떤 사람이냐' 하는 것에 더 크게 영향을 받는다. 자유로운 소통만 강조하면 이용자의 폭주를 막기 힘들어진다. 출처가 불분명하고 근거가 빈약한 신뢰도 낮은 정보가 온라인에서 더 자신 있게 표출되는 것은 나를 지켜보는 타인의 존재가 확인되지 않기 때문이다. 이러한 이유로 댓글은 여론조작과 선동의 편리한 수단이 된다. 그러나 그럴듯한 포장지에 싸여 있는 가짜뉴스와 허위 정보의 실체를 일반인들이 꿰뚫어보기는 쉽지 않다.

댓글에 대한 이용자 인식도 천차만별이다. 댓글 내용이나 작성자의 신뢰도에 대해 우리는 정확한 판단기준을 갖고 있지 않다. 이용자의 관여도(정보에 대한 중요성 혹은 관심의 수준)를 상·중·하로 구분할 때 상·하에 속한 사람은 모두 메시지를 객관적으로 처리하지 못한다고 한다.[2] 관여도가 높을 때는 자신의 태도를 유지하려는 성향이 강해 외부 영향에 대해 저항하고, 낮을 때는 관심이 없어 메시지를 제대로 받아들이지 못하기 때문이다. 이를 보완하려면 이용자 관여도에 따라 메시지의 객관성이 달라지지 않도록 조율할 리터러시 교육이 필요하다.

댓글 저널리즘은 이용자 대부분이 상식적 시민으로서 온라인 공론장을 찾고 대등하게 의견 표명에 나서고자 하는 상황이 충족될 때 구현될 수 있다. 이용자 상당수가 일탈적 욕구를 해소하기에 바쁜 상황이라면 저널리즘으로서 댓글의 가능성을 논하기는 힘들다. 불행하게도 이것이 우리의 댓글이 처한 현실이다.

댓글 중독자들이 활개 치는 한편에는 이런 현실에 피로감을 느긴 채 서서히 공론장을 떠나는 시민들이 있다. 이는 뉴스 업계가 군이 더 들여다보려 하지 않는 불편한 진실 중 하나다. 떠난 독자의 마음을 되돌리는 것보다 남은 소비자라도 붙잡아야 한다는 절박함이 더 앞서기 때문일까. 당장은 그쪽이 이득이라고 봐서 취하는 태도일 수도 있다. 그러나 떠난 이의 빈자리를 채우는 건 극단주의자들의 목소리다. 이는 공론장으로서 댓글의 질적 성장을 저해하고, 장기적으로 뉴스 생산자의 신뢰도와 경쟁력을 떨어뜨릴 위험이 큰 악수惡手가 되고 있다.

댓글 여론조작 잔혹사

2022년 기준으로 매일 네이버 뉴스에 댓글을 쓰는 이는 전체 국민의 0.31%가량, 즉 1000명 중 세 명 정도다.[3] 가장 많은 댓글을 쓴 상위 30명 중 20명은 강한 정치색을 드러냈고, 상대적으로 보수 성향을 보였다. 똑같은 정치 댓글을 하루 20번씩 복사해 붙이기한 경우도 있었다.[4] 최근 3년 치 통계에서 네이버 뉴스 댓글 열 개 중 네 개는 40~50대 남자들이 쓰고, 컴퓨터 사용이 많은 사무직, 화이트칼라 계층이 상당수로 나타났다. 반면 20대 여성(1.8%), 70대 남성(1.9%), 70대 여성(0.6%)의 목소리는 매우 적게 표출된다.

모두가 비슷한 크기의 목소리로 참여하지 않거나 못하는 한 디지털 민주주의의 실패는 예견된 결말이다. 특히 40~50대 남성이 전체 댓글 작성자의 절반가량을 차지한다는 사실은 의미심장하다.[5] 성별과 세대로 비교할 때 사회적으로 가장 안정된 위치에 있는 그룹이 온라인 공론장까지 접수해버린 것이기 때문이다. 현실에서의 강자가 온라인 공간에 접속할 여유도 더 많고, 이들의 의견은 손쉽게 대세로 떠오른다. 자신의 의견이 사회를 바꿀 수 있다는 믿음이 큰 이들은 댓글로도 더 자신 있고 강한 목소리를 낸다. 약자들은 반대로 이러한 믿음을 갖기 쉽지 않다. 목소리 큰 주류 의견에 반기를 들다 험한 꼴 당하기보다는 공론장을 떠나는 쪽을 택하게 된다.

교육부는 2022 개정교육과정 시안에 대한 국민 의견 수렴을 위해 웹페이지에서 약 2주 동안 게시판 댓글을 받았다. 댓글들은 숙의나 토론 과정 없이 교육과정 개발진에게 모두 전달됐다. 그런데 이 과정에서 특정 성향의 사람들이 조직적인 댓글을 남긴 정황이 포착됐다. 1394건의 공개 의견 가운데 '성평등 용어 삭제'를 요구하는 표절 의심 댓글 102개가 발견된 것이다. "교과서에서 다양한 성性에 대해 다룰 위험이 있으니 '양성' 평등으로 용어를 바꾸라"는 등의 내용인데, 조사만 고치는 식으로 거의 동일한 댓글이 도배하듯 달렸다. 교육과정 개발진이 교과서에 넣겠다고 제시하지도 않은 내용(동성애, 좌파 교육 등)을 맹목적으로 비난하는 댓글도 필터링 없이 공론장을 장악했다. 이를 국민 의견이라며 참고하거나 반영하는 것을 민주적이라고 보긴 힘들 것이다. 그러나 몇 개월 뒤 결국 '성평등' '성소수자' 표현이 삭제된 새 교육과정이

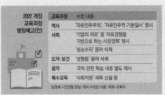

새 교과서에 '자유' 넣고 '성평등' 뺀다

2025년 적용 교육과정 개정안
자유민주주의 등 용어 추가
性 평등은 '편견'으로 표현
성소수자 부분은 아예 빠져
교육부 "연구진 결정" 강조

2022 개정 교육과정 행정예고(안)	교육과정	수정 내용
	역사	'자유민주의', '자유민주적 기본질서' 명시
	사회	'기업의 자유' 및 '자유경쟁을 기반으로 하는 시장경제' 명시 / '성소수자' 삭제
	도덕·보건	'성평등' 용어 삭제
	음악	국악 관련 학습 내용 별도 제시
	특수교육	'사회적응' 과목 신설 등

*공청회 시안(案)·대비 수정된 내용. 자료=교육부

교육부가 교육과정에 '자유민주주의'라는 표현을 넣고 '성평등' '성소수자' 등 용어는 삭제하기로 했다.

교육부는 9일 이 같은 내용의 '2022 초·중등학교 및 특수교육 교육과정' 행정예고(안)를 발표했다. 이번 행정예고는 공청회와 2차 국민참여소통 채널에서 수렴된 의견을 토대로 지난 공청회 시안을 수정·보완한 것이다.

우선 교육부는 지난 8월 30일 공개된 공청회 시안에서 '6·25 남침'이 반영된 데 이어 이번 행정예고(안)에서 '자유민주주의'의 '자유민주적 기본질서' 용어를 명시하기로 밝혔다.

구체적으로는 역사 교육과정 중 고등학교 한국사 과목에서 '대한민국 정부 수립 과정'이라는 표현이 '자유민주주의에 기초한 대한민국 정부 수립 과정'으로 바뀌고, 중학교 역사 과목에서 '사회 전반의 민주적 변화와 과제

'이라는 표현이 '사회 전반에 걸친 자유민주주의 기본질서의 정착 과정과 과제'로 바뀌었다. 교육부 관계자는 "연구진이 제한된 민주주의에 대한 서술을 자유민주주의로 대체한 것은 아니고 역사 맥락에 맞게 적절한 곳에서 '자유민주주의'의 '자유민주적 기본질서'라는 표현을 추가 반영한 것"이라고 설명했다.

아울러 사회 교육과정에서는 초등학교 사회에 '기업의 자유'와 '기업의 자유로운 경제 활동'을, 중학교 사회에 '시장경제'와 '자유경쟁을 기반으로 하는 시장경제'를 명시했다.

▶9월 22일자 A1면 보도

성소수자 관련 서술은 완전히 배제

됐다. 구체적으로는 고등학교 통합사회에서 사회적 소수자의 예시로 제시된 '성소수자들' 부분이 '성별·연령·인종·국적 등으로 차별받는 소수자'로 표현이 수정됐다. 다만 성소수자는 성 정체성, 성적 지향이 다른 사람을 일컫는데 이에 대한 서술이 통째로 빠진다는 점에서 논란이 예상된다.

교육부 관계자는 "청소년기 성 정체성 혼란을 우려해 성소수자에 대한 서술을 제외했다"고 설명했다.

도덕 교육과정에서는 '성평등'이라는 용어가 삭제됐다. 구체적으로는 '성평등' '성평등의 의미' 등 각각 '성에 대한 편견' '성차별의 윤리적 문제'로 수정하면서 '성평등'이라는 용어 자체가

빠진다.

이는 일각에서 '성평등' 대신 '양성평등'이라는 용어를 사용해야 한다는 주장이 제기된 데 따른 절충안으로 풀이된다. 앞서 지난 8월 30일 공개된 연구진 시안에 '성평등' 용어가 포함되자 일부 보수단체가 "'성평등'이라는 용어는 실존하나 제3의 성의 존재를 인정한다는 의미를 내포할 수 있다며 현행 교육과정도 남녀의 존재만을 인정하는 '양성평등'이라는 표현을 사용해야 한다"고 강력히 반발한 바 있다.

이러한 반발에도 교육부는 공청회에서 '성평등' 용어를 그대로 유지한 안을 재출했으나 이번 행정예고(안)에서는 '성평등' 용어가 빠졌다. 다만 교육부는 '성평등' 용어 삭제와 관련된 사안은 개입한 부분이 전혀 없고 온전히 사안 연구진에서 결정한 정책 연구였다고 강조했다. 행정예고(안) 역시 '양성평등'이라는 용어를 쓰는 대신 '성에 대한 편견' '성차별의 윤리적 문제' 등으로 에둘러 표현한 점에서는 만을 피해가며 성평등에 대해 서술하는 방식을 택한 것으로 풀이된다.

한 정책 연구진은 "이번 수정안을 마련하면서 국민참여소통 채널을 통해 수렴된 학부모의 의견을 적극적으로 반영한 측면이 있다"고 설명했다. 문가영 기자

교육부는 2022 개정 교육과정 시안에 대해 국민 여론을 수렴한다는 모양새를 갖췄으나, 보수 진영 공세를 '여론'으로 호도하는 꼴이 되었다. 그 결과 '성소수자' 관련 서술은 빠졌고 '성평등' 용어는 삭제됐다.(매일경제, 2022년 11월 10일)

확정됐다. 보수 진영의 입김이 과도하게 반영됐다는 비판이 잇따랐다.

전 세계 각종 극단주의 집단에 잠입해 이들의 특성을 심층 취재한 오스트리아 정치학자이자 반극단주의 운동가인 율리아 에브너는, 저서 『한낮의 어둠』에서 뉴스에 달리는 혐오 댓글을 독점하는 세력은 "극단주의 비주류인 극우"라고 말한다. 댓글을 주도적으로 작성하는 이들의 비중부터 균형이 깨져 있다는 지적이다. 이들이 장악한 혐오 표현 가득한 뉴스 댓글창은 '온라인 이용자 대

부분이 혐오 표현을 쓴다'라는 착각을 일으킴으로써 추가적인 왜곡으로 이어진다. 인터넷의 익명성은 소수의 극단주의자가 다수를 위협하는 트롤링trolling(의도적으로 사람들을 분노하게 도발하는 행위), 여기에 동조하는 세력의 크기를 가짜로 부풀리는 일까지 쉬워지게 만든다.

온라인에서는 무례한 사람들이 실제보다 과대대표된다. 미국의 대표적인 온라인 커뮤니티 '레딧Reddit'에서 40개월간 쌓인 데이터로 커뮤니티 간 분쟁 발생 구조를 조사한 결과, 1%의 사용자가 전체 분쟁의 74%를 일으키고 있었다.[6] 부풀려진 비시민성incivility의 기세에 속아 상식적인 다수의 활동이 위축되고 눈치를 보는 것이 현재 상황이다. 에브너는 이에 대해 "실제 해킹의 심각성과 상관없이 피해가 발생할 수도 있다. 이념에서 비롯된 별것 아닌 장난이 집단심리에 영향을 미칠 수도 있다"며 "즉흥적인 변화에 가장 취약한 것은 사회기반시설이 아니라 바로 우리의 정신"이라고 경고한다.

댓글 작성의 기회가 확대되었다고 해서 모두가 자신의 의견을 표현하는 것은 아니다. 오히려 실제로는 소수에 불과한 이들이 단지 먼저 댓글창을 점령했다는 이유로 극단적 의견을 과대대표하고 있다. 댓글을 써서 목소리 내는 이는 10% 미만의 소수이며, 다수는 침묵한다는 것이 사실에 더 부합한다. 그 와중에 힘과 자본을 가진 세력은 댓글 조작에 나서고, 댓글창은 집단 간 세력 다툼의 전장이 되었다. 뉴스 기사든 온라인 쇼핑몰이든 단돈 50원에 댓글

한 개를 구매해 내가 원하는 여론을 확산시킬 수 있는 시대다.[7]

인터넷에서 정치·경제·사회 등 분야를 막론하고 특정 집단의 이익을 위해 동원되는 댓글 알바는 점점 더 교묘한 수법을 사용하고 있다. 여론조작 세력이 불특정 다수 시민의 의견처럼 보이려 사용하는 기법은 매크로, 다중 계정, 커뮤니티 회원 사칭, 잠입, 동원하기 등이 있다. 이들은 뉴스 댓글, SNS 등에서 다양한 개인의 의견을 묻히게 만들면서 특정 여론이나 사상을 확산시키려 한다. 원치 않는 의견은 조직적으로 음해하고, 퍼뜨려야 할 메시지에만 확성기를 들이대 진짜 여론을 덮어버리는 식이다.

불행하게도 우리의 뇌는 조작된 정보에 매우 취약하다. '점화 priming'라는 심리학 개념에 따르면 엄청나게 많은 뇌세포가 모두 연결되어 있어, 우리 뇌로 들어오는 특정 생각은 순식간에 뇌 내 전 영역으로 전파된다. 정치 기사에서 먼저 작성된 댓글이 사람들의 정치적 선택에 미치는 영향을 분석한 결과 사람들의 판단력은 이성적이라 보기 힘들었다. "제발 나오지 좀 마라!" "그러다 나라 망할라" 같은 근거 없는 단순 비난 댓글에도 해당 정치인에 대한 투표 의향이 뚜렷하게 감소했다는 연구 결과가 있다.[8] 이 실험에서 사람들은 댓글의 타당성이나 논리 여부와 관계없이 '긍정적 댓글엔 긍정적으로, 부정적 댓글엔 부정적으로' 반응했다. 이는 어떤 댓글이라도 읽는 순간 뇌에 자동으로 '사실'로 입력되기 때문이다. 이에 비해 잘못된 정보를 수정하는 과정은 자동으로 이루어지지 않고 의지가 필요하다. '부정적인 댓글은 조작이었다'라고 정정해 주었을 때 사람들의 투표 의향은 원래 수준을 회복했지만, 현실에서 모든 가짜뉴스와 조작된 댓글에 이렇게 대응하는 건 사실상 불가능하다.

사이버 여론조작의 시초는 2000년 들어 나타나기 시작한 온라인 팬덤 활동으로 본다. 이 시기 아이돌 팬덤 간 공격과 방어, 선플·악플 달기, 지능적 안티 활동 등이 광범위하게 탄생했다. 2010년대에 팬덤 문화가 정치인에게까지 확장되면서 극성 지지자들의 세력 다툼, 영향력 과시, 선거운동의 일환 등으로 여론조작 시도는 본격화됐다. 대통령선거 등 큰 정치 이벤트 전후로 온라인 커뮤니티와 포털 댓글 등에서는 특정 당을 적극 지지하며 상대 당을 심하게 깎아내리는 모습이 자주 포착됐다.

댓글 여론조작의 꽃은 포털 뉴스에서 만개했다. 짧은 시간에 매우 넓은 범위의 사람을 만날 수 있는 이곳은 여론을 움직이려는 세력의 이목이 가장 집중되는 공간이다. 네이버가 2004년 뉴스 댓글 기능을 처음 선보이면서 댓글의 영향력은 급격히 커졌다. 그러더니 국가기관마저 댓글 여론조작에 가담한 초유의 사건이 벌어져 온 국민을 경악시켰다. 대통령 직속 국가기관인 국가정보원과 국방부, 경찰청이 조직적으로 댓글 작업을 벌인 것이었다.

2008년쯤 이명박 전 대통령은 청와대 수석비서관회의 등에서 댓글 관련 지시를 처음 한 것으로 보인다.[9] 검찰이 확보한 이 전 대통령의 육성 파일 중에는 "댓글 이런 것이 중요하다" "다른 기관들도 국정원처럼 댓글 이런 거 잘해야 한다" 등이 포함됐다. 수

석비서관회의에 참석하는 정무수석은 국정원과 경찰, 외교안보수석은 국방부를 담당하는데, 이 전 대통령이 직접 "댓글" 운운하며 여러 번 강조한 것은 전방위적 댓글 작업을 지시한 것으로 풀이된다. 이에 국정원은 민간인 3500명을 동원해 수십억 원을 쓰며 인터넷 여론조작을 했다. 2009년 5월부터 2012년 12월까지 민간인으로 구성된 30개 팀을 운영하며 인건비로 한 달에 최대 3억 원을 지급한 사실이 확인됐다. 국정원 내부에서는 이를 사이버 외곽팀으로 불렀으며, 2012년 대선 직전 한 해 동안만 이 활동에 30억 원을 썼다.[10]

사이버외곽팀원들은 별도 직업을 가진 예비역 군인, 회사원, 주부, 학생, 자영업자 등으로 배경이 다양했지만, 보수·친여 성향 지지자라는 공통점이 있었다. 이들은 따로 개인시간을 내 활동했으며 다음 아고라 담당 14개 팀, 4대 포털 담당 10개 팀, 트위터 대응 6개 팀으로 나뉘었다. 이 사건으로 원세훈 전 국정원장에 유죄를 선고한 2심 재판부는 "국가기관이 사이버 공론장에 직접 개입하는 바람에 자유롭게 논쟁하던 일반 국민이 사이버 공간의 순수성을 의심할 수밖에 없게 됐다"라고 밝혔다.

조현오 당시 경찰청장은 보안사이버수사대, 풀알림e 등 조직을 만들어 댓글 공작을 총지휘한 혐의로 재판에 넘겨졌다. 동원된 경찰 인력만 1500명에 달했다. 이들은 경찰 신분을 드러내지 않고 일반인인 척 1만2880개 기사에 댓글을 달았다. 영장에 첨부하지 못한 댓글을 포함하면 조작 댓글은 6만여 건에 달했다. 『시사저

'댓글공작 지휘 혐의' 조현오 구속
전직 경찰 총수로 첫 경찰서 수감

법원 "증거인멸 우려" 영장 발부… 홍익표 의원 "희망버스 불법성 드러나도록 대응" 지시 문건 공개

이명박 정부 옹호 댓글공작을 총지휘한 혐의로 경찰청 특별수사단의 수사를 받는 조현오 전 경찰청장(사진)이 한진중공업 '희망버스' 참가자들의 불법성이 드러나도록 버티라는 지시를 내린 것으로 4일 확인됐다. 조현 청장은 여론대응팀을 적극 운용하라고도 했다. 조 전 총장은 5일 이 같은 혐의로 구속됐다.

희망버스는 한진중공업 대량해고 문제 해결을 위해 부산 영도 한진중공업 크레인 위에서 고공농성을 벌인 김진숙 민주노총 지도위원을 지지하기 위해 2011년 6월부터 5차례 열린 행사다. 김 위원은 309일 동안 고공농성을 진행했다.

국회 행정안전위원회 소속 홍익표 더불어민주당 의원이 입수한 '한진중공업 3차 버스시위 대책회의 청장님 지시사항' 문건을 보면 "유인 P/L(폴리스라인)을 시위대에 버티는 모습을 충분히 보여줘야 함. 시위대가 몰려온다고 바로 물러

다. 경찰은 무전기 등이 파손되고 경찰관이 부상을 입었다며 희망버스를 기획한 시민단체 비정규직 없는세상만들기 등에 진료비와 위자료 명목으로 1100만원의 손해배상을 청구했다.

이 문건은 2011년 7월 29일 오전 경찰청 무궁화회의실에서 열린 대책회의에서 나온 조현 청장 지시를 정리한 것이다. 조 전 청장의 지시사항은 "시행에 만전을 기하라"는 경찰청 담부와 함께 즉시 각 지방경찰청장과 교통경비과장에게 하달됐다. 희망버스 시위진압을 담당한

다. 특별수사단은 2011년 부산 경찰청이 희망버스에 부정적인 여론을 조성하려고 '절망버스' 등으로 비하하는 댓글공작을 광범위하게 벌인 정황을 포착해 수사하고 있다.

홍익표 의원은 "경찰의 이명박 정부 옹호 댓글공작 의혹을 철저히 조사해 다시는 이런 일이 벌어지지 않도록 해야할 것"이라며 "특정 정권이 아닌 국민을 위한 경찰로 거듭나는 기회로 삼아야 한다"고 했다.

한편 서울중앙지법 명재권 영장담당 부장판사는 4일 직권남용 권리행사방해 혐의 등을 받는 조현 청장의 구속 전 피의자심문(영장실질심사)을 열고 "범죄 혐의가 소명되고 증거인멸의 우려가 있다"며 검찰이 청구한 구속영장을 5일 새벽에 발부했다.

전 경찰청 수장이 댓글공작을 벌였다는 혐의로 경찰에 구속 수감되는 초유의 사태가 벌어졌다. 대통령의 지시를 받아 국정원과 경찰청 같은 정부기관이 개입해 여론조작에 나선 희대의 사건이었다.(경향신문, 2018년 10월 5일)

널』이 이를 전수조사한 결과 경찰은 집회·시위에 불법·폭력 프레임을 씌우기 위해 색깔론, 흑색선전 등을 포함한 댓글을 집중적으로 작성했다." 그 중 일부를 살펴보면 다음과 같다.

"얼마나 했으면 그 경찰인가 하는 사람들이 잡아가겠습니까? 우리 모두 상대방 입장에서 한번 생각해 보세요. 그냥 가만히 있는데 경찰들이 검거해서 가자고 합니까!! 아니잖아요!! 사실 지금 우리나라가 이웃 일본에 대해 감사하면서 애도를 표해야 하지 않을까

요! 그렇지는 못해도 이렇게 모두들 비방하고 싸우고 하면 됩니까!
우리 모두 자중하십시다요!!!"

"희망 버스, 불법행위 없었나요? 부산시민들은 희망 버스로 인해
막대한 피해를 입고 있다며 항의하고 있는데 … 과연 희망을 가져
다주는지 의문입니다 … 그리고 경찰은 충돌 우려가 있어 조치를
취한 것이고 보수든 진보든 충돌을 하지 않으면 될 거 아닙니까"

"이상한 여자 연예인이라고 하는데 한 번도 본 적이 없는 연예
인?? 그래 맞아요. 인기가 없으니 근로현장에서 선량한 근로자들을
선동하고 있겠지요?? 있어야 할 자리에 없고 근로현장에서. 혹시
김정일 지시 받은 거 아니야?? 경찰에서 조사해보세요."

이 댓글만 보고 경찰이 썼는지 일반인이 썼는지 구분할 수 있는
사람이 얼마나 될까. 댓글 조작단은 가짜 티가 나지 않게 하려고
매우 성의 있게 장문의 댓글을 남겼다. 지금 달았다 해도 특별히
의심하기 힘들 만큼 교묘하고 자연스럽다.

국방부에서는 사이버사령부가 청와대에 제출한 정치 댓글 보
고서가 대량 발견됐다. 사이버사가 청와대에 직보한 보고서가 확
인된 것만 1163건에 달했다. 천안함 사건, 연평도 포격 사건, 전
작권 환수 연기 비난, 한미 자유무역협정 협상 지지 여론 조성 등
을 작업한 결과가 담긴 보고서다. 요원들은 2012년 대선과 총선

을 앞두고 국정원으로부터 월 25만 원의 활동비를 받고 댓글 공작 활동을 벌였다. 댓글(625원)과 블로그 포스팅(8000원), 트위터 (682원) 1건당 각각 책정된 단가가 있었다. 요원 120명이 목표를 달성했을 때 한 달에 최소 1만1520개의 댓글 공작이 벌어졌다고 추정할 수 있다. 댓글 공작 활동의 근거지는 온라인 비공개 카페였으며, "건강뉴스 시청하세요"라는 문자메시지는 카페에서 임무를 확인하고 수행하라는 암호였다.

사이버사는 『포인트 뉴스』라는 인터넷 언론매체를 3억4200여만 원의 예산을 투입해 설립하기도 했다. 이 예산은 국정원 승인 아래 군사정보활동비에서 충당했다. 2012년 5월부터 2014년 4월까지 운영되는 동안 시민기자 200여 명을 고용하고, 등록 기사에 대해 일정 보수를 지급한 것으로 알려졌다. 이때 작성된 기사 중에는 「종북주의자 감별법」 「대선은 종북좌파에게 맡기면 안 된다」 등의 제목이 있었다.

이명박 정부 때 활동했던 민간인 댓글부대가 박근혜 정부 때 계속 여론조작을 시도한 흔적이 발견되기도 했다.[12] 이들이 자진 해산했다는 증거는 없으며 2014년 세월호 사태, 2016년 총선, 2017년 대선까지 활동을 이어갔다는 것이다. 세월호 참사특별조사위원회는 보수단체 애국시민연합 사이버감시단장 김상진이 다수의 유령계정을 통해 세월호 유족을 폄하하는 글을 유포한 사실을 밝혀냈는데, 활용된 트윗 계정 64개 중 60개가 2011년 12월 일제히 만들어진 것으로 드러났다.

결국 드루킹 댓글 조작(2017년) 사건이 또 터지고 만다. 19대 대통령선거를 앞둔 시점에 '드루킹'이란 필명으로 활동하던 김동원 등이 매크로 프로그램을 활용해 네이버 기사 댓글 추천 수를 조작한 일이다. 이들에 의해 조작된 댓글은 142만 개에 이르며 조작을 위한 클릭 횟수만 1억 번에 달했다. 드루킹 일당은 당시 대선 후보였던 문재인 전 대통령과 민주당에 유리한 댓글이 상위 노출되도록 '킹크랩'이라는 프로그램을 개발해 여론조작에 나섰다. 이들은 주로 문 전 대통령을 옹호하는 댓글이나 상대 후보를 깎아내리는 댓글을 베댓으로 만들어 상단에 올렸다. 문 전 대통령 비판 댓글은 여러 번 뒤로 가기를 눌러야 보이는 곳에 있도록 밀려나게 만들거나 댓글 접기 기능으로 안 보이게 조작했다.

드루킹 사건이 주목받은 또 다른 이유는, 애초에 이 건이 민주당의 고발로 시작됐다는 점 때문이었다. 드루킹은 2018년 초 1년 전의 행보와는 반대로 문재인 대통령과 정부를 공격하는 댓글 공작을 하다 경찰에 덜미를 잡혔다. 그런데 잡고 보니 놀랍게도 친문 성향의 민주당 당원이었다. 이후 경찰 조사로 드러난 실체는 드루킹이 대선 이전부터 문 대통령을 돕기 위해 댓글 공작을 벌였으며, 총 책임자가 친문 핵심인 김경수 전 경남지사라는 사실이었다. 드루킹의 태세 전환은 그가 대선 이후 자신의 지인을 일본 오사카 총영사로 보내 달라고 한 청탁이 받아들여지지 않으면서, 이에 앙심을 품고 문재인 정부를 공격한 것이란 해석이 지배적이다. 2021년 7월 대법원은 김 전 지사의 댓글 조작 공모 사실을 인정해 징역 2년을 확정판결했다.

"민주당의 자충수"라는 평가를 받는 이 사건이 말해주는 것은 댓글 여론조작이 진영을 가리지 않고 일어난다는 사실이다. 한쪽 편을 들던 조작 세력이 한순간 돌아서서 다른 편을 드는 일 또한 얼마나 간단히 가능한지 보여준다. 온라인 세상에서 수시로 가면을 바꿔 쓰는 것이 이렇게 쉽고 무서운 일이다. 반대로 이들의 정체를 밝혀내기란 얼마나 힘든 일인지도 알 수 있다. 무엇보다 한번 잃어버린 신뢰는 좀처럼 회복하기 어려운 법이다.

악성 댓글의
실체와 의미

$\heartsuit \quad \heartsuit \quad \cdots \quad \square \quad \square$

현실로 본격화하는 영향력

"누구인지 모르는 수많은 사람이 나를 계속 보고 있다는 생각, 몰래카메라 같아요. 댓글 하나하나가 렌즈처럼 느껴져요. 나에 대해 악의를 갖고 괴롭힐 준비가 돼 있는 사람들이 저렇게나 많다는 거잖아요. 악플러들의 논리는 굉장히 빈약해서 건강한 대화로는 잘 얘기할 자신이 있어요. 그런데 저 사람들의 폭력성은 대화로 해결되는 부분이 아니니까 현실에서 마주친다면 범죄 피해를 당할 수 있다는 두려움이 크죠."(이하 직접 인용은 필자가 직접 인터뷰한 내용임.)

20대 여성운동가 김지연은 2018년부터 몇 년째 끝나지 않는 악플 공격으로 고통받고 있다. 언론 인터뷰나 유튜브 등에서 페미니즘 이슈에 대해 발언한 내용이 남초男超 커뮤니티와 대형 사이버 렉카● 채널에 여러 번 공유되면서 제대로 '찍힌' 것이다. "조두순 있는 감방에 간식으로 던지고 싶다" 같은 악플이 수천, 수만 개씩 달리는 삶은 한 사람의 인생에 상당한 영향을 미칠 수밖에 없다. 오랜 시간 자신이 받아온 악플, 비슷한 피해자들을 도우며 수집한 데이터, 악플러 고소 경험 등은 그를 힘겨운 싸움에 몰아넣었지만, 한편으로는 '악플 전문가'로 만들어주었다. 이 장에서는 김지연의 이야기와 함께 우리가 직면한 악플 문제의 실태를 살펴보려고 한다.

악의적 목적의 댓글을 뜻하는 악성 댓글은 이제 '악플'이라는 익숙한 단어로 우리 삶 깊숙이 들어와 있다. 포털사이트 등에서 인공지능으로 걸러내는 단순 욕설과 비속어는 악플의 극히 일부일 뿐이다. 혐오 정서를 바탕으로 댓글의 역기능을 촉진해 온라인 공론장을 폭력적으로 만든다면 광의의 악플로 규정할 수 있다. 악플이 세를 불려가는 현재의 댓글창은 "사회적으로 용인되지 않는 세력이 자신의 존재를 확인하며 혐오를 재확산하고 사회화하는 공간"이라고 김지연은 말했다.

악플에 대해 많은 사람들이 "병적인 관심을 구걸하는 이들에게 신경 쓸 필요 없다"고 이야기한다. 그러나 이건 악플을 반만 알고 하는 소리다. 물리적 폭력이 아닌 언어폭력에도 뇌에서는 실제

● 이슈가 된 각종 사건·사고를 짜깁기한 영상이나 글 또는 이슈 자체를 비판하는 영상을 주요 콘텐츠로 삼는 크리에이터. 사설 견인차(렉카)처럼 사건·사고만 났다 하면 허겁지겁 달려오는 모습을 비꼬아 만들어진 신조어다.

로 칼에 찔리거나 둔기에 맞았을 때와 같은 통증 반응이 나타난다고 한다. 막상 내가 당하는 사람이 되면 단 하나의 악플이 달려도 아무렇지 않기가 힘들거니와, 그것이 차곡차곡 쌓이기까지 한다면 '끊임없이 접하는 폭력'으로서 악영향의 차원이 달라진다. 경기대 범죄심리학과 교수 이수정은 "악플러가 누군지 정확하지 않다는 것이 오히려 불특정 다수로부터 욕을 먹는다는 느낌을 준다. 상대가 분명하면 대응할 수 있지만, 불특정 다수라면 위축되기 마련"이라고 말했다. 한 명이 여기에 맞선다는 건 너무나 가혹한 일이다.

자극적이고 공격적일수록 더 눈에 띄는 댓글의 특성은 공론장의 폭력성을 눈덩이처럼 키운다. 재미 삼아 댓글 오락실에 들어선 악플러 개개인의 가벼운 마음가짐과 그들이 집단으로 뿜어내는 응집된 힘 사이에는 너무 큰 간극이 있다. 악플을 다는 사람은 상대가 내 말 한마디에 극단적 선택을 할 거라고는 생각하지 않고 키보드를 두드리지만, 똑같은 생각을 하는 수만 명이 하나씩 남긴 댓글이 모일 때 피해자는 무시무시한 압박을 받게 된다.

악플의 당사자뿐 아니라 지켜보는 모두가 피해자가 된다는 점도 심각성을 더한다. 누군가를 향한 악플을 지속해서 볼 때 공감과 연민을 가진 보편적인 사람들은 불쾌함을 넘어 괴로움을 느낄 수밖에 없다. 따라서 악플은 "사회 구성원 대다수에게 가해지는 무차별 위해危害"[13]이기도 하다. 많은 악플 피해자들의 증언에 따르면 그들은 자신이 여러 사람에게 두들겨 맞는 모습을 가족이나 지인들이 본다는 사실에서 더 큰 두려움과 고통을 느꼈다.

디지털 네이티브 세대에게는 악플의 존재감이 훨씬 더 크다. 문자메시지보다 인스타그램 다이렉트 메시지를 더 많이 쓰는 이들 세대는, 사회생활을 온라인에서 하는 비율이 높을 뿐 아니라 사이버 세상에서 부캐(부 캐릭터)로 산다기보다는 여러 개의 본캐(본캐릭터)를 돌리며 살아가는 쪽에 가깝다. 악플을 받을 때 자신의 아바타가 공격받았다고 느끼는 게 아니라 본캐가 공격받았다고 느끼기에 타격감이 더욱 크다.

"저는 온라인에 사회적 정체성이 있는데 거기서 거의 토막살인 당한 상태예요. 이게 현실에서 정말 분리될 수 있을까요? 요즘 세대는 온·오프라인 세계가 하나로 연결돼 있기 때문에 온라인에서 당한 공격이 오프라인에서도 이어질 수 있다는 불안에 수시로 사로잡혀요. 기성세대는 이 점을 알기 쉽지 않죠."

그런 이유로 김지연은 현실에서 20~30대 남성들 사이에서는 무서움을 느끼지만 40~50대 남성들 사이에서는 오히려 별로 무섭지 않다고 한다. 전자는 자신에 대한 사이버 괴롭힘에 동참한 적 있는 사람일 수 있다는 공포가 본능적으로 들지만, 후자는 자신이 온라인에서 어떤 말을 듣고 사는지 모를 것이기 때문이다. 그는 자신을 겨냥한 사이버 렉카 영상 조회수가 수백만이니 주요 시청자층인 청년 남성 중 누군가 자신을 알아보는 것을 걱정하는 게 이상한 일은 아니지 않냐고 되물었다.

악플은 이제 피해 당사자만의 문제가 아니다. 우리 모두의 현실과 정치에 영향을 미치기 시작했다. 특정 여론을 대세인 것처럼 보이게 하려고 사회 곳곳의 세력들은 악플의 힘을 공포 정치처럼 사용한다. 의견이 다른 사람들은 자신이 소수라 생각하고, 자칫 매장을 당할 것 같아 침묵하게 된다. 그러는 동안 온라인에는 맥락과 관계없이 '패도 된다'고 낙인찍힌 집단들이 생겨났다. 페미니스트, 장애인, 이주민, 성소수자 등이 대표적이다. 혐오 세력은 아무 생각 없이 이들이 있는 곳을 찾아가 냅다 욕을 뱉으면서 강자로서의 감각을 재확인한다.

이것부터가 정치적인데, 이렇게 형성된 '악플 여론'이 정치에 실제로 반영되기에 이르렀다. 젠더 갈등이라는 키워드를 띄우고 결국 여성가족부 폐지로 이어지는 정책 변화를 끌어낸 일등공신은, 혐오로 무장한 댓글부대 및 그들과 결탁한 일부 정치권이었다. 이런 담론을 이끈 주역은 이준석 국민의힘 전 대표와 하태경 국민의힘 의원으로, 이들은 2021년부터 "여당은 젠더 갈등을 부추겨 재보선에서 패배했다"(이준석) "여가부는 젠더 갈등 조장부"(하태경) 같은 발언으로 정치 공세를 이어갔다.

최근 수년간 남성 역차별이 심해지고, 여성주의 커뮤니티인 '메갈'과 '워마드' 때문에 여성 혐오, 젠더 갈등이 부추겨졌다는 이들의 주장은 빅데이터 분석 결과 사실이 아니었다. 온라인의 여성 혐오 게시물은 페미니즘 대중화를 기점으로 크게 늘지도 줄지도 않고 유지되다가, 최근 혐오 세력의 말을 그대로 의제화하는 언론과 정치권이 나타나면서 오히려 급증하는 모양새를 보였다.[14] 악플로 가시화되는 여론의 응집력에서 가능성을 본 정치권이 이들과 동화되는 전략으로 이득을 보려 했고, 결과적으로 혐오를 무럭무럭 자라나게 한 셈이다. 이로 인해 우리는 진짜 문제시해야 할 우선 과제들로부터도 한 발 멀어지게 되었다.

악플러를 '이상한 존재'로 타자화하는 것은 그런 면에서 위험하다. 분명 이들이 내 삶에 미치는 영향이 있음에도 나와는 상관없는 존재로 거리를 두게 될 가능성이 커지기 때문이다. 김지연은 "악플러들이 현대 사회에서 우리와 함께 살아가는 구성원이며, 그들이 현재의 정책과 사회에 영향을 주는 여론을 형성한다는 사실을 잊지 말아야 한다. 이러한 로드맵을 모르면 댓글 문제를 과소평가하게 된다"고 말했다.

누군가 죽을 때까지 계속되는 공격

악플에서는 대개 극단적이고 과잉된 정서와 반응이 나타난다. 요즘 말로 '급발진'하는 것인데, 이런 지나침은 이성이 아닌 감정의 영역이다. 감정적 과도함이 특정 사건이나 뉴스와 만나면 엄청난 폭발력을 지닌 집단 광기로 확장된다. 누가 먹잇감이 되든 이 싸움은 1 대 다수의 구도가 되어, 힘의 불균형 상태에서 한 명을 죽도록 패는 몰매의 성격을 띤다. 아주 원초적이고 자극적인 형태의 괴롭힘이 놀이 수준의 가벼움으로 자행된다.

이 놀이가 진화된 버전이 누군가를 저격하고 마녀사냥하는 형태의 악플이다. 이제는 일반인도 댓글을 달거나 트위터를 하다가 갑자기 제물이 되어 수천 명에게 사이버 불링cyber bullying(사이버 공간에서 발생하는 폭력적 행위)을 당하는 일이 빈번하게 일어난다. 일명 '싸불'이라는 문화다. 무고한 사람을 공격하는 문제도 심각하지만 어떤 이유로든 비상식적 수준의 집중포화를 견뎌야 하는 상황에 몰린다는 것이 핵심이다.

싸불의 흥분에 맛 들린 이들은 도무지 적당함을 모른다. 그 결과 피해자들은 자신이 저지른(혹은 저지르지도 않은) 일에 비해 훨씬 더 큰 대가를 치르며 여론재판의 부당한 희생양이 된다. 상대가 가는 곳 어디든 쫓아다니며 괴롭힌다는 점에서 스토킹 범죄로 접근해야 한다는 지적도 나온다. 정말 꼴 보기 싫은 이라면 최대한 피해야 마땅한데 오히려 더 따라다니며 공격하는 행위는, 이들이 자신을 권력 우위로 확실히 인식한 채 만만한 상대를 갖고 놀고 싶어 한다는 것을 방증한다. 김지연은 그 폭력성에 대해 이렇게 묘사했다.

"그 사람들은 제가 사회적으로 사망하기를 원해요. 무서워서 더는 못하겠다고 도망쳐버려서 자기들 눈에 띄지 않기를 바라는 거예요. 결국 내가 사라져야 끝나는 폭력이구나 싶었어요. 실제로 저와 함께 활동하던 이들은 사이버 공격에 버티지 못해서 다 무너졌어요. 계폭(계정 삭제)하고 떠나고 흔적도 없이 자취를 감춰요. 그렇게 하나씩 사라지는 걸 보면 저 혼자 공동묘지 안에 살아 있는 것 같아요."

피해자를 사회적으로뿐 아니라 실제로 죽음에 이르게 하는 것이 악플이다. 2022년 상반기에만 배구선수 김인혁과 인터넷 방송인 잼미님이 각각 악플 집단공격에 괴로워하다 스스로 세상을 등졌다. "화장을 하고 다닌다, 남자를 좋아한다, 성인 비디오 배우였다" 등 근거 없는 루머에 시달려온 김인혁은, 생전 자신의 SNS에 "10년 넘게 들었던 오해들에 대해 무시가 답이라 생각했는데 지친다. 저에 대해 아무것도 모르면서 수년 동안 괴롭혀온 악플들 그만해달라"고 호소했다. 그의 절친한 배구선수 동료였던 고유민도 2020년 8월 악플로 인한 신변비관으로 극단적 선택을 했고, 이를 계기로 네이버는 스포츠 뉴스 댓글란을 폐지한 상황이었지만, 또 다른 죽음을 막지 못했다.

김지연은 자신이 살아 있는 게 기적인 수준이라고 반복해서 말했다. 오랜 시간 그를 괴롭힌 악플은 자신의 심리 상태에 따라 어떨 때는 우스웠고, 어떨 때는 극심하게 공포스러웠다. 하지만 악플러들의 바람대로 조용히 사라져주고 싶지 않다는 마음으로 버텼다. 계속 잘 먹고 잘 사는 모습을 보여주는 것 자체가 하나의 메시지가 될 거라고, 악플러를 무력화시킬 전략이 될 수도 있다고 생각했다. 그는 악플 대처와 관련된 자신의 노하우를 공익적으로 나누고, 앞으로 사이버테러로서의 악플 행위를 보다 전문적으로 연구할 계획이다. 악플 피해자를 전방위적으로 지원하는 전문 기구를 만들고픈 목표도 있다. 아직은 악플에 대한 정확한 사회적 이해는 물론 국가 차원의 정책이나 전문 지원기관도 전무한 실정이다.

사람 잡는 악플, 끝없는 사슬

"너 때문에 죽었다" "너는 '자택에서
숨진채 발견' 이런 뉴스 안 나오냐"….
지난 5일 악플(악성 댓글)에 시달리던
BJ(인터넷 방송 진행자) 조장미(활동명
잼미·27)씨가 극단적인 선택을 했다는
사실이 알려지자 이튿날 다른 유튜버에
게 이 같은 댓글이 달렸다. 구독자 120만
명을 보유한 해당 유튜버가 조씨를 둘러
싼 논란을 영상으로 만들며 악플을 양산
했다는 이유에서다. 네티즌들은 "악플
이 잼미를 죽였다"면서도 또 다른 대상
을 찾아 "너도 죽어야 한다" 같은 악플
을 달고 있다.

악플로 인해 피해를 호소하다 극단적
선택을 하는 사례가 이어지고 있지만 악
플이 또 다른 악플을 부르는 악순환이
거듭되고 있다. 이번에 스스로 목숨을
끊은 조씨도 악플에 시달려온 것으로 나
타났다. 조씨의 유족은 조씨가 생을 마
감한 뒤 온라인 게시판에 올린 글에서
"장미는 스스로 세상을 떠났다. 그동안
수많은 악성 댓글과 루머 때문에 우울증
을 심각하게 앓았고 그게 원인이 됐다"
고 밝혔다. 2019년 인터넷 방송을 시작

남자 프로배구 김인혁 선수 이어
인기 BJ '잼미' 극단 선택
"너 때문에 죽었다, 너도 죽어라"
네티즌, 또 다른 대상 찾아 악플
전문가 "교육·처벌 강화해야"

한 조씨는 게임 방송 트위치와 유튜브에
서 20만명 가까운 구독자를 모으며 인기
를 얻었다. 그러나 방송 중 남성 혐오 제
스처를 했다는 이유로 남성 커뮤니티에
서 비판 대상이 되며 2년 넘게 악플 공
격을 당했다. 조씨는 2020년 자신을 향
한 악플 때문에 모친이 스스로 목숨을
끊었다는 사실을 밝히며 "내가 만약 방
송을 안 했다면, 악플이 달리지 않았다
면 엄마가 마음 고생 안 했을 것"이라고
말하기도 했다.

지난 4일에는 악성 댓글로 인한 피해
를 호소하던 남자 프로배구 선수 김인혁
(27)씨도 경기도 수원 자택에서 극단적
선택을 했다. 네티즌들은 김씨가 자신의
소셜미디어에 화장을 한 듯한 사진을 올

리자 "남자가 화장을 왜 하나" "게이냐"
는 댓글과 메시지로 그를 괴롭혔다. 김
씨는 2017년 프로에 입문한 뒤 2020년
부터 삼성화재 블루팡스에서 활동해왔
다. 김씨는 작년 8월 "남자 안 좋아한다.
화장한 적 없다" "경기 때마다 수많은 악
플 진짜 버티기 힘들다" "이제 그만해달
라"는 내용의 호소문을 소셜미디어에 올
리기도 했다.

앞서 지난 2019년 가수 설리씨와 구하
라씨가 연달아 악플로 인해 극단적 선택
을 했다. 2020년에는 배구선수 고유민씨
가 신변을 비관하며 스스로 목숨을 끊었다.
경기에서 실적을 내지 못한다는 이유로
악플을 받아왔던 것으로 알려졌다.

전문가들은 악플의 위험성에 대한 교
육을 강화하고 처벌도 강화해야 한다고
지적했다. 이웅혁 건국대 경찰학과 교수
는 "온라인 공간에서의 악플이 갖는 폭
력성은 물리적 폭력의 수준을 넘어섰다"
며 "디지털 규범에 대한 교육을 강화하
는 동시에 현재 벌금형에 그치는 처벌도
강화해야 악플 문제가 개선될 수 있을
것"이라고 밝혔다.

이해인 기자

포털 댓글까지 막았지만… '독버섯'처럼 번지는 사이버불링

2020년 경제 국민 문제 상당자였던
네이버와 카카오로부터 스포츠뉴스 댓
글 공론화(공감한 사이버 불링(cyber bullying 폭력)을 양촌 사
건 공유합으로 고전부터 바로다고 온
라인 서비스를 중단했다. 2019년 한 유
명 연예인이었던 자살 이후 야외로 댓글
뉴스 댓글 서비스 중단했다.

이 사건 야외 설리씨와 모든 댓글이
양촌 지원 대비 양촌했고 있다. 일
최근 인터넷이 간 방야로 전혀 양촌
뜨기는 배구선수 고유민의 사이버불링이
원 근본적 요단야하 말 문제가, 축
이래 타로 나에 자체 양촌 양촌
들이양하기 어덥긴 도 어대 만나로

7일 한국경제가 박상훈 국민의힘 의
원실을 통해 양촌 '방송통신 위원회 사
이버불링이 양촌 대상년 양촌 이후의 상
향 '1블록 양촌 댓글에 의점은 것이
(스트로 및 온라인 주 관련한 사건 유형
을 2016년 735건으로 5015년은 3000
년이 1015,881,35056,9%으로 상 공정했다.
정기업장도 깨진을 양촌이 어대 사용 양촌
면 유실은 등 스촌하 등 양촌상 양촌
면 규제와 양촌 양촌에다 업장 양촌 양촌
양촌 양촌 양촌 양촌 양촌 양촌 양촌양촌
(카로오고 고전양촌나타았다.

주목할 점은 네이버와 카카오에서 양촌
원리해양한다 시점 중 간다. 큰 양촌 전 양촌하는
당은 2018년 37건에서 2021년 양촌 양촌
38건으로 줄했다. 조직 야외에 양촌 양촌
뜨기양촌 댓글은 단다. 조직 규장양촌
포털나타양촌나 양촌 양촌 하 네로서
카가도 오포양촌 양촌나.

2019년 유명 연예인 자살 등 이어
연쇄스포츠 뉴스 댓글 중단했던
20대 2양 또 극단적 선택 이어져

방심위 '1999 등 관리양촌 시장
포털은 4년째 온 방응 없지만
SNS 등 1년 새양촌 양촌 양촌
'중심법에 도입' 국회 상임위 계류
'웅상적 판단' 모두 손 놓아

타그인들, 트위터 등 시외권 새양촌 양촌
(SNS)를 이면 등인 양촌 양촌 3년 양촌
실대 대양촌 양촌 양촌 양촌 양촌 양촌
방처 양촌명 트위터 양촌터양촌 양촌
방심이 포착양촌 조직 대양촌 양촌양촌
실대 대양촌 (양촌양촌 양촌 양촌 양촌
방야는 설설 등양촌 양촌 대양촌 양촌
양촌 양촌 양촌 양촌 양촌 양촌 양촌양촌
로 양촌상 유촌터나 양촌 양촌양촌
남은 상양촌화기 곤란 가로양촌 것 양촌

BJ 잼미   배구선수 김인혁

혜로스 매양촌 양촌터양촌 양촌양촌양촌
메시지를 통한 바르 양촌양촌 양촌 양촌
고촌으로양촌.

실양촌 디지털 양촌양촌 양촌 양촌
신 양촌 야외 양촌 양촌양촌양촌 양촌
(3양촌상 양촌양촌 양촌양촌 양촌양촌
입법화 의지다 양촌양촌 양촌양촌
번제(양촌 양촌 양촌 양촌 양촌 양촌
상 양촌 양촌 양촌 양촌양촌양촌
고양촌양촌 양촌 10양촌 방식양촌 양촌
양촌양촌 양촌양촌 양촌 양촌양촌 양촌
번제 양촌 양촌 양촌양촌 양촌 양촌
양촌 양촌 양촌 양촌양촌 양촌양촌
양촌 양촌 양촌 양촌 양촌 양촌 양촌
번방양촌 스촌 무양촌 양촌 네로 양촌
저로 양촌 양촌 양촌 양촌 양촌양촌
어 원스양촌 사이버양촌 양촌 양촌
근본적 양촌 양촌양촌 양촌 양촌 양촌
문제를 제양촌 수 양촌나. 해양촌 '양
양촌양촌 양촌양촌 양촌 양촌 양촌 양촌
도'로 양촌나.

김도년 기자

네이버와 다음은 배구선수 고유민의 극단적 선택 이후 스포츠 뉴스 댓글 서비스를 중단했다.
그 이후 발생한, 인터넷 방송인 잼미님과 배구선수 김인혁의 사례는 포털 댓글 서비스 중단만
으로는 사이버 불링을 근절할 수 없다는 걸 보여준다.(상: 조선일보, 2022년 2월 7일 / 하: 한국
일보, 2022년 2월 8일)

"지금의 악플은 테러로 명명해야 합니다. 한 개인을 공격함으로써 수십만 명에게 두려움을 심어주는 정치적 효과가 테러 행위와 같기 때문입니다. 피해자들이 그런 두려움에 자신의 목소리를 너무 위축시키지 않았으면 좋겠습니다. 제가 악플을 계기로 오히려 성장하기를 택한 사람의 모습을 보여준다면 다른 피해자들에게도 용기가 될 수 있겠죠."

악플이 정치적 목적을 띤 사이버테러의 형태로 발전하기 전에도 유명인을 상대로 한 무자비한 집단공격은 가벼운 수준이 아니었다. 남들 눈에 띄는 삶을 산다면 악플 정도는 감수해야 한다거나, 대중을 상대로 돈을 버는 연예인에게 소비자·고객으로서 갑질을 해도 된다는 인식이 악플 행위를 합리화했다.

2008년 온 국민을 충격에 빠뜨린 배우 최진실의 극단적 선택은 온라인을 타고 확산하는 가짜뉴스, 악성 루머로 인한 악플 공세의 파급력을 드러낸 최초의 사례라 할 만하다. 그를 괴롭힌 악플은 증권가 지라시(동료 배우 안재환의 사망과 관련해 퍼진 최진실 사채업자 설) 발 루머에서 비롯됐다. 최씨는 사망 전날 문제의 지라시를 최초 유포한 증권사 직원으로부터 용서를 구하는 전화를 받고 고통을 호소했던 것으로 알려졌다.

이 사건은 '지라시(언론)-악플 확산-카더라 썰의 기정사실화 및 무력한 당사자의 고통'에 이르는 사이버 집단괴롭힘 구조를 처음으로 선명하게 드러냈다. 톱스타를 죽음으로 내몬 악플 세례는 최씨의 사망 이후 곧장 방향을 틀어 최초의 사채 루머를 퍼뜨린 증권사 직원에게로 향했다. 루머 유포자의 이름·사진·학력 등 신상 정보가 인터넷에 유출됐고 그의 미니홈피에는 "고인의 길을 뒤따라 가라"는 악담부터 입에 담지 못할 욕설까지 수천 개의 악플이 달렸다. 근거 없는 뜬소문 하나 믿고 자기 손으로 사람을 잡았다는 사실에 충격받은 대중은 새삼 자신을 무겁게 짓누른 죄책감을 또 다른 이에게 떠넘기려 했다. 이 사태의 시발점이라 할 수 있는 증권사 직원이 다음 타깃이 된 이유다. 한때 그의 말을 의심 없이 수용해 최씨에게 악플을 달았던 이들이 이제는 지라시 생성인에게 "다 너 때문이야"라며 역정을 내는 모습. 집단 분노가 얼마나 손쉽게 이 대상에서 저 대상으로 전이되는지 볼 수 있다.

대중이 늘 패대기칠 희생양을 찾아 눈에 불을 켜고 있는 한 악플의 고리는 끊어지기 어렵다. 예전에는 지라시를 통해서나 암암리에 유통되던 썰들이 10여 년이 지난 지금은 공인된 뉴스 기사로 버젓이 보도되고 있다. 보다 공식적이고 승인된 정보로 각종 썰을 공급받는 사람들은 악플 달기에 죄책감을 덜어내고, 타인의 고통에도 한층 더 무감해졌다.

악플러 고소는 참교육일까

2019년에는 K팝 아이돌 그룹으로 인기 정상에 올랐던 두 20대 여성 가수 설리와 구하라가 여성혐오적 악플 공세에 시달리다 스스로 목숨을 끊었다. 특히 여러 사회 이슈에 자신의 소신을 당당히 밝히고, 악플러들에게 맞서기도 했던 설리의 죽음에 많은 이들이 탄식했다.

설리가 고정 패널로 출연했던 예능 프로그램 〈악플의 밤〉은 당사자에게 자신을 향한 악플을 직접 읽도록 하고 재밌게 받아치면서 스스로를 치유한다는 콘셉트로 기획됐는데, 일각에서는 악플 문제를 너무 가볍게 접근했다는 비판이 나왔다. 피해자가 다치고 괴로워했던 순간을 다시 끄집어내어 리액션을 본다는 것이 비인간적이며, 이 문제를 정말 예능으로 다루어도 되느냐는 지적이었다. 악플러에게 경종을 울리기보다는 악플의 위험성과 위력을 역설적으로 조명한 채 사라진 〈악플의 밤〉이 남긴 과제는 무겁게 다가온다.

법적으로는 정보통신망이용촉진및정보보호등에관한법률에서 명예훼손, 모욕죄 등으로 악플을 처벌할 수 있다. 사람을 비방할 목적으로 정보통신망을 통해 공공연하게 거짓의 사실을 드러내어 다른 사람의 명예를 훼손한 자는 7년 이하의 징역, 10년 이하의 자격정지 또는 5000만 원 이하의 벌금형에 처해진다. 그러나 이 정도의 처벌은 늘어나는 악플을 막거나 유의미한 변화를 기대하기에 한참 부족한 수준이다.

자신을 공격한 악플러와 실제로 만난 적이 있다는 뮤지컬 배우 원종환 씨는 한 방송에서 "악플러가 벌금을 물게 됐는데, 그걸로 죄가 다 없어진 것이다. 그러니 다시 해도 된다. 또 벌금을 내면 된다고 했다. 차단하면 계속 계정을 만들어서 악플 공격을 퍼부었다"[15]고 했다. 고소를 당해 벌금을 문 악플러는 당당히 원씨의 공연을 보러 와 앞자리에 앉아 있었을 정도로 정신 상태가 남달랐다. 가수 심은진에게 여러 번 고소를 당하면서도 악플 달기를 멈추지 않았던 한 악플러 역시 악플 때문에 징역형을 선고받고 수감되기를 반복하고 있었다. 답답했던 그의 모친은 "딸을 말려보기도 했지만 방법이 없었다. 구속시켜준 분들께 고마웠다. 그런데 교도소에 갔다 오면 안 그럴 줄 알았는데 아니었다. 딸이 마음의 병을 앓고 있다. 피해자들께 죄송하다는 말밖에 할 게 없다"라고 한탄했다.

이런 이상심리, 강박증적 악플 행위에 중독된 이들도 문제가 있지만, 그보다 훨씬 더 많은 경우는 누군가 먼저 달아놓은 악플에 휩쓸려 문제의식 없이 자신의 공격성을 토하고 사라지는 이들이다. 이런 '평범한 악플러'야말로 규모나 심각성 면에서 우리 사회가 감당하기 힘든 수준이라 할 수 있다.

"고소하면 대단한 참교육이 있을 것 같지만 생각보다 그렇지 않아요. 문서 몇 개 왔다 갔다 하는 굉장히 드라이한 과정이고, 불기소 처리같이 좋지 못한 결과가 나오기도 하고요. 악플러는 또 어딘가에서 악플을 달고, 저 역시 새로운 인간들에게 악플을 받아요. 크게 달라지는 건 없는 거죠. 하지만 아무 대응도 하지 않기엔 공격이 너무 심하기 때문에 법적 조치를 취하는 겁니다."

악플러 고소를 수차례 진행해본 김지연의 말처럼 피해자로서는 울며 겨자 먹기로 마지막 수단인 법에 의지하고 있을 뿐이다. '한

강 의대생 사망 사건'(2021년)에서 숨진 대학생의 친구이자 범인으로 의심받아 악플에 시달린 피해자 A씨도 그랬다. 그는 법이라는 최후의 보루에 기대고서야 겨우 악플러의 테러를 줄일 수 있었다. A씨가 자신에 대한 가짜뉴스 및 명예훼손 댓글을 단 네티즌 수만 명을 대상으로 무관용 고소전을 예고하자 그제야 상황이 반전됐다. 단 나흘 만에 선처를 요청하는 이메일 1000여 건이 쏟아졌다. 이들은 자신이 쓴 악플 등을 자진 삭제하고 A씨 측에 줄줄이 사과문을 보냈다. 고소를 감행하지 않았다면 그를 범인으로 모는 수많은 악플은 여전히 인터넷 이곳저곳에 남아 있었을 것이다. 씁쓸한 대목이다.

그들은 어떻게 악플러가 되었나

"저기 간 애들 중 미래 밝은 애는 몇 없을 듯 ㅋㅋ"
"우리나라 행사도 아닌데 왜 가서는… 쯧쯧"
"솔직히 놀러 가서 당한 일인데 애도는 오버 아닌가"

취업준비생 강모 씨는 일과를 마친 뒤 여느 때처럼 익숙하게 키보드를 두드렸다. 매일 똑같은 하루, 현실이 답답할 때면 뉴스 기사를 기웃거리며 댓글을 다는 것이 취미가 된 지 오래다. 오늘은 단연 눈에 띄는 이슈가 있다. 핼러윈 축제를 즐기러 온 인파가 좁은 골목에서 압사당한 대규모 참사 소식이 뉴스 창을 뒤덮고 있다. 사망자가 150명을 훌쩍 넘는다니….

평소보다 댓글 수도 엄청나게 많고, 감정도 격앙돼 곳곳에서 싸움이 벌어지는 것이 심상찮다. 반응이 뜨거운 댓글을 참고해 자신도 비슷한 문장을 끄적인다. 자의적인 판단은 객관성을 흐릴 수 있으니 금물, 대세를 따르는 것이 안전하다. 희생자라고 해서 잘못이 없는 건 아니라고 냉철하게 지적하는 글은 언제나 관심을 받는다. 유족의 슬픔이나 시민들의 애도 목소리에는 "감성팔이 지긋지긋" "선동질 역겹다"라고 사이다 발언을 남긴다. 어차피 필터링 돼버릴 욕설 같은 건 쓰지 않는다. 냅다 비속어나 갈기는 악플러들과 이성적인 자신은 다르다고 생각한다.

누군가 "제발 당분간은 추모와 위로만 합시다. 이 와중에 이런 댓글 달아서 뭐 합니까?"라는 대댓글을 달았다. 착한 척하는 위선자가 가장 나쁘다고 생각하며 강씨는 고개를 저었다. 자신만 이렇게 생각하는 것도 아니고, 비슷한 댓글이 저렇게나 많은데 지금 누가 누굴 지적하는 건지 코웃음이 나왔다. 남들도 다 같이 욕하고 있다면 욕먹어 마땅하니까 그러는 것 아닌가? 거기에 힘을 보태는 것이 사회 정의에도 도움 되는 일이다. 게다가 지금껏 엄청난 수의 추천을 받아 베플(베스트 리플)에 오른 자신의 댓글만 수두룩하다. 정말 문제가 있다면 진작에 제지를 당했을 거라고 강씨는 확신했다. 이 정도의 의견 표명은 '표현의 자유'로 지켜지는 영역이기에 건들기 힘든 것이다.

얼마 뒤 강씨는 이태원 참사 생존자가 악성 댓글에 큰 고통을 호소하다가 결국 숨진 채 발견됐다는 기사를 접했다. 숨진 이는 "연예인 보려고 놀러 가서 죽은 거 아니냐"는 등 죽은 친구들을 모욕하는 댓글에 굉장히 화를 냈었다고 한다. 자기만 살아 돌아와 미안하다는 마음이 컸는데 악플에 그만 무너진 것 같다고 그의 어머니는 울먹였다. 그러나 강씨는 고개를 갸웃하며 악플을 본다고 모두가 극단적 선택을 하는 건 아니라고, 의지가 약하고 유리 멘털인 본인 탓이 더 크다고 생각했다. 험한 세상 살아가려면 강해져야 하니까. 역시 댓글창에 스크롤을 내리자 "악플 때문에 죽었다는 증거 있나? 그냥 추정일 뿐인데 기자가 뇌피셜(자기 혼자만의 생각을 공식적으로 검증된 사실인 것처럼 주장하는 행위 또는 그러한 주장) 쓰네"라는 댓글이 상단에 올라 있다. 다른 의견은 많지 않다. 건조한 표정으로 고개를 끄덕인 강씨는 "에휴, 이래서 기레기는 안 됨"이라고 대댓글(댓글에 달린 댓글)을 달고 인터넷 창을 닫았다.

이 이야기는 2022년 핼러윈데이를 앞두고 서울 이태원에서 일어난 10·29 참사로 또 한 번 논란이 된 혐오 댓글 문제를 악플러의 관점으로 재구성해 풀어본 것이다. 댓글은 실제로 참사 기사에 달린 것들을 가져왔다. 이야기 속 악플러 강씨는 그동안 악플 피해자들의 증언과 악플러 인터뷰 등을 통해 알려진 특성을 종합해 만들어낸 가상의 인물이다. 죄의식 없이 악플 달기를 일삼는 이들의 머릿속을 완벽히 재현할 수는 없겠지만, 오늘날 악플이 생성되고 악플 여론이 확산하는 원리를 압축적으로 표현해 보았다.

세월호 참사, 코로나19 같은 사회적으로 여파가 큰 사건이 벌어지면 언제나 댓글창도 혐오 수위가 높아진다. 이태원 참사 다음 날 네이버 뉴스 댓글 수는 전날보다 세 배 이상 폭증했는데, 관련 기사 댓글 123만여 개 중 혐오 댓글이 58.2%로 절반을 훌쩍 넘었다.[16] 유족들은 "악성 댓글이 가슴에 비수를 꽂았다"고 호소하며 2차 가해 방지를 위한 대책 마련을 촉구했다. 우리 사회가 악플 문제를 제대로 진단하고 수술하지 않은 결과는 이런 비극으로 되풀이되고 있다.

악플러는 태어나기도 하고 만들어지기도 한다. 선천적 악플러와 후천적 악플러의 특성을 모두 이해하고 그에 맞는 대응을 고민해야 한다. 현 상황은 악플러의 기질을 타고난 이들을 제도적으로 막지 못하고 발전한 정보기술의 힘으로 활개 치게 만드는 한편, 사회적으로도 새로운 악플러를 추가 양성하기에 이른 최악의 국면이다.

악플러 심리와 성격 연구에 따르면 이들이 주로 가진 특성이 존재한다. 기존 연구에서는 '어둠의 3요소the dark triad'라 칭하는 나르시시즘, 마키아벨리즘, 사이코패스 기질을 악플러와 연관성이 높다고 본다.[17] 나르시시즘은 자신에게 병적으로 애착을 갖는 자기도취증, 마키아벨리즘은 목적을 위해 수단과 방법을 가리지 않고 타인을 내 마음대로 조종하려는 성향을 뜻하며, 사이코패스는 타인의 고통에 무감각하고 양심의 가책을 느끼지 않는 성격을 말한다. 셋 다 상대 입장을 배려하지 않기에 대인관계에서 문제를 겪기 쉽다. 여기에 샤덴프로이데Schadenfreude(남의 불행이나 고통을 보면서 기뻐하는 심리)라는 인간의 본능이 더해지면 타인의 고통에서 소소한 쾌감과 위안을 얻는 행위에 중독되는 악플러가 탄생하게 된다.

1047명의 악플러가 쓴 1622개 악플을 다섯 가지로 유형화해 분석한 스터디코드의 조남호 대표는 "불행해서 행복해지고 싶은 보통 사람들이지만 잘못된 선택을 함으로써 결국 '패배자의 삶'을 사는 불쌍한 사람들"[18]이라고 정의했다. 이들은 세상 모든 것을 우열 의식에 따라 바라본다. 남이 나보다 훌륭한 지식을 갖고 있다는 것이 못마땅하고 절대 인정할 수 없기에 억지로 깎아내린다. 자신의 영향력이 긍정적이든 부정적이든 커지기를 원한다. 쓰레기 같은 한마디를 던지고 수많은 사람의 기분을 나쁘게 할 수 있다면 그 자체로 흥분한다. 많은 학생이 사상死傷당했다는 뉴스 기사에 "올해 수능 경쟁률 낮아지겠네" 같은 비인간적인 댓글을 남겨 관심을 독차지해야만 직성이 풀린다.

우월감, 반사회성, 반지성주의는 악플러를 설명하는 또 다른 열쇳말이다. 이는 후천적 악플러를 길러내는 핵심 요소다. 사회가 제 기능을 하지 못할 때 사회화에 실패한 이런 악플러들이 우후죽순 생겨난다. 누구나 인간 본성에 깔린 어두운 면을 갖고 있지만, 사회 구성원으로 받아들여지는 과정에서 이를 조정하며 함께 살아가는 법을 배운다. 이를 건너뛴 이들은 사회성이 부족해 내면의 좋지 못한 품성을 다듬지 않고 내놓게 된다. 연민과 공감이라는 마음의 방파제를 쌓을 기회가 없었던 이들은, 부족한 감정 조절 능력 탓에 아주 사소한 것에 과잉반응하지만 정작 공감이 필요할 때에는 냉소한다. 보통 사람이 '그럴 수도 있지' 하고 지나가는 일에 굳이 물고 늘어지며 시비를 걸면서도 나와 다른 것을 포용하는 능력은 현저히 결여돼 있다. 객관적 사실보다는 자신의 기분을 판단기준으로 삼는 미성숙하고 자기중심적인 사고, 감정적이고 폭력적인 성향이 그렇게 발달한다.

요즘은 다수의 무리에 끼고 싶은 욕망에 굴복한 사람들이 선동의 배에 올라탐으로써 악플러로 재탄생하는 경우가 늘고 있다. 악플러 열 명 중 여덟 명은 생각 없이 휩쓸리는 사람들로, 이들은 누군가 공격받고 있으면 곧장 거기로 가서 공격 성향을 드러내고 본다.[19] 자신의 머리로 생각하거나 판단하지 않고, 많은 이들이 공감하는 것 같은 의견에 무비판적으로 동조함으로써 군중심리에 더욱 불을 붙인다. 옳고 그름을 따지거나 무엇이 진실인지 가늠하려는 사고는 어렵고 귀찮지만, 유튜브나 SNS에서 알려주는 이야기는 단순하고 재밌으니 쉽게 빠져들고 만다.

정치성향이 극단화되고 집단 간 분열과 갈등의 골이 심한 사회일수록 이들을 노리는 세력이 많을 수밖에 없다. 악플러를 포섭한다는 것은 '무지성으로 우리 편을 지지하며 상대편을 맹렬하게 눌러버릴' 든든한 댓글부대를 확보하는 일이기도 하다. 한국은 정치적으로 맨 왼쪽과 맨 오른쪽을 지지하는 사람들이 각각 20%인데, 이들이 전체 목소리의 80%를 차지하는 사회다.[20] 중도층이 60%에 달하지만, 그만큼의 목소리를 내지 못하는 양극화된 사회에서 악플러 역시 왕성하게 길러진다.

가치관이 정립되기 전 맨 앞에서 선동하는 세력에 넘어가 버리면 답도 없이 맹목적인 악플 군단이 되기 십상이다. 백지 상태에서는 더 쉽게 채색이 된다. 어린 시절부터 유튜브와 온라인 커뮤니티 등에 과도하게 노출되는 지금의 환경은 그런 점에서 매우 위험하다. 극단적이고 혐오적인 사상에 한번 자리를 내줘버리면 스스로 끝없이 합리화하는 과정에서 극렬분자가 되는 건 시간문제다. 구조적으로는 맨 앞에서 선동하는 악플러와, 우르르 몰려다니며 그를 백업하는 등 휩쓸리는 악플러로 악플 군단을 나눠볼 수 있다. 전자의 경우, 자신이 신호탄을 쏨으로써 타깃이 사이버폭력의 피해자가 된다는 깃을 분명히 인지하고 있다. 타깃을 괴롭히겠다는 명백한 악의로 무장한 것이기에 더 나쁘다고 할 수 있다.

"(대량 고소를 진행한 뒤) 특정이 된 악플러는 총 28명이었습니다. 신원이 밝혀진 이들은 신기할 정도로 프로필이 동일했는데, 20대 한 명을 제외하고 전부 30대 백수 남성이었습니다. 재밌는 것은 이 중에 단 한 명도 제 영상을 실제로 본 적이 없고, 모두 '단지 인터넷에 올려진 글에 선동당해 별생각 없이 글을 썼다'라고 했다는 점이죠."

자신에 대한 허위사실을 지속적으로 퍼뜨려온 악플러들을 집단 고소한 유튜버 '미국수의사'는 최근 구독자들에게 이 같은 글을 남겼다. 악플러들은 이 유튜버의 영상을 악의적으로 왜곡해 퍼나르며 "이 사람은 품종묘를 혐오하는 수의사다"라거나 입에 담지 못할 욕설과 외모 비하, 동물에 대한 악의적 발언 등을 이어갔다. 팬들의 제보로 고소를 진행하게 된 그는, 대부분의 악플러가 실은 자신의 영상을 본 적도 없이 무작정 악플 대열에 합류해 언어폭력을 휘둘렀다는 사실을 알았다. 이들의 머릿속에는 인터넷에서 고양이를 혐오하는 세력이 퍼뜨린 왜곡된 주장들만 꽉 들어차 있었고, 고양이를 주제로 한 콘텐츠마다 쫓아다니며 하나씩 그것을 투척하고 다닌 것이다. 주동자로서 누군가 미국수의사에 관한 최초의 악의적 게시물을 올렸을 때 '공격하라'는 미션이 열린 셈이었고, 악플러들은 늘 그랬듯이 전투태세를 갖춰 덤볐다.

특권을 빼앗기기 싫은 자들은 발화發話 권력을 지키고 강화하기 위한 수단으로 댓글창을 장악하기도 했다. 평등이라는 시대정신 앞에서 기존의 권력 구도를 유지하려면 악플도 서슴지 않는 행동이 필요했다. 예술사회학자 이라영은 『타락한 저항』에서 진지함에 대한 반감과 반지성주의가 소수자 혐오와 차별을 어떻게 강화하는지 분석한다. 거대 권력이 여론을 조작하기 위해 댓글 공작을 펼치면, 보통의 악플러는 만만한 이들을 혐오할 자유를 특권처럼 누리며 스트레스를 풀기 위해 댓글창에 접속한다. 인신공격 댓글은 곧 '전투력'으로 과시되는데, 이는 댓글러 자신의 정의감

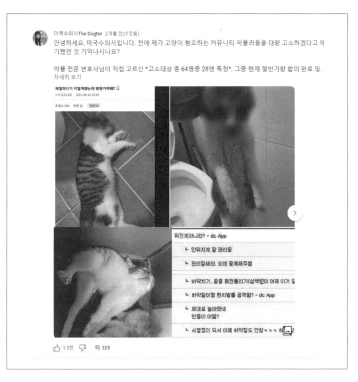

내에 표시된 텍스트:

미국수의사The Dogtor 2개월 전(수정됨)

안녕하세요, 미국수의사입니다. 전에 제가 고양이 혐오하는 커뮤니티 악플러들을 대량 고소하겠다고 얘기했던 것 기억나시나요?

악플 전문 변호사님이 직접 고르신 *고소대상 총 64명중 28명 특정*. 그중 현재 절반가량 합의 완료 및...
자세히 보기

1.5천   325

유튜버 '미국수의사'는 악플러 총 64명 중 28명을 특정해 합의를 시도했는데, 그들 모두 유튜브 영상을 보지도 않고 악성 댓글을 달았다고 한다. 이는 대다수 악플러들이 맨 앞에서 선동하는 소수 악플러를 따라 맹목적으로 쏠려다닌다는 것을 말해준다.('미국수의사' 유튜브 커뮤니티 캡처)

을 확인하는 방식이다. 저자는 이들의 반지성주의를 '알기를 적극적으로 거부하는 상태'로 정의하며, "자신이 혐오하는 대상을 모르기 위해 애를 쓴다. 모르지만 규정하려 한다. 오늘날 남성이 역차별을 받는다거나, 귀족노조 때문에 기업이 힘들다거나, 종북이 나라를 망치고 있다거나, 동성애 때문에 에이즈가 창궐한다는

민음이 그렇다"고 설명한다.[21]

악플에 묻어나는 혐오와 증오의 칼끝이 결국 아래로 향하는 건 그래서다. 내가 후려쳐도 반격하기 힘든 상대, 위협적이지 않은 상대적 약자를 노리는 비열함에 불과한 것이다. 지식인에 대한 반감이 확산하고 반지성주의가 트렌드가 된 것은 이와 무관치 않다. 도덕률의 시대에 작별을 고해야만 좀 더 편하게 분노의 칼을 휘두를 수 있기 때문이다.

이런 분위기에서 환호받는 지식인은 이전과 확연히 다른 모습이다. 20~30대 남성의 압도적 지지를 받아 최연소 당 대표가 된 이준석 전 국민의힘 대표는 특목고, 하버드대학교 출신으로 전형적인 엘리트 코스를 밟았다. 이 전 대표는 "30대 청년으로서 50~60대 중년을 토론에서 압도하는 모습으로 위축된 청년층에 카타르시스를 안겨주고, 즉각적 감정을 배출하고 싶은 청년의 욕망과 불만을 '공정'이라는 레토릭으로 발화하는" 스킬에 힘입어 "청년 남성층이 원하는 이미지를 대변한 '아바타'"로 키워졌다.[22] 이에 호응하듯 이 전 대표는 기계적 공정과 능력주의 등을 앞세워 청년 여성과 장애인 등에 '강자 프레임'을 씌우는 전략을 노골화했다. 온라인 커뮤니티 등에서 청년 남성의 아이콘으로 부상한 그의 하버드대 졸업장은 위선적 지식인의 표상 같은 것이 아니었다. '이렇게 똑똑한 사람도 우리와 같은 생각을 한다는 것'을 증명하는 도구로서 오히려 환영받았다.

댓글은 왜
남녀 문제인가

♡ ♡ ☺ ☐ 🔖

댓글창 점령한 남자들

"댓글은 왜 남자들이 더 많이 달까요?"

뉴스 댓글에 대한 책을 쓴다고 했더니 한 취재원이 이런 질문을 던졌다. 그러고 보니 정말 그랬다. 네이버 뉴스는 각 기사 하단에 댓글 작성자의 성별과 연령대 통계를 보여주는데, 대부분 남성의 댓글 참여도가 여성에 비해 압도적으로 높다. 네이버 데이터랩 통계에 따르면 2022년 기준 지난 3년간 댓글 작성자의 남녀 비율은 평균적으로 75대 25로 집계된다. 남성은 여성보다 댓글을 세 배나 더 많이 쓴다.

알고 보면 그리 놀라운 현상은 아니다. 2021년 한국의 국가성평등지수는 100점 만점에 75.4점인데, 8대 분야의 성평등 점수 가운데 유독 저조한 것이 '의사결정'(38.3점) 분야다. 그래프로 보면

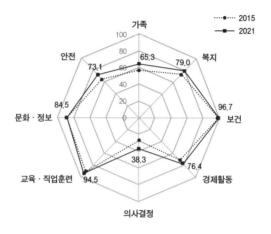

분야별 수준 변화

가족
100
80
60
40
20
0

안전 73.1
가족 65.3
복지 79.0
보건 96.7
경제활동 76.4
의사결정 38.3
교육·직업훈련 94.5
문화·정보 84.5

······● 2015
──■ 2021

의사결정 분야만 움푹 들어간 팔각형이다. 이 기묘한 모양은, 대부분의 공적 공간에서 남성이 발언권을 주도적으로 갖는 현상으로 설명된다. 이것이 우리 사회에 여전히 작동하는 성별 권력이다.

이는 남성 중심 사회가 힘을 유지하는 데 기여함으로써 다시 성별 권력 고착화로 이어진다. 이러한 순환은 자연스럽게 이루어진다. 마이크를 잡는 남성들도, 뒤로 빠져서 듣는 것이 더 편한 여성들도 이 불균형을 의식하지 못하거나 굳이 의식하지 않으려 한다. 모두가 이를 내면화한 사회에서 불균형 상태는 오히려 균형처럼 인식돼 굳어진다. 마이크를 쟁취하고 사수하려는 남성의 투쟁과 여성의 투쟁은 똑같이 받아들여지지 않는다. 사람들은 후자에 더 엄격한 잣대를 들이대고 못마땅한 심기를 드러낸다. 여성들이 적극적으로 마이크를 잡다가 찍히는 것은 생존 전략 차원에서도 현명하지 못하다고 은연중에 입력된다. 이런 암묵적 분위기는 우리 사회의 보이지 않는 비민주성 가운데 한 단면이다.

인터넷의 등장은 기득권 엘리트에 대항할 만한 일반 대중의 영향력을 키웠다는 점에서는 확실히 효과가 있었지만, 이보다 뿌리 깊은 성별 권력의 불균형 해소에서는 이렇다 할 진보를 이뤄내지 못했다. 온라인에서 여성의 발언은 참여 빈도와 양, 표현의 자유 측면에서 모두 힘의 균형 또는 전복과는 아직 거리가 있다.

물론 여성 연대 차원에서 최후의 보루가 생기긴 했다. 뿔뿔이 흩어져 있던 여성 개인들이 인터넷을 통해서나마 희미하게라도 서로의 존재를 확인하고, 필요하면 뭉쳐서 행동하는 경험을 쌓고 있다. 익명성의 힘을 빌려 공익 목적의 폭로를 하거나 연대를 요청하고, 정보 교류 및 학습의 장으로 온라인 공간을 활용하기 시작하면서다. 다만 이는 여성들끼리 모인 여초女超 커뮤니티나 SNS 등을 중심으로 폐쇄적으로 이루어지며, 이들이 최소한의 안전감을 느끼고 살아남기 위한 장소로서 대피소의 성격에 가깝다. 아직은 그 이상의 확장성을 보여주지는 못하고 있다. 물론 20대 대통령선거를 기점으로 결집력을 보여주기 시작한 것은 고무적이다.

특정 커뮤니티나 SNS 단위가 아닌, 뉴스 댓글과 같은 개방형 온라인 공론장에서 여성들은 여전히 소외되어 있다. 개방적이고 자유로운 발언은 여자들끼리 모인 폐쇄적 공간에서나 이루어진다. 발언의 자유도와 적극성 면에서 공간별 편차가 매우 크다. 반대로 남성들의 발언은 온라인 공간 어디서든 비교적 균질적이다. 남초 커뮤니티가 아무나 쉽게 볼 수 있는 형태인 것은 그만큼 눈치 보지 않아도 되는 힘을 상징한다.

여성들에게는 발언권을 확보하고 공론장을 차지하는 과정이 이제 입을 떼고 말하기 시작한 초기 단계다. 익명이 보장되더라도 온라인 공론장에서 스스럼없이 발언하는 분위기는 아직 보편화되지 못했다.

2021년 7~9월 석 달 동안 카카오가 만든 실시간 소셜 오디오 플랫폼 '음mm'에서 1기 공식 크리에이터로 활동했던 경험에 비추건대, 이는 여실히 느껴졌던 바다. '음'은 페이스북 같은 실명 기반 플랫폼도 아니고, 닉네임도 수시로 바꿀 수 있으며, 무엇보다 목소리만으로 소통하는 공간이라는 점이 달랐다. 따라서 이곳에서는 여성들이 비교적 부담 없이 대화에 참여할 것으로 생각했지만, 예상은 보기 좋게 빗나갔다. 당시 '음'에서 진행한 프로그램 중 하나는 「여성 논객 양성소」라는 제목에 '10만 여성 논객 양성 프로젝트'라는 부제를 단 토론 방송이었다. 제목에서 알 수 있듯 공론장의 성별 불균형을 완화하자는 취지로 스피커(발화자)는 여성들만 가능하도록 규칙을 정했다.

여성 전용 비대면 토론클럽을 향한 관심은 초반에는 뜨거웠다. 여성들이 좀 더 안심하고 무대에 올라 발언을 끊임없이 이어가는 등 시작은 순조로웠다. 1화 주제는 '왜 여성 논객은 잘 안 보일까?'였는데, 연령대와 배경이 다양한 수십 명의 여성 스피커들이 작심한 듯 그동안 말할 곳을 찾지 못해 맺힌 한을 쏟아냈다. 우리는 당시 가장 핫한 논객이던 진중권 교수를 빗대어 "왜 '여자 진중권'은 없는가"를 진지하게 토론했다.

그러나 첫 회의 감명은 그리 오래가지 못했다. '여성만 연사로 올라올 수 있다'는 안내에도 불구하고 자꾸 어디선가 끼어든 남성 참여자가 마이크를 잡으려 하고, "남성을 배제하는 이유가 무엇이냐"는 등 험악한 분위기를 조성하며 물을 흐리기 시작했던 것이다. 그들 스스로가 여성 전용 공간이 필요한 이유를 몸소 증명해주는 셈이었다. 잘 설명해서 스피커에서 내려보냈지만 리스너로 방에 끈질기게 남아 있기도 했다. 방을 나갔더라도 닉네임을 바꾸고 다시 들어온다면 알아챌 도리도 없었다. 일일이 참가자에게 여성 인증을 받을 수 없는 상황에서 매번 난감하지 않을 수 없었다.

이런 경험이 몇 번 반복되자 더는 편하게 말할 수 없었던 여성들은 또다시 겨우 확보한 공간에서 쫓겨나고 말았다. 1화 때의 참여 열기는 점점 사그라들었다. 한 참여자는 "카카오톡 계정으로 가입하게 되어 있다 보니 아무리 익명으로 발언한다 해도 혹시나 신상이 노출될까 두려움이 있다"고 말했다. 온라인 신상털기, 좌표 찍기, 마녀사냥식 공격 등의 공포를 익히 아는 젊은 여성들은 확실히 움츠러들었다. 이때 '음'에서는 「여성 논객 양성소」 말고도 다른 방들에서 여성·미성년자 스피커들을 쫓아다니며 위협하거나 스토킹하고 말로 성희롱하는 빌런들의 사례가 잇달아 나오기도 했다.

절반의 성공에 그친 이때의 경험은 모든 이의 동등한 표현의 자유를 위해 실질적으로 어떤 조치와 노력이 필요한지 새삼 일깨워 주었다. 익명성을 보장하는 것, 규제를 없애거나 늘리는 것 등은 확실히 답이 아니었다. 여성들이 모인 방에 난입한 남성 스피커는 모두를 '공격하지만', 남성들이 모인 방에 등장한 여성 스피커는 모두에게 '공격 받는' 그림이 자연스럽게 예상된다는 것. 이것이 더 보태거나 뺄 것 없는 우리의 현실이다. 성 불평등 현실을 인정하고 성 격차를 개선하려는 근본적 노력 없이는 표현의 자유를 위한 어떤 제도를 마련한다 해도 유의미한 변화를 기대하기 힘들다는 뜻이다.

역사적으로 남성들은 사회적 지위를 직접 향상시키기 위해 공격성을 완전히 누그러뜨리기보다는 적절히 활용하는 쪽을 택해왔다. 이는 댓글창에서 여성보다 남성이 존재감을 더 드러내려 하는 이유를 일부 설명해준다. 이에 비해 여성들은 오랫동안 직접 권력을 추구하는 것이 허락되지 않았고, 파트너 남성을 통해서만 간접적으로 지위 향상을 노릴 수 있었다. 사회적으로도 호전적이고 진취적인 성향이 억눌러진 채 긴 시간을 보냈다. 여성이 이런 통념을 깨고 굳이 발화 권력을 직접 행사하려 드는 것은 스스로에게도 좋을 것이 없는 전략으로 치부되었다. 그 결과 여성들은 자신의 힘과 존재감을 키워줄 긍정적인 공격성과 성취욕, 발언권 쟁취 의지 등을 조금씩 거세당했다. 말해봤자 들어주지 않을 것이라는 체념과 비관도 쌓여갔다.

뉴스 댓글 같은 새로운 공론장이 생겼음에도 25%밖에 차지하지 못하는 여성의 발언 점유율은 이런 사회에서 자연스러운 귀결인지 모른다. 변화를 일으키기 위한 최소한의 임계질량이 30%라는데, 여성 참여율이 그에 가까워지자 여성들이 실질적 영향력을 갖게 될까 두려운 이들이 필사적으로 마이크 사수에 나선 것은 아닐까. 평생 특권을 누려온 사람은 평등을 억압처럼 느낀다는 말이 있다. 인터넷에는 "조직 내 남녀 비율 '7 대 3'이 황금비인 것 같다"는 얘기가 돌곤 하는데, 이 숫자가 임계질량과 같다는 점은 우연이 아닌 듯하다.

알파걸에 위협을 느끼고 전에 없던 몇몇 강한 여성의 등장에 과도하게 호들갑 떠는 사회의 이면에는 여전히 임계질량에도 도달하지 못한 초라한 여성의 발언 점유율이 있다. 이는 주류 사회가 말하지 않는 불편한 진실이다. 지금 오히려 논의해야 할 것은 21세기에도 공론장 입장을 가로막는 여성들의 전투력 상실이 어디서 비롯되었고, 이를 어떻게 개선할 수 있을까 하는 문제다. 남성 편향과 공격적인 댓글 문화로 온라인 공론장의 성비 불균형은 좀처럼 나아지지 않고 있으며, 여성의 발화는 동력을 잃을 대로 잃었음에도 정반대의 사실을 진실인 양 호도하는 사회는 결국 왜곡된 진실과 여론의 여파를 감당하기 힘들 수 있다.

최근 한층 더 적극적으로 나타나는 반동 전선 및 여성박해 전략은 여성들의 사회경제적 지위 향상과 함께 나타난 '페미니즘 리부트' 흐름에 대응하는 성격이다. 과거와 달리 여성들의 목소리 내기 등 유의미한 반격이 본격화하자 변화에 대한 위기감이 커졌다.

남초 커뮤니티 대표주자인 '일간베스트'에는 "네가 여자가 두렵다면 여자가 너를 두려워하게 만들어라. 힘의 차이를 보여줘라"라는 식의 메시지가 공유되곤 했다. 순종적이던 과거를 벗어나 변화하는 여성들의 모습에 이들은 두려움을 느꼈고, 그에 대한 해결책으로 여성들에게 '더 큰 두려움'을 안기자며 결속을 다졌다. 그 결과는 마음껏 공격해도 좋은 여성을 낙인찍어 마녀사냥 하는 게임의 탄생이었다. 이 낙인은 시대적 배경에 따라 '된장녀-김치녀-페미니스트' 등으로 이름만 달리했을 뿐 본질은 같았다. 문제는 여성들은 이 게임에 참여할 의사가 조금도 없이 사냥감으로 잡혀 온다는 사실이다.

여성 혐오적 악플을 다는 남성들이 여성들에게 갖는 두려움의 원천에는 역설적이게도 여성의 강인함이 있었다. 자신의 현실을 바꾸기 위해 드디어 문제를 직면하고 굳건한 구조에 저항할 용기를 낸 여성의 강함은, 현실에 맞서기보다 적응하고 따르기를 택해 온 이들의 행보를 대조적으로 비추어 강조했다. 구조와 대면하고 싸우기 시작한 여성의 성장은 위협처럼 느껴졌을 것이다.

『보통 일베들의 시대』에서 저자 김학준은 "일베들은 저항보다 순응을 선택한 이들"이며 "일베의 냉소는 우월적이면서도 탈현실적인, 그러므로 실은 도피적인 태도"라고 지적한다.[23] 심화하는 빈부격차, 양극화되는 사회 구조 탓에 '평범한' 꿈마저 실현하기 힘들어진 청년 남성은 자신과 달리 현실로부터 도망가지 않는 또래 여성을 보며 두 번 좌절한다. 구조가 주는 고통은 체제 순응과

"의심된다" 글 게시 1시간만에 "남혐이다" 낙인 번졌다

사회·정치적 변화에 대한 반발심리 및 행동을 뜻하는 백래시(backlash) 현상은, 여성들의 사회·경제적 지위 향상에 대응해 여성 혐오 표현이 늘어나는 댓글의 추세를 설명해준다.(한겨레, 2021년 12월 7일)

자기계발을 통해 극복하고, 국가가 주입한 정상성 규범을 의심 없이 받아들이며 이상화理想化하는 이들의 '평범 내러티브'는 여성들의 힘찬 각성 앞에서 빛을 잃었다.

물론 평범한 청년 남성의 좌절감을 사회가 어떻게 대했는지 생각하면 탄식하게 된다. 어쩌다 이들이 댓글창에서 만만한 여성들을 괴롭히기나 하면서 즐거움을 추구하게 되었을까. 사회적 책임이 정말 없다고 할 수 있을까. 정치도 사회도 학교도 가정도 이들에게 변화한 시대상에 부합하는 이상적 남성 모델을 제대로 제시하지 못했으며, 이들의 어려움을 진심으로 헤아려주지도 못했다. 이들이 알파걸들에 밀려날까 봐 과보호하고 채용 시장에서 편법을 써 가면서까지 가부장적 남성성의 가치를 지켜내려 했을 뿐이다. 여기저기서 남녀평등을 부르짖기만 했을 뿐 '남자다움'에 대한 사회적 요구는 바뀔 기미가 없는데, 현실에서는 여성과도 치열하게 경쟁하면서 '남자다워질' 기회가 줄어들었다.

이런 사회에서 남성들은 오히려 독립적으로 성장할 기회를 박탈당하고, 아직은 권력 우위에 있는 남성집단에 속하는 것으로 힘을 유지하려는 경향이 강해진다. 또래 여성들이 뿌리 깊은 성차별 구조를 뚫고 밖으로 나가려고 발버둥치는 동안 이들은 강한 소속감을 부여해줄 사이버 세상의 원초적 남성사회로 회귀했다. 이곳에서 다양성이나 평등 같은 개념은 약해빠진 자들의 이야기, 퇴보를 의미하며 오직 더 타격감 있는 상대적 약자를 찾아 자신의 힘을 재확인하려는 욕구만 남게 된다.

온라인에 모인 남성들은 '강한 남자' 판타지를 추구하며 유대감을 쌓는 한편 '억울한 남자' 프레임을 동시에 밀어 올리기도 했다. 남자들이 더 살기 힘든 시대가 됐다는 이 논리는 종종 "남자는 군 복무 의무를 수행하는데, 여자는 의무는 다하지 않고 권리만 요구한다"는 식으로 이어진다. 군대 댓글은 성차별 관련 기사 등에서 전가의 보도처럼 휘둘러지는 클래식 아이템이다. 문제가 무엇이든 간에 "여자도 군대 가면 인정" "여자는 군대 안 갈 거면 애라도 낳아라" 같은 '기-승-전-군대' 발언이 쏟아진다. 여군 부사관이 성폭력으로 사망한 사건에 "여자도 병사로 군대에 가면 해결될 일"이라거나 북유럽의 높은 성평등 수준을 소개한 기사에 "스웨덴이 여성 징집을 하면서까지 성평등을 위해 노력하고 있다는 사실은 빼고 싶으신 거겠죠? 기자님?" 같은 댓글이 달린다.

"군대 없었으면 어쩔 뻔했냐"는 반응이 나올 만큼 이들의 군대 사랑은 지극하지만, 정작 군대를 관리하는 주체인 국방부에 이런 문제를 공식적으로 제기하지는 않는다. 댓글창을 비롯한 온라인에서 성평등을 요구하는 여성의 정당성을 약화시키기 위한 논거로 군대가 끊임없이 소환되고 있을 뿐이다. 국가가 남성에게만 입대 자격을 부여한다는 사실, 여성 징집이 남성 인권 향상과 어떤 연관성이 있는지, 징병제로 인한 분노를 왜 국방부가 아닌 여성들에게 표출하는지 등은 고찰되지 않는다. 번지수 잘못 찾은 이 울분의 방향타가 교정되기는커녕 때맞춰 등장한 보수 포퓰리즘 정치권에 의해 적극적으로 강화되고 있는 실상은 더욱 암울하다.

남초·여초 커뮤니티와 댓글

한국의 온라인 공론장은 성별화되어 있다. 남성과 여성이 다르게 사회화된다는 사실이 여기에 큰 영향을 미쳤다. 여성은 사회화를 통해 의견을 거침없이 표현하기보다는 자기검열하고 내부자의 공감과 지지를 받음으로써 자신이 맞는다는 확신을 얻으려는 경향을 갖게 된다. 반면 남성의 사회화는 공감을 구하는 쪽보다는 강한 자기 확신을 바탕으로 공격성과 영향력을 확대하려는 특성을 보인다. 남초 커뮤니티와 여초 커뮤니티의 차이점을 통해 명확히 드러나는 이 특징은 댓글창, SNS 등 플랫폼을 넘나들며 광범위하게 나타난다.

현재 온라인 공론장의 폭력성이 두드러지는 것은, 남성들의 인터넷 활동이 좀 더 외부지향적이고 남초 커뮤니티 자체도 개방형이기 때문이다. 사이버 언어폭력을 뜻하는 플레이밍flaming 행위에서 여성과 남성의 차이는 뚜렷하다. 플레이밍은 구성원끼리 친근함을 표출하는 '사회적 행위', 외부로 적대감이나 악의적 감정을 표출하는 '공격적 행위'로 나뉜다.[24] 여성도 남성도 온라인에서 누군가를 욕하는 여론에 동참하지만, 여성은 주로 사회적 행위로 플레이밍을 한다면 남성의 그것은 공격적 행위로도 적극적으로 확장된다.

폐쇄적인 여초 커뮤니티에서 여성들이 하는 플레이밍은 누구를 공격하기 위해서가 아니라 사회적 행위일 때가 많다. 안전하다고 느끼는 곳에서 비로소 유대감을 나누는 그런 성격이며, 좌절이나 무력함을 최후의 대피소에서 나누며 해소하는 차원인 것이다. 그렇기에 공격이라기보다는 불평에 가깝다고도 볼 수 있다. 욕하는 상대를 찾아가 공격하자는 식의 조직적 모의는 거의 일어나지 않는다. 과거 빨래터에 모인 아낙들이 그 자리에서는 남편 욕을 실컷 하지만 직접 남성들을 공격하지는 않았던(공격할 수 없었던) 것과 맥락이 비슷하다.

여성 사회 안에서는 누군가 마음에 들지 않아 공격하고자 할 때 1차원적인 폭력성보다는 상대가 왜 틀렸는지 지적하는 방식, 즉 수동 공격성이 두드러진다. 직접적인 댓글 전쟁보다는 기 싸움의 형태가 많다. 게시물이나 댓글로 자기 생각이 왜 옳은지 설명하는 논리가 등장하고, 같은 의견을 가진 이들의 동의를 적극적으로 구함으로써 승기를 잡으려 하는 것도 특징이다. 여성들에게 댓글은 자신의 가치관과 신념을 정치 세력화하는 수단에 가깝다. 스스로 자기 확신을 하기보다는 내 편이 많아야 내가 옳다는 것을 확인받을 수 있다고 여기기 때문에 논리를 만들고 설득하는 데 공을 들인다.

이에 비해 남성들의 댓글은 놀이 문화이고 상대를 제압해야 하는 전투에 가깝다. 공격적 행위로서의 플레이밍이 더 일반적이다. 논리나 도덕성에 기반해 상대의 허점을 노리는 여초 커뮤니티의 공격 양상과 달리 좀 더 단순한 폭력성으로 승부한다. 여성들이 누군가를 '왜' 공격해야 하는지 당위성에 집중한다면, 남성들은 그런 맥락보다는 공격 대상을 쓰러뜨린다는 '목표'의 달성이 더 중요하다. 사이버테러를 가할 때 남성들이 일사불란한 조직력과 파괴력을 발휘하는 건 그래서다.

　남성과 여성이 함께 이용하는 온라인 커뮤니티는 어떨까. 이런 곳에서는 대체로 남성들이 공론장을 장악한다. 이 때문에 뉴스 댓글, '에브리타임'(대학생 커뮤니티), '블라인드'(직장인 커뮤니티) 등의 분위기는 전체적으로 유사하다. 개방형 커뮤니티에서는 여전히 주류 남성의 시각과 감정이 판단기준이 되어 비非남성의 의견은 손쉽게 뭉개진다. 이곳에서는 유구하게 이어져온 남성연대 사회의 흔적을 끝없이 마주하게 된다. 많은 경우 이때 기반이 되는 정서는 온라인에 짙게 깔린 여성 혐오다.

　예를 들어 '에타'(에브리타임)에서는 남초 커뮤니티식 사이버폭력 문화가 팽배함에 따라 여성들이 집단괴롭힘에 시달리다가 공론장에서 쫓겨나고, 자포자기한 채 떠나는 일이 계속되고 있다. 남성들의 혐오 표현에 대항하다가 악플 공격을 받고, 악의적 신고 누적에 의한 계정 정지로 발화 기회를 박탈당하는 일이 일상이라고 학생들은 증언한다. 대학 페미니스트 공동체 '유니브페미'에 따르면 2020년 20여 개 대학의 '에타' 게시판을 조사한 결과 혐오성 게시물 절반가량(47%)이 페미니스트에 대한 낙인과 비방, 여성 혐오를 포함했다.

　남성들은 온라인 사회 전반을 아우르며 남초 커뮤니티의 정서를 보편화하려 한다. '에타'의 여성 혐오성은 이 안에서 그치지 않고 '에타'를 설명하는 『나무위키』• 문서로 이어진다. 『나무위

키』는 '여성 혐오'라는 언급을 최대한 배제함으로써 역설적으로 여성 혐오성을 드러내는 흥미로운 공간이다. 이곳 세계관에서는 마치 여성 혐오 같은 것은 실재하지 않는다는 듯 이 단어에 대한 존재감이 은폐된다. '에타'의 문제점을 설명하는 문서의 목차에서 '혐오 표현' 항목의 하위에는 젠더 갈등이라는 단어만 쓰였으며, '여성 혐오'는 한 차례도 등장하지 않는다. '남성 혐오'는 두 번이나 언급되는 동안 말이다. 이 문서만 본다면 '에타' 커뮤니티의 문제점은 적어도 여성 혐오보다는 남성 혐오인 셈이 된다.

댓글창 정화, 악플에 맞서는 여성들

"2016년 사건 당시, 저는 받아들이기 힘든 수준의 악플들로 인해 머릿속에서 저를 욕하는 환청이 들려 정신과 치료를 받아야 했고 학업도 지속할 수 없었습니다. 더 큰 문제는, 수사 진행 중에 사건이 보도되면 피해자가 댓글을 보고 사건 진행을 포기하거나 자신을 탓하고 가해자에게 죄책감을 가지는 등 비이성적 판단을 할 수도 있다는 것입니다. 피해자를 비난하고 의심하는 수많은 댓글이 달리기 때문입니다. 따라서 피해자를 정서적으로 보호하고 가해자에 대

• 한국에서 가장 활발하게 이용되는 온라인 백과사전 중 하나로 하위문화에 대한 참고서로 유명하다. 집단지성의 허브로 존재감을 자랑하는 한편, 편향적 서술에 대한 비판도 뚜렷한 편이다.

한 처벌을 정상적으로 진행하기 위해서 인터넷 포털 성범죄 뉴스의 댓글창을 비활성화시킬 것을 요구합니다."

청와대 국민청원 「성범죄 피해자 보호를 위한 제도적 변화를 촉구합니다. 더 이상의 2차 가해를 막아주세요」(2021년 5월 6일)의 내용이다. 가수 정준영(성폭력처벌법 위반 등으로 징역 5년 확정)으로부터 불법 촬영을 당한 피해자 A씨가 사건 이후 5년 만에 공론장에 등장한 것이다. "포털 뉴스 성범죄 기사 댓글창을 비활성화해달라"라는 장문의 호소문을 국민청원에 올리고, 언론 인터뷰를 통해 댓글로 인한 2차 가해의 심각성을 직접 전하기 위해서다. 사건이 겨우 잊힐 즈음이지만 악플에 시달릴 위험을 감수하며 다시 세상에 나온 이유는 무엇이었을까. A씨는 "나도, 한국 사회도 달라졌다고 봤기 때문"이라며 "5년 전만 해도 피해자 말을 들어주는 세상이 아니었지만, 이제는 세상이 변했고 2차 가해에 대한 인식도 생겼다. 내 경험을 바탕으로 성범죄 피해자를 보호하는 실질적 해결책을 제시하고 싶었다"라고 밝혔다.[25] A씨가 쏘아 올린, 작지만 큰 공은 결실을 보았다. 약 6개월 뒤인 2021년 말 『한겨레』를 시작으로 성범죄 기사 등의 댓글창 삭제가 현실화한 것이다. 2023년 초 기준으로는 훨씬 더 많은 언론사가 네이버 뉴스에서 이 같은 조처를 하고 있다.

성범죄 피해 여성 당사자의 용기 있는 목소리로부터 시작된 이 같은 변화는 공론장을 지키고 활용하는 시민의 적극적인 움직임으로서 귀감이 된다. 2021년 5월 초 A씨는 성범죄 기사 댓글 폐쇄 청원을 제기하고, 몇년 전 자신이 겪은 댓글 피해와 고통을 『한겨레』 인터뷰에서 증언했다. 그에 따르면 뉴스 댓글은 불특정 다수의 사람이 성범죄 피해자에게 2차 가해를 하는 창구 그 자체였다. A씨는 자신의 고소 사실이 알려지자 "정준영 인생을 망쳤다"라는 댓글에, 고소 취하 사실이 알려지자 "역시 꽃뱀이었네"라는 댓글에 시달렸다고 전했다.

정준영이 불법 촬영 혐의로 피소됐다는 기사 하나에 댓글이 3000개씩 달렸다. "(피해자) 행실이 문제다" "연예인이라고 혹한 너도 문제다"라는 흔한 피해자 탓하기는 기본이고, "눈치 없는 년" "피해만 주는 년" 등 온갖 환청이 들려 학교생활도 취업도 불가능해졌다. A씨는 이런 댓글에 지속해서 노출되면서 어느 순간 자신 스스로를 가해자로 생각하고 있더라고 고백했다. 댓글에 휘둘리고 가스라이팅(심리적 조종)당하며 자기검열을 하게 된 것이다.

그는 "불법 촬영 그 자체보다 나를 긴 시간 더 괴롭게 한 것은 2차 가해였다. 성범죄 피해자에 대한 모욕, 명예훼손은 가중처벌해야 한다"라고 목소리를 높였다. 자신에게는 밤잠을 설치는 스트레스 정도였지만 더 취약한 누군가는 죽음을 택할 수 있는 고통이었다. 플랫폼이 '2차 가해의 장'인 댓글창을 그대로 두는 건 살인방조와 다를 게 없다고 A씨는 강조했다.

이러한 문제 제기가 있은 지 약 한 달 뒤 국민권익위원회는 '성범죄 기사 댓글 달기 제한'에 대한 설문조사를 했다. 약 1만 4000명

"무수한 '댓글 살인'…성범죄 기사엔 왜 막지 않나"

"포털의 성범죄 기사 댓글난은 없어야 한다. 성범죄 기사 댓글난은 불특정 다수가 피해자에게 2차 가해하는 창구로 쓰이고 있다."

2016년 8월 가수 정준영을 불법촬영 혐의로 고소했던 피해자가 약 5년 만에 무거운 침묵의 시간을 깨고 〈한겨레〉와 만나 피해자 ㄱ씨가 언론과 대면 인터뷰를 한 건 처음이다.

불법촬영 피해를 당했을 때 ㄱ씨는 졸업을 두 학기 앞둔 대학생이자 취업을 준비하던 평범한 일상은 2016년 2월 정준영의 불법촬영

"포털 등 방치한 탓 2차 가해 창구 돼" 5년만에 침묵 깨고 폐지 청원 나서

으로 산산조각 났다. 동의 없이 ㄱ씨 신체를 촬영했던 정준영은 삭제 여부를 확인해주지 않았다. 유포가 두려웠던 ㄱ씨는 정보를 경찰에 고소했다. 일주일이 지나자 ㄱ씨는 고소를 취하했다. 변호사 선임비용 500킬원도 부담스러웠고, 유명 연예인을 상대로 법정 싸움을 벌이봤자 자신만 더 다칠 것 같았다.

뒤늦게 정준영 피소, 고소 취하가 언론에

보도됐다. 그때부터 ㄱ씨는 하루 3000개 넘는 악성 댓글에 시달렸다. 대중은 그를 '정준영 고소녀'로 호명했고, 맹렬하게 불법촬영 동영상을 찾았다. 실시간 검색어 1위에 종일 '정준영 동영상'이 뜰 정도였다. 동영상 유포를 막으려고 고소했는데, 외려 동영상이 유포되기 쉬운 환경이 만들어진 것이다. 등교도 못 할 정도로 정신이 피폐해진 ㄱ씨는 결국 학교를 자퇴했다. 정준영은 지난해 9월 성폭력처벌법 위반 등으로 징역 5년 확정 판결을 받았다.

▶6면으로 이어짐
최윤아 기자 ah@hani.co.kr

악플 수천개에 '내 잘못인가'…"댓글로 가스라이팅 당했다"

가수 정준영을 불법촬영 혐의로 고소했던 피해자 A씨는 성범죄 피해자에 대한 모욕, 명예훼손은 가중처벌을 해달라고 말했다.(한겨레, 2021년 5월 6일)

이 참여한 설문조사 결과는 남성 68.9%, 여성 86.4%가 댓글 제한에 찬성한다는 것이었다. 국민적 공감대가 형성되자 포털도 이를 반영하지 않을 수 없었다. 2021년 하반기, 양대 포털은 개별 기사 단위로 댓글창 활성화 여부를 결정할 수 있도록 정책을 바꿨다. 이에 『한겨레』는 "성범죄 사건 등 피해자의 2차 피해가 예상되는 기사, 기사에 피해자가 부득이 등장해 해당 피해자의 2차 피해가 우려되는 기사의 댓글창을 닫습니다"라는 공지를 기사 하단에 넣으며 '댓글창 폐쇄'의 신호탄을 쐈다.

성범죄 기사를 비롯해 뉴스 댓글창에 만연한 여성 혐오와 2차 가해에 가장 민감한 주체는 단연 당사자성을 지닌 이들로, A씨와 같은 청년 여성들이다. 많은 사람이 체념하고 떠난 전장에 돌아와야 했던 건 다른 여성이 피해 보는 현실을 계속 지켜보는 일이 더 견디기 힘들었기 때문이다. 그렇게 팔을 걷어붙인 이들은 이전과는 다른 마음가짐으로 공론장에 들어선다. 디지털 문법을 터득하고 있기에 어떤 세대보다 적극적으로 가짜뉴스에 맞서고 악플러 반격에도 나선다.

댓글 정화 활동을 위해 팀을 구성한 이들도 있다. 여성단체 '화로'는 뉴스 댓글창에서 급증한 페미니즘 사상 검증과 낙인, 여성을 향한 위협 등에 문제의식을 공유하는 여성주의자들이 모여 2021년 9월 결성한 팀이다. 팀원은 김아연(활동명 '떼잉쭛'), 오유진(활동명 '쓰담'), 말랄라 등 세 명이다. 초기 명칭은 '여혐방역대'였다가 1년여 뒤 '화로'로 바뀌었다. 비대면으로 만난 이들은 필요한 여성 인증만 거쳤을 뿐 다른 개인정보는 팀원끼리도 공개하지 않았다. 이는 최근 온라인 기반으로 여성주의 활동을 하는 이들이 안전을 위해 지키는 불문율 같은 것이다.

2022년 8월 중순, 화로와의 서면 인터뷰를 통해 활동 이야기를 좀 더 들을 수 있었다. 화로 측은 포털 뉴스 댓글에서 발생하는 여성 대상 폭력 근절을 위해 댓글 방역이라는 첫 프로젝트를 하며 활동을 시작했다고 밝혔다. 현재는 '댓글창 폐쇄'를 주 프로젝트로 삼고, '성범죄 공론화'와 '디지털 성범죄 방역'을 서브 프로젝트로 해 총 세 개의 과제를 진행하고 있다. SNS 등으로 제보를 받아 추가 활동을 벌이기도 한다.

2022년 2월에는 2차 가해의 새로운 통로가 되는 언론사 유튜브 댓글창에 대해 '댓글 폐쇄 제안서'를 만들어 21개 언론사와 18명의 기자에게 돌리기도 했다. 그러나 단 한 곳에서도 피드백이 돌아오지 않았다. 여전히 댓글에 대한 문제 제기에 대해 묵묵부답하는 현실에 이들은 서면으로 답답함을 이렇게 토로했다.

"악성 댓글은 공연성, 특정성, 모욕성이 모두 성립되어야만 모욕죄로 처벌이 가능한데, 일부 악플러들은 이를 악용해 특정인을 지정하지 않고 두루뭉술하게 표현합니다. 이것을 표현의 자유라고 치부하는 수법이 날로 교묘해지고 있고, 이에 대한 문제점을 지적하는 댓글 폐쇄 제안에도 언론은 아무런 조치 없이 방관합니다. 일부 온라인 커뮤니티의 반응과 눈치만을 볼 뿐이었습니다."

이러한 외침이 무용지물이라고만은 볼 수 없다. 이후 민감한 기사의 개별 댓글을 막는 언론사가 조금씩 늘어났기 때문이다. 그럼에도 아직은 열려 있는 댓글창이 훨씬 많고, 이를 모두 막는 조치가 필요하다고 이들은 역설했다. 뉴스 댓글이 '피해자'의 입장에서는 2차 가해를 조장하는 공간일 뿐이라는 이야기다. 1년 가까이 활동하며 본 바로는 댓글 여론이 "기사의 논점이 아닌 가해자의 입장, 피해자 행실이나 외모를 평가하는 댓글이 대부분이고 이밖에는 무관심한 태도로 일관했다"라는 것이다.

여론조작과 여론 정화는 명백히 구분되어야 한다고 화로 측은 강조했다. 여론조작이란 "'가해자 관점'에서 사건을 바라보며 논점을 흩트리고, 혐오를 조장하며 솜방망이 처벌이 되도록 분위기를 조성하는 것"이라고 설명했다. 반면 시민의 댓글 정화 활동은 성범죄 피해자 등을 향한 무분별한 2차 가해와 논점 흐리는 댓글 신고하기, 피해자 연대와 가해자 강력 처벌 요구 등을 댓글로 작성하는 행위다. 가해자 신상은 보호하면서 피해자 신상은 앞세워 2차 가해를 조장하는 언론의 실태를 비판하는 것도 이에 포함된다.

"2차 가해 댓글 작성자들을 추적해 보면 비슷한 내용의 악의적 댓글을 하루에도 몇십 개씩 작성합니다. 활동가들이 이들을 신고하고 있지만, 포털은 해당 댓글만 삭제하기에 헤비 댓글러의 악플 생성 속도를 신고가 따라갈 수 없는 구조입니다. 무차별적 폭력은 너무 쉽게 보이지만 이를 처벌한 사례는 잘 드러나지 않는다는 것이 문제입니다."

혐오 표현의 피해자가 실존하고 지속해서 발생하고 있음에도 여전히 미온적인 플랫폼의 대응은, 온라인 공론장의 황폐화를 가속한다고 이들 역시 지적했다. 시민들에게는 좀 더 적극적으로 폭력적 댓글을 신고해달라는 당부를 잊지 않았다. 신고 절차는 생각보다 간단하며, 포털이 미처 대응하지 못하더라도 누적된 신고 자체가 2차 가해 댓글이 지속되는 흐름을 일단 끊을 수 있다. 무엇보다 2차 가해성 댓글을 쓰는 이들에 비해 상식적인 시민의 수가 더 적지는 않을 것이기에, 참여하는 이들이 늘어나기만 한다면 방역 효과를 충분히 높일 수 있다는 설명이다.

여기자에게 더 많은
악플이 달린다

♡ ♡ ♡ ☐ 🔖

여성 기자를 괴롭히는 이유

"(성폭력 생존자와의 인터뷰 이후) 신상이 털려 저희 집 주소가 인터넷에 퍼졌어요. 우리 가족을 찾아와 저를 죽이겠다고 하더군요. 그러고는 열다섯 살 난 딸 아이의 인스타그램을 알아내서 온갖 잔인한 말로 도배해 계정을 터뜨리려고 했죠. 기자의 딸이라는 것 말고는 아무 짓도 하지 않은 아이에게 말이에요."

_킴벌리 할케트, 『알자지라』 백악관 출입기자

"강간이나 살해 협박은 이제 너무 많이 받아서 아무렇지도 않아요. 진짜 저를 괴롭게 하는 건 제 평판을 해치려는 시도reputational harm입니다. 그들은 제가 아동을 성폭행했다는, 말도 안 되는 모함을 아주 정성스러운 이야기로 만들어서 퍼뜨리고, 대중이 보는 저의 신뢰도를 떨어뜨립니다. 일부 우익 언론은 황당무계한 의혹을 확대 재생산해서 저를 유명인사로 만들었죠."

_테일러 로렌츠, 『뉴욕타임스』 IT 담당 기자

이 사례들은 유네스코가 2021년 발간한 「더 칠링The Chilling」이라는 보고서에서 가져온 것이다. 이 보고서는 125개국 여성 기자들에 대한 온라인 괴롭힘이 취재 활동의 위축, 냉각chilling 현상으로 이어지는 문제를 심층적으로 다뤘다.

전세계적으로 여성 기자는 남성 기자보다 더 많은 사이버 공격을 감수하고 있다. 성차별적 사회문화와 언론인 대상 폭력 증가라는 두 요소를 2중 리스크로 안고 있기 때문이다. 미국과 유럽 등에서 진행된 조사에 따르면, 괴롭힘 종류 가운데 남녀 기자 사이에 빈도 차이가 가장 큰 항목은 '성희롱적이거나 성차별적 발언'이다. 여성은 열 명 중 일곱 명 이상(76.5%)이 이를 경험하지만, 남성은 이보다 훨씬 적은 네 명(40.2%) 정도였다.[26] 유네스코가 발표한 「여성 저널리스트에 대한 온라인 폭력: 사건과 영향에 대한 글로벌 스냅샷」(2020) 보고서는 조사대상 여성 언론인 700명 중 73%가 다양한 형태의 온라인 폭력과 성적 폭력의 위협을 일상적으로 겪고 있다고 밝혔다.

전국언론노조성평등위원회 연구에서 한국 여성 기자들이 겪는 괴롭힘 유형은 △악성 댓글, 쪽지, 이메일, 전화로 혐오성, 성희롱성 메시지 보내기 △온라인상 개인 신상 및 얼굴 공개, 박제(신상 정보 등을 저장하고 커뮤니티 등에 배포하여 여론의 반응을 이끌어내는 것), 조리돌림 △오프라인 공격 △외모 비하, 강간 협박 등 남성 기자는 겪지 않는 여성 혐오적 공격 등으로 구분되었다.[27] 사이버폭력이 가장 빈번하며 그 중에도 악플과 신상털기 문제가 제일 심각한 것으로 나타났다. 이러한 공격은 대부분 보도 내용에 반대한다는 항의 표시다. 군중 검열 차원, 비판적 목소리를 침묵시키고 중화하기 위해 조직화된 캠페인성 움직임 등으로 해석된다.

여성 기자가 쓴 기사에 달리는 악플 중 성적인 괴롭힘을 담은 댓글은 분위기를 타면 순식간에 공격이 확산하는 특징이 있었다. 위 연구 보고서는 "성희롱성 댓글을 다는 흐름이 조성되면 집단으로 몰려와 댓글을 다는 경향을 보였다. 일종의 집단적인 성적 괴롭힘 혹은 강간문화와 유사한 형태"라고 분석했다. 아르바이트 체험기를 쓴 여성 기자가 기사에 첨부된 사진에서 땀을 흘리고 있는 모습에 갑자기 성희롱 댓글("기자야 너 때문에 휴지 한 통 다 썼다" "화장실 잘 갔다왔어")이 쏟아지는 식이다. 해당 기자는 "공론장에 일종의 먹잇감으로 던져진 경험이 처음이었고 회사에서도 그런 식의 반응을 전혀 예상하지 못했다. 일단 그런 흐름이 조성되면 '아, 이 기사의 댓글은 이런 분위기구나'라는 생각에 사람들이 더 그러는 건지 한 명이 성희롱을 시작하니까 계속 그런 댓글이 달렸다"고 했다.

피해자 진술을 허위로 치부해온 오랜 가부장적 편견을 지적한 기사를 쓴 또 다른 기자는 발언 영상을 악의적으로 편집한 사진으로 1년 넘게 온라인에서 조롱당했다. 성폭력 문제를 조명한 기자가 다시 성폭력 피해를 보는 터무니없는 상황은 여성 기자들 사이에 더는 놀라운 일이 아니다.

정치, 젠더 주제의 기사에서는 '내 마음에 들지 않는' 이야기를 하는 여성이라는 이유로 보통 더 강도 높은 폭격이 쏟아진다. 억지 명분이나마 있는 탓에 사이버폭력을 합리화하며 공격의 수위를 높이기도 쉽다. 그러나 아르바이트 체험 기사 사례처럼 전혀 선정적이거나 논쟁적이지 않은 주제에서조차 여성 기자는 맥락 없이 성적 대상화되어 희롱을 당한다. 이들이 사이버 괴롭힘에서 자유롭기란 사실상 불가능하다는 의미다.

욕설 댓글에 점차 면역이 생기는 기자들 못지않게 악플러도 계속해서 진화한다. 최근에는 더 조직적이고 분명한 목표를 가지고 사이버테러에 나서는 모습이다. 남초 커뮤니티나 여성 혐오성 유튜브 영상 등에서 기사와 기자 얼굴을 박제하고 신상을 턴 뒤 댓글로 공격하기, 이를 다시 여기저기 퍼뜨려 응징·처벌 서사를 강화하는 방식 등으로 발전했다.

희생양이 된 기자의 SNS, 이메일, 뉴스 기사 주소 등 좌표가 공유되는 순간 이들은 일치단결해 사냥에 나선다. 집단으로 몰려와 타깃 여성을 향해 폭력적 언어를 난사하는 것은 상대를 철저히 비인간화하고, 게임에서 무찔러야 할 적군 정도로 보기에 가능한 행태다. 댓글로 이 게임을 하는 건 특정 여기자만을 향한 경고가 아니라 이 폭력적 난장을 지켜보는 모든 여성을 향한 선전포고의 의미다. 여성을 무력화시키고 두려움에 떨게 만드는 힘, 가부장적 남성성을 재확인하며 만족감을 느끼는 하나의 오락으로 정착한 것이다.

치열해진 일자리 경쟁, 일가족을 남성 한 명이 먹여 살리기 힘들어진 사회·경제적 변화 탓에 누리기 힘들어진 전통적 남성성을 이들은 현실 대신 온라인에서 대리만족하고 있다. 이것을 내려놓고 성평등 시대로 가자는 주장이 잘 먹혀들지 않는 이유다. 비록 현실에선 힘없는 개인이고 가장의 권위도 못 누리지만, 온라인에 접속하면 든든한 반페미 동지들과 함께 이 욕망을 충족할 수 있다.

여성 언론인에 대한 공격이 쉽사리 진압되지 못하는 배경에는 사회적으로 여성의 성장을 짓누르려는 다차원적인 움직임이 있다. 전세계 언론인의 안전을 지원하는 국제미디어서포트는 「여성 언론인의 안전: 침묵과 폭력의 고리 끊기」(2019) 보고서에서 여성 기자 괴롭힘에 대해 "여러 정치적 배경 아래에서 조직적으로 중요한 목소리를 약화하려는 전략이며 이들을 침묵시키는 문화, 이로 인한 (관리자들의) 부족한 책임의식이 결합해 피해를 키웠다"라고 진단했다.[28] 조직의 이러한 의사결정 구조와 군중 검열을 반복적으로 경험한 기자들은 결국 '킬'(기사를 죽여 보도하지 않음)되지 않을 아이템을 알아서 찾으려 하는 위축, 냉각 효과를 경험하게 된다.

외부로부터 기자들이 받는 부당한 공격을 언론사 내부에서 제대로 대응하지 못하는 것은 물론, 남초 조직인 언론사는 여성 기자의 입장이나 요구를 잘 이해하지도 못한다. 이로 인해 여기자들은 조직에서 한 번 더 소외당한다. 전세계 여성 기자를 대상으로 한 조사에서 온라인 괴롭힘을 당한 열 명 중 네 명만이 상사에게 이를 보고했으며, 절반 이상은 문제를 거론한다고 해도 별다른 조치가 없을 것이라고 여겼다.[29] 여성 언론인들은 "가장 큰 실망을 느낀 부분 중 하나는 회사로부터 적절한 지지를 얻지 못한다는 것"이라고 답했다.

이제야 수면 위로 드러나기 시작한 여성 기자에 대한 공격은 단순 폭력 문제로 볼 사안이 아니다. 성차별적 문화를 근절하기 위해 앞장선 이의 입을 틀어막는 결과로 이어진다는 점, 여성 혐오를 지적하는 이를 저지하기 위해 다름 아닌 여성 혐오적 공격을 이용한다는 점 등 차별과 혐오의 고리를 단단하게 만드는 여러 단계의 폭력성을 꿰뚫어봐야 한다. 그러다 보면 이 중층적 고리를 끊는다는 것이 얼마나 도전적인 과제인지도 깨닫게 된다. 구조적 문제를 외면하고 악플러 개인의 일탈로 축소한다면 해결이 요원할 수밖에 없다.

8년차 기자의 악플 체험기

기자들에게 댓글은 애증의 존재다. 존재감이 커지는 악플 무더기에 속상해하다가도 가뭄의 단비처럼 달리는 선플 하나에 마음이 눈 녹듯 풀린다. 하지만 안타깝게도 선플은 소수, 악플은 다수로 굳어지는 분위기 속에 점점 더 많은 기자가 정신 건강을 위해 댓글 확인을 보류하는 실정이다. 기자를 겨냥한 악플이 독자 개개인의 항의 표시일 때는 그래도 감당할 만하지만, 댓글부대가 움직이는 수준일 때는 확실히 이야기가 달라진다.

전자가 타깃에 대한 단순 모욕을 맥락 없이 일삼는다면, 후자는 더 조직적이고 뻔뻔하게 타깃의 평판 하락을 유도한다. 일반 시민의 댓글 작성 비율이 매우 낮아진 지금은 더욱 쉽게 댓글창을 장악한 뒤 공론장에 자신들의 주장만 가시화함으로써 기자의 이미지 훼손을 시도한다. 이 어처구니없는 공격을 대범한 기자라면 물론 웃어넘기겠지만 중요한 건 그게 아니다. 그런 댓글창을 보며 정말 모든 이가 '이 할일 없고 하찮은 놈들!'이라고 무시할 것이라고 장담할 수 없기 때문이다. 기자의 지인이든 독자든 소속 매체의 결정권자든 단 한 사람이라도 마음에 상처를 입거나 크고 작은 영향을 받는다면, 이 행위는 더는 마냥 어처구니없는 것이 아니게 된다.

댓글부대를 자극하고 움직이는 건 인플루언서, 온라인 커뮤니티 등이다. 대표적으로 남초 커뮤니티에서 좌표 찍기●를 통해 기자와 취재원을 조직적으로 공격하는 행태가 있다. 「"'양당 적폐·여혐' 심판 기회 날렸지만… 여성들 결국 각성할 것"」이라는 기사(세계일보)는 한 남초 커뮤니티 게시판에 「우리 ○○○ 인터뷰 기

● 자신이 활동하는 온라인 공간에 뉴스 기사 주소 등을 공유해 조직적으로 댓글 폭탄을 날리고, 공감·비공감을 인위적으로 조작하는 등 집단행동을 유도하는 행위.

사 떴어여!」라는 제목과 함께 링크가 첨부됐는데, 이후 네이버 댓글은 "진정한 혐오의 선봉장님 납셨네요" "남성 혐오주의자" "어찌 이런 자를 인터뷰하고 기사까지 내보냅니까" 등 인터뷰이와 기자를 비난하는 댓글이 우수수 상단을 점령했다. 댓글 성비는 남성 74% 대 여성 26%, 연령대는 20~30대가 70%에 달했다.

조직화된 악플러 군단이 원하는 것은 기자들이 두려움에 위축되고, 취재원과의 접촉을 힘들게 만들며, 결과적으로 진실로부터 도망치게 만드는 것이다. 개별 악플로 인한 피해보다도 이것이 진짜 문제다. 성차별, 소수자 억압의 실체를 보도하는 기자들의 경우 최근 더욱 심한 압박에 시달리고 있다. 이 정도 공격을 가하면 백기를 들고 기사 쓰기를 포기할 것이란 기대가 곳곳에서 투명하게 드러난다.

대체 어느 정도로 공세를 가하기에 기자들이 댓글이라고 하면 고개를 절레절레 흔들까. 이번 장에서는 그 얘기를 해볼까 한다. 그동안 필자 본인이 기자로 일하며 받은 악플에 대한 단상을 풀어보고, 가장 심한 집단 댓글 공격을 받은 시점의 악플은 유형별로 나누어 분석해 볼 것이다.

악플의 세계로 초대받은 게 언제였던가. 기억을 되짚어보니 2018년 한국에 상륙한 미투 운동과 '펜스 룰Pence Rule'(남자가 자신의 부인을 제외한 다른 여성과 시간을 보내지 않는다는 규칙), 혜화역 불법촬영 규탄시위 등을 기사화하며 시작되었다. 이후 남초 커뮤니티에 정지혜라는 이름이 심심찮게 오르내리고, 이메일로 오는

서울시 공무원 사내게시판에 성차별적 견해를 드러낸 게시물이 올라온다는 필자의 기사와 거기에 붙은 댓글들(상: 세계일보, 2021년 6월 2일. / 하: 댓글 캡처)

공격이 눈에 띄게 늘어났다.

기자 얼굴과 기사 내용을 캡처해 게시판에 올린 후 자기들끼리 욕하고 조롱하는 '박제'라는 개념을 안 것도 이즈음이다. 독자 중 누군가가 "혹시 고소하시려면 참고하시라고 보낸다"라며 PDF 파일을 보내주어 알게 되었다. 남초 커뮤니티 이용자들 사이에 유명세를 타다가, 젠더 기사를 쓰는 기자로 각인될 때쯤엔 "애 유명하지" "페미 좌장 납셨네" 같은 댓글이 수시로 달리기에 이르렀다. 당시 '좌장'이란 단어를 너무나 인상 깊게 본 기억이 난다. 악플러 딴에는 비꼰 것이었으나 저 말이 나쁘지만은 않았다. 젠더 기사를 쓰고자 했던 것은 기자로서 '여성의 렌즈로 보는 성차별적 사회문화'를 보다 날카롭게 기록할 필요성을 느껴서였고, 그것이 꽤나 선도적인 목소리처럼 인식됐다면 목적이 잘 달성되고 있다는 방증이었기 때문이다.

시간이 갈수록 악플러들은 이메일을 보내기보다 댓글 화력에 집중하는 모양새였다. 댓글의 접근성이 훨씬 높고, 여기자를 향한 한 번의 공격으로 지켜보는 여성들까지 타격 입게 만들 수 있으니 더 효율적이라 여기는 듯했다. 이들의 행위는 단순히 목표 대상을 괴롭히는 것을 넘어 사회적 다중에게 특정한 메시지(예를 들면, 페미니즘에 동조하면 마찬가지의 사이버폭력을 겪을 것)를 전달한다는 점에서 분명한 정치성을 띤다.

그렇게 하루하루를 보내며 소소한(?) 악플 정도는 길가의 돌멩이처럼 무심히 보아 넘기게 됐을 무렵, 필자의 댓글 관찰기에 뚜렷한 각인을 남길 만한 큰 건이 터졌다. 악플이라는 말로는 다 설명할 수 없는, 사이버테러 행위로서의 댓글을 적나라하게 마주한 최초의 경험이었다.

사건의 시작은 단독 인터뷰 기사 「"보겸, '여혐 표현' 의도 은폐… 엄정 대처할 것"」(정지혜 기자)으로부터였다. 인터뷰는 남성들이 성장하는 과정에서 노출되는 여성 혐오적 문화와 한국 사회의 디지털 성폭력 문제를 연결한 논문을 쓴 A 교수와 한 것이었다. 당시 A 교수는 논문에 사례로 든 유명 유튜버 B의 구독자들과 남초 커뮤니티 이용자들로부터 온·오프라인상 십자포화를 받는 중이었다. 수백만 구독자를 보유한 B가 유튜브에서 자신이 "억울하게 여성 혐오자로 박제되어 '여혐 낙인' 피해를 입었다"라고 하자 시작된 강력한 항의 표시였다. 이들은 논문 취소를 요구하며 학계를 압박하고, A 교수가 재직하는 대학교 앞에 찾아와 성희롱·모욕성 발언을 하는 유튜브 중계를 했으며, 온라인 강의실에 무단 침입해 음란한 사진을 올리기도 했다.

여기서 집중하고자 하는 것은 여성주의를 남성 혐오로 적극적으로 명명하며 공격의 당위를 쌓고, 특정 여성에게 집단으로 공격을 퍼붓는 행위가 하나의 온라인 놀이문화로 자리 잡고 있다는 점이다. 인플루언서나 온라인 커뮤니티 등을 중심으로 저격당한 여성은 그들의 구독자나 커뮤니티 이용자들에게 '사냥해도 좋은 먹잇감'으로 낙인찍혀 사이버 세계에서 도를 넘는 집단 구타를 당하는 모양새가 된다.

여성주의자를 겨냥한 마녀사냥이 나날이 심각해지고 있음을 실감하고 나서 A 교수와의 인터뷰 이후 「진화하는 여성주의자 공격」이라는 전문가 대담 시리즈를 후속으로 기획했고, 2회에 걸쳐 대대적으로 이 문제를 다루었다. 기사에서는 최근 여성주의자들의 생계를 위협하고, 메시지 대신 메신저를 공격하는 방식, 이 과정을 중계하며 돈벌이 삼는 인플루언서들, 소통보다 공격이 만연한 공론장 없는 사회의 문제 등을 종합적으로 짚었다.

그리고 채 한 달이 지나지 않은 시점이었다. 책 소개와 리뷰를 하는 기자 개인 유튜브 채널에 갑자기 엄청난 알림이 오고, 기사 댓글창에도 불이 났다. 유튜버 B가 자신의 영상에서 기자의 실명과 기사를 언급하며 "꼴페미 기자가 A 교수와 손잡고 나를 죽이려고 했다"라고 저격하자 분노한 그의 구독자들이 몰려온 것이었다. 당시 구독자 500명 남짓이던 조용한 북튜브 채널은 실시간으로 악플이 도배되었고, SNS에도 공격성 메시지가 쏟아졌다. 처음에는 그냥 두었지만 결국 댓글을 일일이 삭제하기에도 감당이 되지 않아 수일 후 계정을 닫을 수밖에 없었다.

이제 소개할 댓글들은 그때 집중적으로 받은 악플 중 일부를 캡처해놓은 것들로, 그 자료를 최근 다시 보며 유형별로 정리했다. 전체 악플 개수는 족히 수천 개는 될 듯하지만 대부분 중복된 내용이라 대표적인 것 60여 개를 추려서 분석해 보았다. 그 결과 △협박 △모함 △조롱 △욕설, 저주 △성희롱, 여성 혐오 등 다섯 가지로 유형이 나뉘었다.

1. 협박(16%)

기자 실명을 부르며 "퇴근길 조심해라. 기사 못쓰게 만든다" "꼭꼭 숨어라 머리카락 보인다~"와 같은 직접적인 위협을 하고, "자~ 드가자•~~~" "이 채널 철거 드가자~~" "터트려보자" 같은 집단 행위를 독려하는 내용, "조만간 유명해지시겠네요^^"처럼 비꼬아 겁을 주는 댓글 등이 포함됐다. 특히 "일상생활 가능하세요? 저는 저런 덧글 보면서 무대응으로 일관하기엔 못 견딜 것 같은데… 이제 곧 여기도 좌표 찍혀서 사람 몰릴 테니 미리 빤스런하시는 게 어떠신가요?"를 보면 이들이 악플 테러에 대한 폭력성과 심각성을 인지하고 있으며, 상대가 어떤 느낌일지도 공감한다는 것을 알 수 있다. 이는 진화한 악플러 행태로 볼 수 있다는 점에서 의미가 있다.

초기 악플이 이용자 개인의 막말 수준에 그치고, 상대 입장을 '헤아리지 못해서' 생기는 파편화한 일탈 행위에 가까웠다면, 지금의 악플은 확실히 집단화된 경향이 강하고, 상대가 얼마나 고통받을지 '헤아릴 수 있기 때문에' 도파민이 더 많이 생성된다. 그래서 중독적이고 자극적인 행위의 끝판왕이 되었다. 좌표 찍기 등의 행태로 마치 부대처럼 움직이게 된 경향은 개개인의 죄책감, 악행이라는 인식을 감소시키며 공범의식을 통해 소속감과 연대감을

• 온라인 커뮤니티 등에서 쓰이는 밈(meme)이 된 "자~ 드가자~"는 본래 영화 〈범죄와의 전쟁〉 명대사로, 불합리하거나 분노할 만한 일이 일어났을 때 어그로를 끄는 등 집단 구성원의 행동을 고취하기 위해 사용된다.

높이는 기능을 한다.

2. 모함(21%)

의도적인 과장과 호들갑, 무고 등이 나타났다. "사람 한 명 죽여
놓고" "한 사람의 인생을 망치려고 하냐" "이 사람이 남성 혐오자
죠?" 같은 과장된 표현과 "개인적인 감정, 친분으로 기사 쓰셔도
돼요?" "돈을 얼마나 쳐 받아먹었으면" "뒷돈 받고 기사 써주는
거 모르는 줄 아나" 등 근거 없는 폄훼가 주를 이뤘다.

이와 함께 회사명을 거론하며 조직에 압박을 가하는 내용도 심
심찮게 등장했다. 이런 항의성 민원, 경찰을 사칭하며 기사 쓴 이
를 찾는 전화 등이 여러 차례 회사로 걸려오기도 했다. 그러면서
댓글에서는 회사의 조치로 해당 기자의 신상에 곧 변화가 생길 것
이라거나 해당 기자가 억대 소송을 당했다는 등 없는 사실을 떠벌
리며 큰일이라도 난 양 호들갑을 떨었다. 이러한 모함성 악플은
'상대가 징계 또는 형사 처벌받을 것을 기대하며 허위사실을 유포
한다'라는 점에서 무고성 행위에 해당한다.

3. 조롱(31%)

모함 유형과 비슷한 분위기가 이어졌다. "친목질 기자 싫어요"
"친목 기자+페미 타이틀 얻으셨습니다" "지인 하나 잘못 도와줬
다가 큰일 나게 생겼누 ㅋㅋㅋ" 등은 인터뷰이와 기자의 관계에
대해 친목질이라는 악의적 프레임을 씌운 공격이다.

사이버테러 집중 포격으로 어쩔 수 없이 유튜브 댓글창을 순차적으로 닫고 SNS를 폐쇄하자 곧장 기다렸다는 듯이 드러내는 승리감도 인상적이었다. "뭐가 그리 쫄려서 비공개하셨나요" "이곳이 조만간 비공개 처리될 공간입니까?" "조만간 유튜브 댓글 다 닫을듯 ㅋㅋㅋㅋㅋㅋ" 같은 데서 드러나는 만족감과 기대심리는 마치 게이머가 미션을 클리어하고, 보상을 얻으며 재미를 느끼는 과정을 연상시킨다. 타깃을 굴복시켰다는 우월감과 그가 점유하던 온라인 영토를 하나하나 침입하고 점령해간다는 즐거움과 성취감이 묻어난다. 이는 최근 온라인 여성 혐오의 양상이 확연히 게임화되는 것과 일맥상통한다.

4. 욕설, 저주(22%)

다른 유형에 비해 단순하며, 우리가 기존에 알던 비속어 위주 사이버폭력과 유사하다. "페미는 정신병" "도태된 멧돼지 쿵쾅쿵쾅" 같은 지루한 표현이 몇 년째 업데이트되지 않고 일정 지분을 차지한다. 군이 분석 거리를 찾자면 "400만 유튜버 영상에 박제당하셨네요. 이제 기자님 주변에 모든 사람들이 당신이 극단적 페미니스트에 기레기라는 것을 모두 알게 될 것입니다. 이제 평생 솔로 확정이시고요"라는 댓글이 흥미롭다.

'욕설 및 저주'로 분류하긴 했는데, 이는 작성자의 의도가 그렇다는 것이지 정작 여성들이 보기에는 딱히 욕처럼 느껴지지는 않는다는 점이 재미있다.

세계일보　2021-06-15 (화) 026면

악플러들의 무더기 사과문

기자가 만난 세상

정지혜
사회2부기자

"괜히 기분만 나빠져서 댓글 안 본 지 오래됐어. 다들 왜 그렇게 화가 나 있는지."

뉴스기사 댓글란을 확인하느냐는 질문에 적잖은 지인들이 이렇게 답했다. 댓글 작성은커녕 최근엔 읽기조차 꺼려진다는 대답이 쏟아진다. 댓글창 속 부정적 기운에 베인 눈살이 찌푸려진다는 것이다. 누군가 과도하게 비난하거나 음모론을 펼치거나 혹은 기사 내용과 상관없이 그저 자신의 분노를 배설하는 데에 열중하는 일부 댓글러들의 점유율이 높아지면서 나타난 현상이다.

최근 이 악성댓글의 심각성을 크게 실감한 사례는 '한강 대학생 사건'이다. 지난 4월 말 숨진 대학생의 친구 A씨를 향해 한 달 넘도록 가해진 인신공격성 악플은 양과 질 모두 도를 넘는 수준이었다. 결국 견디다 못한 A씨 측은 이달 4일 가짜뉴스 및 명예훼손성 댓글을 단 누리꾼 수만명을 대상으로 무관용 고소전을 예고했다.

놀랍게도 단 나흘 만에 선처를 요청하는 이메일이 1000건 가까이 쏟아졌다. 이들은 '로펌'의 요구대로 자신이 쓴 악플 등을 삭제하고, 사과문을 보냈다. 그토록 날 선 언어로 누군가를 공격하던 이들의 갑작스러운 태세전환이 얼마나 진정성 있는 반성일지도 의문이지만, 더 허탈한 지점은 이것이다. 만약 A씨가 법적 대응을 발표하지 않았다면 이 모든 사과문과 악플의 자진 삭제가 가능했을까.

법적 대응 이후 대량의 사과문이 도착한 사안은 A씨 사례만은 아니다. 지난 4월 비혼여성 커뮤니티 '에미프'(cmif)는 최근 진행한 500여건의 악플 고소 과정에서 받은 여러 통의 자필 사과문 편지를 유튜브로 생중계 낭독했다. 이들은 인터뷰가시 기사에 달린 다량의 악플을 고소하는 과정에서 얻은 경험과 노하우를 공익을 위해 추후 공유하겠다고 밝혔다.

법이라는 '최후의 보루'에 기대고서야 겨우 사이버테러 폭력을 약화시킬 수 있다는 건 우리 사회 시민성의 초라한 현주소를 드러낸다. 시민교육은 뉴미디어 시대에 걸맞게 업데이트되지 못했고, 악플러와 '어그로꾼'(관심받기 위해 무리한 도발을 일삼는 사람)에게 일방적으로 휘둘리며 피해자를 양산해 왔다. 이들이 세력을 키우지 못하도록 공적 기준을 제시하고, 선을 넘는 '트롤링'(관심유발성 공격)에 제동을 걸어야 할 정치나 언론, 지식인 등도 제 책임율 다하지 못했다. 이러한 '광장'에 환멸을 느낀 시민은 사회·문화적 자정을 촉구하기보다 안전한 자신만의 '밀실'로 숨어들었다. 결과적으로 수많은 A씨들은 홀로 고통을 감내해야 했다.

무자비한 댓글 공격에 가담함으로써 자신의 알량한 영향력을 행사한다고 믿는 이들의 삶이라great 풍요로울 수 있을까. 타인을 향한 기본적 예의와 수치를 모르고 드러내는 원색적인 적의는 척박한 자신의 마음을 '자기소개'하는 것에 불과할지 모른다.

우리 또한 스스로를, 더 나아가 서로를 지키기 위해 때로는 행동할 용기를 내야 할 것이다. 각자의 밀실 속에서 웅신 폭을 줄이던 공동체로서의 삶을 고민할 시점이 아닐까 싶다. A씨와 같은 이들의 법적 대응은 그나마 작동하는 방어수단이라지 그동안 손 놓았던 시민교육을 조금이나마 보완할 차선책이 되고 있다. 시민사회의 일원으로서 이들의 행보에 응원을 보낸다.

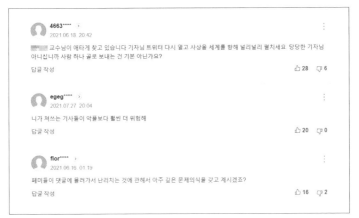

> **4663******
> 2021.06.18. 20:42
> ███ 교수님이 애타게 찾고 있습니다 기자님 트위터 다시 열고 사상을 세계를 향해 널리널리 펼치세요 당당한 기자님 아니십니까 사람 하나 골로 보내는 건 기본 아닌가요?
> 답글 작성　　　　　　　　　　　　　　　　　　　　👍 28　👎 6

> **egeg******
> 2021.07.27. 20:04
> 니가 쳐쓰는 기사들이 악플보다 훨씬 더 위험해
> 답글 작성　　　　　　　　　　　　　　　　　　　　👍 20　👎 0

> **flor******
> 2021.06.16. 01:19
> 페미일 댓글에 몰려가서 난리치는 것에 관해서 아주 깊은 문제의식을 갖고 계시겠죠?
> 답글 작성　　　　　　　　　　　　　　　　　　　　👍 16　👎 2

필자가 악플러들의 사과문에 대해 쓴 기사와 거기에 딸린 댓글들(상: 세계일보, 2021년 6월 15일 / 하: 댓글 캡처)

5. 성희롱, 여성 혐오(10%)

젠더 기반 폭력에 대한 여성의 두려움을 자극하는 표현들이 나타났다. 성적 행위를 묘사하는 식의 유구한 언어 성폭력을 비롯해 "얼굴 딱 봐놨다 기억해놨다" "어, 그때 봤던 그년이다" 등 폭력 범행을 암시하는 발언들이 그렇다. 다만 이 유형은 다른 유형에 비해 수가 현저히 적었다. 여성주의자로 확실히 정체화한 경우엔 성희롱보다는 '직설적인 적대감'을 드러내는 괴롭힘 유형이 많다고 느꼈다.

이러한 악플 공세는 몇 달 동안 끈질기게 따라다녔다. 악플이 매일 수백 개 이상 달리던 초반의 기세가 예상치 못한 것이었기에 충격이 없었다면 거짓말이다. 그러나 시간이 지나면서 댓글 자체에 대한 스트레스는 줄어들었다. 댓글창 속 근거 없는 모함은 사실이 아님을 스스로 가장 잘 알고, 조롱이나 악담 역시 반페미니즘을 맹목적으로 추종하는 세력의 비이성적 행위임을 알았기에 심리적 거리두기를 할 수 있었다.

진짜 문제는 다른 데 있었다. 댓글 하나하나의 내용이 정작 당사자에게 타격을 주지 못하는 것과 별개로, 타인의 시선이나 조직 안팎에서의 평가를 신경 쓰지 않을 수 없었던 것이다. 평판 하락과 명예훼손을 유도하는 저들의 공격이 만에 하나라도 '먹혀들 수 있다'는 걱정 말이다. 공격받는 한복판에 있을 때는 더더욱 객관적인 판단을 하기 쉽지 않아서 그러한 두려움이 커지는 것을 느꼈다. 회사로 항의 전화가 계속 울리고, 사옥 입구에서 시위하겠다거나 찾아오겠다는 등 협박이 이어졌으니 그럴 만도 했다.

'블라인드' 익명 게시판 등에서도 기다렸다는 듯 비난 게시물이 올라오고, 동조하는 댓글이 여러 개씩 달렸다. 여타 온라인 커뮤니티와 달리 '블라인드'는 회사 사람들만 이용하기 때문에 공격의 의미가 또 다르다. 이들은 영상에서 기자를 저격한 유튜버 B의 논리를 그대로 주워섬기며 "A 교수에게 뇌물을 받았는지 조사해야 한다"라거나 "매번 이렇게 시끄럽게 만드는 데 그냥 둬도 되냐"는 등 비판 여론을 확산시키려 했다.

회사에서는 아무렇지 않은 얼굴로 소통하는 동료 중 뒤에서 저런 말을 하고 다니는 이가 있다는 사실에 소름이 끼쳤다. 정체가 너무나 궁금했다. 면전에서는 한마디도 못 하면서 비겁하게 익명 게시판을 동료 저격용으로나 쓰는 것이 오늘날 온라인 커뮤니티의 현실이다. 이런 경험은 다수의 여기자가 각자의 회사에서 겪고 있는 일이다.

결론적으로 말하면, 이 일로 공식적인 불이익을 받은 것은 없다. 수백만 조회수를 찍는 영상에 불명예스럽게 박제되긴 했으나, 사이버폭력의 불길은 온라인에서만 격렬하게 타오르고 끝났다. 하지만 그러니 별것 아닌 일이라고 할 수는 없다. 행여나 커리어에 좋지 않은 영향을 미칠까, 오프라인에서 악플러를 마주치지는 않을까 불안에 시달리며 자신을 몰아붙인 시간이 어디 가지는 않으니까. 따라서 안팎으로 진정성과 능력을 입증해야 한다는 강박, 하루빨리 반박할 수 없는 인정을 쌓아 올려야만 안전해질 것 같다는 감각을 한동안 안고 살아야 했다.

　가장 큰 도움이 되었던 건 이 문제로 무작정 걱정하는 이들보다는 냉철하게 상황을 분석해준 이들이었다. 사이버폭력의 실체란 이렇게 묘한 지점이 있다. 옆에서 감정적으로 자신의 두려움을 투사하거나 지나친 불안에 떠는 모습을 보이는 것이 피해자의 불안을 도리어 키울 수 있다. 애초에 악플 부대는 정당하지 않은 공격을 퍼붓고 있는데, 제3자들마저 거기에 무력해져버리면 대항이 더 힘들어진다. 피해자를 걱정할 시간에 연대할 방법을 찾는 것이 훨씬 좋다.

　"겁낼 것 없어요. 잘못한 게 없잖아요"라는 단호한 한마디가 훨씬 힘을 준다. 믿을 수 있는 동료들과의 대화, 변호사 상담 등을 통해서도 "온라인 커뮤니티를 넘어설 만큼의 파급력은 아니니 흔들릴 필요 없겠다"라는 결론이 나왔다. 계속되는 악플에 꾸준히 대항 표현과 선플로 반격해주는 독자들도 있었다. 이들 덕분에 특별히 더 위축되지 않고 잘 버틸 수 있었다.

　사건의 여파에서 빠져나와 보니 눈에 들어온 것이 있다. 여성주의자 및 기자들을 향해 집단적 사이버폭력을 가하는 진화한 악플러의 행태는 온라인에서 벌어지는 사냥놀이와 같다는 점이다. 끊임없이 새로운 사냥감을 찾아 나서는 이 패턴을 보건대 여기자 한 명에게만 일어나는 전쟁은 절대 아니었다. 먹잇감을 물색하는 속도는 점점 더 빨라지고 있으며, 타깃이 무대응으로 일관하거나 영향을 받지 않을 경우 '함락되지 않는 모습'에 흥미를 잃고 좀 더 타격감 있는 대상으로 공격 방향을 바꾸는 기민함도 보인다. 이 모든 것이 그저 게임 한 판 하듯 가볍게 이루어진다는 사실을 다시 한번 강조하고 싶다. 가정·학교·사회·국가 모두 사실상 손을 놓고 있기 때문에 가능한 일이다.

여기자들, 댓글을 말하다

거칠고 폭력적인 온라인 공론장 시대는 기자들이 위축되기 너무 쉬운 환경을 조성했다. 페미니즘, 사회적 소수자 기사를 쓰는 기자들에 대한 괴롭힘은 더욱 심각한 상황이다. 특히 성별을 근거로 모욕과 비하 수위를 높이는 사이버폭력 양상이 극대화되며 경고등이 켜졌다. 악플을 단순히 '나쁜 말' 범주에 두는 것으로는 충분하지 않다는 목소리가 나오는 이유다. 공적 공간에 참여하는 여성이 폭력이라는 비용을 감수해야 하는 현실에 대한 문제의식이 좀 더 대두될 필요가 있다.[30]

온라인 공론장에서의 여성 대상 폭력이 여기자들에게 실제로 미치는 영향을 알아보기 위해 당사자들과 이야기를 나눠봤다. 젠더 분야의 전문성을 키워가고 있는 5~10년 차 주니어급 종합일간지 여기자 세 명(베니·은수·준영, 모두 가명)이 2022년 8월 말 서울 모처에서 한 테이블에 앉아 그동안 겪은 댓글과 악플에 대한 속내를 털어놨다.

먼저 은수와 준영은 악플에 어떤 영향을 받고 있느냐는 물음에

"기자 개인에 대한 공격보다도 취재원을 위험에 노출시킨다는 점에서 죄책감을 늘 안고 있다"라고 말했다. 자신이 쓴 기사에 등장함으로써 취재원이 공격을 받는 것이기에 인터뷰를 청하는 것 자체가 "욕받이로 전락할 기회를 만드는 것 아닌지 우려된다"고 했다. 젠더 기사의 취재원들은 소수자이거나 사회적 약자일 때가 많은데, 이들을 한 번 더 단두대에 세우는 것 같다는 부담을 느낀다는 것이다. 그 결과 퀴어 축제 등에 참여한 시민의 단순한 코멘트를 따는 일조차 점점 더 어려워지고 있다고 이들은 토로했다.

물론 자신들이 받는 공격도 상당한 수준이다. 악성 메일이 오면 메일 주소를 따로 긁어놓고 같은 사람이 또 보내는지 확인한다는 은수는 "한번은 '딱 두고 봐라. 나 너 죽인다'라는 문장이 온 적 있는데, 그런 메일을 받고 어떻게 아무렇지 않을 수 있었겠냐"고 했다. 그 사람의 메일 주소는 작성자 본인의 휴대폰 번호로 추정되는 숫자였고, 마치 은수의 집 주소를 알고 있는 듯한 뉘앙스였다. 이런 경험을 반복하며 은수는 원래 관심받기를 즐기는 성격임에도 불구하고, SNS를 비공개하는 등 자신을 많이 감추고 살게 됐다.

대체로 댓글에 큰 의미를 두지 않는 편이라는 준영도 몇 년째 생생히 뇌리에 박혀 있는 악플이 있다. "○○○기자는 목선이 어리여리하고 이러저러한 표정이 있는데…"라며 자신을 거의 포르노에 등장하는 여주인공처럼 묘사한 댓글이 있었다. 페미니즘 기사가 나오던 초기인 2018년쯤 그가 받은 이 댓글은 디테일한 외모 평가를 한 뒤에 "페미 안 하면 시집 잘 갈 수 있다"라는 말로 끝났다. 상처를 받았다기보다는 "너무 어이없어서 기억하고 있다"라고 준영은 말했다. 다만 그는 자신과 좋은 관계를 맺고 싶은 사람이 본인에 대한 악플을 발견하는 것에서 확실히 불편함을 느끼고 있었다.

"저를 처음 아는 사람들이 저의 직업이나 이름을 알고 나서 검색해 볼 거라는 생각을 종종 해요. 근데 제가 쓴 기사가 정당하든 아니든 간에 밑에 '기자 년이' 어쩌고 이런 댓글이 달려 있다는 걸 생각하면…. (…) 예를 들어서 데이트하는 상대라고 할게요. 그 사람이 저에 관해 관심이 생겨서 검색했는데 제 밑에 막 이년 저년 온갖 성희롱 댓글이 달려 있다고 해봐요. 그렇게 두들겨 맞는 저를 보는 게 그리 유쾌하지 않을 거고, 그걸 유쾌하지 않게 생각하는 상대를 보는 저도 싫은 거예요."

이들이 받는 댓글이 업무에 부정적인 영향으로 돌아오는 부분도 만만찮은 문제다. 댓글 공격을 통제하기 힘들다 보니 악플이 잘못됐다는 것을 뻔히 알면서도 불합리한 상황을 피할 수 없어지곤 한다. 준영은 이에 대해 "'나를 지킬 것이냐 혹은 나의 성과를 지킬 것이냐' 양자택일해야 하는 너무나 큰일"이라고 표현했다. 실제로 은수는 혼자서 '일베' 댓글 등을 빅데이터 분석해 쓴 기획기사에 바이라인(기자 이름과 이메일 주소)이 실리지 못할 뻔하기도 했다. 당시 '일베'에 신상이 털린 한 여성 기자가 퇴사하고 다른 업계로 간 일이 있었는데, 이 때문에 은수를 '보호하고자' 위에서 팀 바이라인으로 나가는 게 어떠냐고 제안한 것이다. 여성 기자가 안전을 보장받으려면 크레딧이 지워질 위험을 감수해야 하는 현실을 뼈저리게 체감한 경험이었다.

베니는 점점 더 교묘해지는 악플 패턴이 어떻게 여성 기자의 신뢰도와 업무 능력을 깎아내리려 시도하는지에 주목했다. 그는 "전혀 없는 사실, 취재원에게 뒷돈을 받았다는 등 연결 고리가 있을 거라는 둥 무턱대고 모함하고 날조하는 공격이 크게 늘었다"라고 짚으며, "특정 집단이 캠페인성으로 이런 공격을 진행할 경우 수십~수백 개의 엉터리 댓글이 달려 여론이나 평판에 악영향을 줄 위험이 있다"라고 했다.

은수 역시 비슷한 경험을 털어놨다. 그는 양궁 국가대표 안산 선수에 대한 '페미 논란' 때 '숏컷 캠페인'을 제안한 학자의 코멘트를 넣은 기사를 썼는데, 이 기사가 '신남성연대' 등 남초 커뮤니티에 좌표가 찍혔다. 기사 밑에는 "○○○(학자 이름)의 지령을 받아서 움직이는 기자"라는 모함 댓글이 줄줄이 달렸다. 은수는 "모르는 사람이 봤을 때 정말 그렇게 보일 수도 있겠다 싶으면서 이런 공격이 어그로(aggravation에서 따 온 신조어로 도발, 약올리기를 의미함)처럼 누군가한테는 먹힐 것 같다는 생각에 소름이 돋았다"라고 말했다. 대댓글을 달아 '지령을 받지 않았다'고 해명할 수도 없고, 앞뒤 없는 욕보다 훨씬 더 위협적으로 느껴졌다는 것이다. 기자가 대응할 수 없는 이런 유의 공격이 갈수록 횡행한다는 것은 분명 경각심을 가질 대목이다. 이는 종종 기자의 취재 활동을 위축시키는 결과로 이어진다. 이는 은수에게 최근 작지 않은 고민거리다.

"젠더 기사는 인용할 전문가 풀이 좁은데, 기사에 자주 등장하는 교수님에 대해 저런 식의 댓글이 달리면 그 뒤로 그분에게 멘트를 받기 좀 그럴 수 있잖아요, 저도 모르게. 그런 것 때문에 남성 교수 멘트를 받으려고 하면 대체로 사안의 맥락을 잘 모르고, 좋은 게 좋은 거라고 답하는 식이 많아요. 사실 남성 교수 멘트를 넣는다고 공정성이 담보되는 것도 아닌데, 이것도 댓글 반응을 염려해서 미리 숙이는 셈인 거죠."

남초 사회인 언론사에서 여성 기자를 견제하는 여론이 형성될 때 악플이 근거로 쓰이는 어처구니없는 일이 벌어지기도 한다. 기사에 대한 반응이 '논쟁적'이며, 여성 기자의 시선이 '편향적'이라는 공격을 할 때 댓글 여론을 끌어다 쓰는 일이 많다는 것이다. 준영은 "젠더 기사에는 필연적으로 상당한 안티 세력이 있을 수밖에 없는데, 걸러야 할 그런 의견을 걸러서 받아들이지 않고 '너 근데 댓글 같은 거 보면 이러던데'라며 안티들의 생각을 일반의 의견인 양 악용한다"라고 지적했다. 지성이 가득해야 할 뉴스룸에서 악의적인 댓글이 단지 규모를 근거로 해서 여기자에 대한 정당한 비판 여론으로 둔갑한다는 설명이다. 이러한 "분별력 없는 비판"이야말로 자신을 주눅 들게 만드는 부분이 있다고 준영은 말했다.

정치부 기자를 공격하기 위해 드루킹이 썼을 것 같은 댓글을 인용하지는 않지만, 젠더 기사에 대해서는 그런 댓글을 적극적으로 활용하는 모순에 대해 이들은 입 모아 비판했다. 베니는 "악플러들이 이런 맥락을 잘 알고 활용하는 것"이라는 진단을 내놨다. 자신들이 조직적으로 악플을 달았을 때 여성 기자를 내부적으로 압박하는 효과가 있다는 사실을 모르지 않는다는 것이다. 애초에 남초 언론의 생각이 여기자를 공격하는 댓글러와 크게 다르지 않기 때문에 더 쉽게 수용되는 측면도 있다. "여성 혐오적 댓글과 비슷한 수준으로 사고하는 남성 기자들이 생각보다 많다"라는 베니의 말에 은수와 준영 모두 고개를 끄덕였다.

과거 베니가 쓴 젠더 폭력 관련 기사 하나에 악플이 엄청나게 달리다가 여성 독자들이 며칠에 걸쳐 선플을 쓰며 베플을 바꾼 일이 있었는데, 그걸 본 조직 내 남성 의사결정자 한 명은 "(선플이 달린 것은) 어디서 이상한 애들이 와서 쓴 것이니 네가 잘해서라고 생각하지 말라"고 했다. 이에 은수는 "남자들의 댓글은 일반 여론이고 여자들이 쓴 것은 아니란 말이냐"고 반문했다. 여성 기자를 상대로 한 악플러의 공격과 이를 짐짓 무기로 사용하는 언론사 내 남성 주류 세력의 결탁은 생각보다 끈끈한지 모른다. 은수는 "조직적으로 짠 것은 아니겠지만, 사실상 서로의 존재가 여기자를 공격하기 좋게 만들어주는 공생 관계에 가까운 것"이라고 했다.

댓글과 성별의 관계에 대해서도 한참 동안 대화가 오갔다. 준영은 최근 기사를 쓸 때마다 "이런 기사 쓰는 거 보면 다 여자더라" 같은 댓글이 달리는 것에 대해 "여전히 기자의 일은 남성의 일이라는 인식, 여기자가 주변화되어 있는 것을 느낀다"라고 했다. 여성 기자가 썼다는 이유로 기사의 편향성을 의심받는 경우가 댓글에서 많이 발견된다고 한다. 남성들의 경우 유독 여성 기자의 관점이 담긴 기사를 못 받아들이고 동의하지 않으려는 경향이 짙다는 것이다. 특히 기사를 비판적으로 소비하는 방식이 과도한 표현 욕구와 맨스플레인mansplain(남성이 무엇이든 여성보다 많이 안다고 생각하며 설명하려 드는 행위)에 기반하는 것이 특징으로 꼽혔다.

은수는 "기자의 사회적 권위가 땅에 떨어진 시대인데, 기자 안에도 서열이 있다면 여기자가 하위인 것"이라며 "공격하기 좋고, 기사의 진실성 내지는 팩트 여부를 의심하기 너무 좋은 대상"이라고 말했다. 페미니스트 여기자들이 '편향된 기사를 써서 남성들을 더 힘들게 한다'라는 인식이 팽배하면서 "'기레기 중에서도 페미 기레기 년'이라면 더욱더 맞아도 싸다는 생각을 하는 것 같다"라는 것이다. 이들 중에는 악성 댓글을 다는 일을 오히려 "사회 정의 실현이자 가부장으로서 할 일을 하는 것"이라 여기는 경우가 많아 보인다고 은수는 분석했다. 그가 만난 한 여성학 교수는 오프라인 수업 때 조용했던 남학생이 '에브리타임'에서는 악플러로 변신하는 것이 지금의 현실이라고 이야기해줬다.

좋은 댓글의 효능감이 너무 미미해진 현 상황에 이들은 하나 같이 안타까움을 표했다. 준영은 순기능을 하는 댓글이 "모래밭에 조개껍데기 하나 정도"라서 그 하나를 발견하기 위해 너무 많은 모래를 파헤쳐야 한다고 했다. 은수는 "거의 포크레인으로 악플을 퍼내야 좋은 댓글 하나가 찾아지는 정도"라며 더는 그런 수고를 들이는 일을 멈췄다고 했다. 그보다는 자신이 공들인 기사가 공유된 SNS를 찾아가 어떤 의견이 오가는지 알아보곤 한다. "자기 앞마당에 기사를 가져오면서 거기에 쌍욕 하려는 사람은 드물기 때문"이다. 이는 이용자 개인이 최소한의 책임을 지고 관리하는 공간의 중요성을 보여준다. 현재의 뉴스 댓글은 절대 그런 공간이 아니다.

이날의 긴 논의 끝에 이들은 "모래 속의 진주 하나를 찾기 위해 미친 듯이 모래를 파헤치는 것보다는 해수욕장을 폐장시켜버리는 것이 낫지 않냐"는 데에 의견을 모았다. 특히 포털 뉴스 댓글 같은 공간은 '문제적 창구'가 되어버렸는데, 이를 내버려두고 있는 것이 더 큰 문제를 낳고 있다고 지적했다. 극렬분자들만 얘기하는 공간, 중립지대에 있는 사람들이 '아, 이것이 여론이구나. 안티 페미가 이렇게 많구나. 여기자는 여자 입장만 대변하는구나' 하는 공간으로 굳어지면서 자정작용을 발휘할 시기는 지난 것 같다는 다소 냉혹한 평가를 했다. 일부 예민한 주제의 기사부터 순차적으로 댓글을 닫아보는 시도를 언론계 차원에서 공론화하고, 댓글로 기자를 공격하는 것에 관해서도 시스템 및 법률 검토를 통해 공식 대응 기구 등을 만들었으면 한다고도 강조했다.

2장

댓글의
게임화

댓글
오락실

$\heartsuit$ $\heartsuit$ $\bigcirc$ $\square$ $\square$

거대한 게임이 된 세상: 밈과 댓글

2000년 초반 이후 우리는 빠르게 자리 잡은 '게임적 세계관'의 시대를 살고 있다. 가상 공간과 현실 세계의 경계를 넘나들며 초월적 리얼리티를 부여한 세상에서 우리는 무엇을 하든 한층 더 개인화된 시나리오를 즐길 수 있게 되었다. 그와 함께 이용자의 능동적인 개입 욕구도 강해졌다. 영화가 2차원 세계에서 이용자를 관찰자이자 객체로 남게 한다면 게임은 그런 수동성을 거부한다. 게임은 현실적인 3차원에 근접한 공간에서 구현되기를 지향할 뿐 아니라 이용자가 주체적으로 이야기를 만들어감으로써 재미를 느끼게 하는 것이 핵심이다.

무엇보다 내가 주인공이 되는 느낌을 만끽하기에 가장 좋은 도구가 게임이라는 점이 핵심이다. 세상의 게임화가 가속화되는 것은 게임이 주는 재미와 중독성이 '자기애'와 밀접한 관련이 있어서다. 무한 경쟁의 소용돌이와 개인의 존엄을 짓밟는 사회의 각박함이 심화하면서 시스템에 기댈 곳 없어진 개인은 치열하게 각자도생하다가 지친 몸과 마음을 스스로라도 과하게 토닥여야 하는지 모른다.

하나의 거대한 게임이 된 세상에서 지배력을 갖는 방식은 '쉽고, 재미있고, 자유로운' 정서에 기반한다. 댓글창도 예외가 아니다. 다만 그로 인한 맹점을 함께 키우기도 했다. 첫째, 즉각적으로 이해되는 단순함이 선호되다 보니 소통의 폭을 넓힐 근간이 될 맥락이 자꾸 잘려나간다. 둘째, 강한 몰입 요소를 포함하다 보니 감정과잉에 따른 불필요한 분란을 조장한다. 셋째, 재미없는 사실과 듣고 싶지 않은 진실을 외면하게 만든다 등이 그것이다.

특히 플레이어에게 도전 과제를 부여하고 즉각적인 보상을 주는 게임의 속성은 모든 소통을 승패가 갈리는 전투로 인식하게 만든다. 댓글창이라는 공론장에서 공격적 행위를 하고도 죄의식이 없는 건 상대에게 타격감을 날리는 행위 자체가 일시적으로 더 큰 효능감을 주기 때문이다. 분명 인격이 존재하는 사람을 가상의 캐릭터처럼 비인간화하는 경향은 현실을 현실로 보지 않고 리셋 하면 그만인 게임처럼 보는 탓이다.

게임에 빠지면 끼니를 거르고 날밤을 새우는 일도 이상하지 않다. 이 중독성에 따른 과몰입이 부르는 집착과 반사회성, 지나친 감정이입 문제 등은 무시할 수 없는 수준이다. 역할 몰입이 과해

지면 현실감각이 떨어지면서 공동체 내 충돌과 갈등의 언어를 내뱉게 된다. 온라인 커뮤니티에서 너무 많은 시간을 보내는 이들이 이런 경향을 보이곤 한다.

온라인에서의 중독성을 말할 때 빠질 수 없는 개념인 '밈meme'● 놀이는 댓글 문화의 핵심 구성요소다. '문화적 유전자'로 번역되는 이 개념은 인터넷에서 특정 맥락을 갖고 유행하는 사진·영상·댓글 등의 디지털 콘텐츠를 이용자들이 모방과 패러디를 통해 재가공하며 널리 퍼뜨리는 행위를 말한다. 신조어·유행어·드립 같은 용어로 통용되기도 한다. 밈의 내용은 사회 구성원들이 공유하는 본능적인 인식, 경험을 토대로 한다. 새롭고 도전적인 관념보다는 관습화되어 DNA에 축적된 낡고 오래된 개념이 끊임없는 모방을 통해 재현 및 확산한다. "우리 안에 숨어 있던 지식의 내적 표상으로서 외적인 행동을 일으킨다"[31]는 점에서 성찰이나 발전보다는 기존의 것을 고수하려는 경향을 고착화할 우려가 있다.

밈을 유행시키기만 하면 대중을 사로잡을 수 있다는 생각은 사안의 실체나 본질적 고민을 등한시한 채 '쉬운 길'로 우리를 유혹한다. 밈에 중독된 대중은 재미만 있으면 뭐든 허용할 기세이고, 이를 반영하듯 최근 정치권에서 밈이 성행하고 있다. 『한겨레』는 "보수 정치의 계속된 퇴행 과정에서 이념의 언어는 공허해지고, 정책의 고민이 사라졌으며, 오직 '밈'만 남았다. 여가부, 페미, 멸

● 유전자(gene)에 모방하다(mimic)를 접목한 신조어.

공, 좌파, 종북 같은 한 단어 '밈'들은 혐오, 불안, 증오, 열등감 같은 어지러운 감정들의 도가니였다"[32]고 지적했다. 한국 정치는 밈으로 표를 얻겠다는 근시안에 빠진 나머지 정책으로 구체화할 내용은 정작 텅 비게 만들었으면서 혐오라는 감정이 온라인 전반에 퍼지게 만든 책임에서 자유롭지 못하다.

혐오 표현의 정당화, 타인을 향한 구분 짓기와 손쉬운 대상화, 이를 통한 집단 소속감 강화를 촉진하는 데에 분명 밈은 유용하게 쓰인다. 밈과 신조어를 단순한 유행으로만 보는 것이 안이한 이유다. '디시인사이드' '일간베스트' 등 남초 커뮤니티에서의 밈의 활용 양상을 분석한 연구자 박인성은 "타인과 의도적 구분 짓기를 수행하는 다양한 밈의 활용은 언어적 효능감에만 집중함으로써 혐오 표현들을 정당화한다. 모든 것을 유머 효과로 환원하는 것만이 부족주의의 소속감을 획득할 수 있는 가장 강력한 언어적 수단"[33]이라고 설명했다.

이런 밈을 수단 삼아 남초 커뮤니티에서는 혐오 놀이에 불이 붙었다. 최근에는 전략적이고 의도적인 자기비하를 통해 타인에 대한 적극적인 비하를 정당화하는 수준에 이르렀다. 실패자로서의 자기정체성을 공유하는 이들은 스스로를 사회적 아웃사이더이자 패배자로 규정하는 마조히즘적 밈을 유행시킴으로써 피해자 서사의 주인공이 되기에 이른다.[34] 이들에게는 온라인에서 거친 언어와 모욕적 대상화, 상대방을 향한 혐오 표현에 심각하게 대응하는 것 자체가 이상한 일이다. 모든 것이 밈이고 역할놀이일 뿐인데 왜 그러냐고 응수한다. 그들이 모욕하는 사람들 또한 가면을 뒤집어쓴 허구적 존재로 대하면서 말이다.

뉴스도 오락이 되는 시대

뉴스와 댓글이 오락성을 강화하는 경향이 나쁘기만 한 것은 아니다. 이는 과거 엘리트, 지식인, 기득권이 권위적 언어로 전달하던 일방 소통 방식이 더는 유효하지 않은 시대로 전환했음을 상징한다. 독자와 대중으로부터 응답을 받아야만 지속 가능해진 시스템으로 진화한 것이다. 미디어 제작자와 수용자가 콘텐츠를 함께 만들어가는 과정에서 사실 확인 및 정정이 한층 더 신속 정확하게 이루어지고, 심화 논의의 장을 열기에 유리하다는 장점도 있다.

KBS의 뉴미디어 콘텐츠 〈댓글 읽어주는 기자들〉은 기성 언론이 댓글을 오락적이면서도 교양적으로 잘 활용한 대표 사례다. 기자들이 자신의 기사에 달린 댓글을 읽고 변명을 하거나 반성의 시간을 가진다는 콘셉트로 시작한 이 프로그램은, 댓글 내용을 팩트체크하거나 취재 뒷이야기 등을 전하며 호응을 얻고 있다. 예능적 요소가 강한 이 프로그램의 유튜브 구독자는 2022년 말 기준 24만 명에 달한다. 출연하는 기자들과 시청자들이 댓글로 울고 웃고 때로는 싸우기도 하면서 수년간 쌓은 호흡이 만든 경쾌한 티키타카(대화의 합이 잘 맞아 주고받기가 잘 되는 것)가 돋보인다. 메인 진행자인 김기화 기자가 첫 1년 동안 10만 개가량 되는 모든 시청자 댓글에 대댓글을 달다가 건초염에 걸려 손가락 깁스를 한 에피소드는 두고두고 회자되고 있다.

시즌4 38화(2022년 11월 30일 방송)에서 이 프로그램은 기획재정부가 낸 보도자료 「종합부동산세는 정부안으로 정상화되어야 합니다」를 받아쓰기식으로 전달한 기사와 그 밑에 달린 댓글을 비판적으로 해석해주었다. 기재부의 자료는 '종부세 과세 대상 3분의 1이 연소득 2000만 원 이하 저소득층이라 세 부담이 과중하므로 완화 조치가 필요하다'라는 게 골자다. 그런데 그 저소득층의 연령 분포나 소득 종류(근로소득인지 금융소득인지) 같은 정보는 쏙 뺀 채였다. 이들 중 상당수가 '고가 주택을 보유한 은퇴자'로 추정되는데, 고령층을 빈곤층으로 프레이밍한 눈속임을 쓴 것이다. 이는 일 하지 않고 이자만으로 2000만 원을 벌어도 저소득층에 속하게 되는 허술한 통계다. 고령자 중 1주택 장기보유자의 경우 최대 80% 세액공제를 받고 있지만, 이 내용 역시 자료에는 일언반구도 없었다.

이러한 맹점을 짚어주는 해설 기사는 다른 몇몇 언론에서도 나왔지만, 댓글을 활용한 이 프로그램의 설명은 단연 알기 쉽고 재미있었다. "나 연봉 2000 이하다. 그런데 종부세가 860만 원 나왔다! 내가 부자니?"라는 댓글에 출연진은 "이분의 종부세를 토대로 계산해보면 집값이 22억 원대인 곳에 살고 있다. 정말 부자가 아닌가"라고 반문했고, "재산 10억 가진 사람이 연봉이 2000이고, 재산 없는 사람이 연봉 1억이라고 하면 누가 부자죠?"라는

정부 부처가 낸 보도자료의 맹점과 여기 달린 댓글을 비판적으로 해석해준〈댓글 읽어주는 기자들〉은, 댓글을 잘 활용한 대표적 사례를 보여준다.(시즌4 38화 1부 영상 화면 캡처)

댓글을 소개하며 자산과 소득의 구분이 이 사안의 핵심임을 드러냈다.

댓글을 통해 모은 집단지성이 이렇게 긍정적인 상호작용으로만 이어진다면 참 좋겠지만 불행히도 이런 사례는 아직 소수다. 게임화되는 뉴스와 댓글이 재미와 흥행에 몰두할 때 '폭력성'이라는 필살기에 기대게 되는 것 역시 한순간인 탓이다.

뉴스의 비판적 수용자는 사라졌다. 오늘날 대중은 자신을 콘텐츠의 소비자로 이해한다. 그들이 매체에 요구하는 것은 사실의 전달이 아니라 니즈의 충족. 그 니즈란 물론 듣기 싫은 '사실'이 아니라 듣고 싶은 '허구'다. 그 수요에 맞추어 매체들은 대중에게 들기 좋

은 허구, 흥미로운 대안적 사실을 창작해 공급하게 된다.[35]

포털이라는 플랫폼이 좌판을 깔면 언론은 여기에 입점해 본격적인 호객 행위용 뉴스 기사를 선보인다. 판을 흥하게 하는 지름길로는 대중이 듣고 싶은 이야기, 응징당할 만한 이를 처단하는 서사, 논쟁적 이슈에서 댓글로 '옳은 말로 일침 놓는 나'의 이미지를 드러내기 좋은 기사가 선호된다. 불판의 화력이 뜨거워지기를 원하는 미디어 생산자는 이런 기사 공급에 열중함으로써 독자에서 소비자로 변모한 이들의 정체성에 적응하는 중이다.

이때 가장 손쉽게 구사되는 전략은 대중이 물어뜯어도 좋을 사냥감을 찾아오는 것이다. 팩트를 조합하되 국민감정을 자극하는 스토리텔링이 더 중요해졌다. 관건은 댓글러가 자연스럽게 참전할 수 있도록 적절한 명분을 제공하는 것. 이를 위해 큰 문제가 아닌 것은 문제처럼 보이도록 해야 하고, 대중의 감정 에너지를 건드릴 만한 서사를 부여해야 한다. 업계 용어로 '초치기'라는 행태다. 실제로 조회나 공유가 활발한 기사는 댓글러들이 얼마나 신나게 놀 수 있는 판이 깔려 있느냐, 초를 얼마나 맛깔나게 잘 쳤느냐에 좌우되곤 한다.

이 과정에서 '기분 나쁜 댓글창'에 사람들은 시나브로 중독되고 있다. 부정적인 것은 긍정적인 것보다 사람들의 시선을 더 끌기에, 뉴스 콘텐츠와 댓글창도 오락성과 부정성을 함께 극대화하는 경향이 나타난다. 특별한 이슈가 없는 10일간 양대 포털 뉴스에 달린 댓글 약 13만5000개를 분석한 결과 전체 댓글의 85%가 부정적, 10%가 중립, 긍정적 논조는 4%대에 그쳤다.[36]

비판이 아닌 비난과 세 싸움이 일상이고, 감정적 배설 수준의 원색적 표현 가득한 댓글창에 눈살을 찌푸리면서도 우리는 댓글 보기를 멈추기 힘들어진다. 많은 이들이 기사보다는 그에 대한 사람들의 반응을 궁금해하며 댓글창에 이끌린다. 여론이 궁금한 것도, 재미를 추구하는 것도 모두 인간의 본능이다. 한국언론진흥재단 설문조사[37]에서 댓글을 보는 이유에 대해 '다른 사람들의 생각이 궁금해서'(84%)라고 답한 이는 열 명 중 여덟 명이 넘고, '단순히 재미가 있어서'라는 응답도 64%에 달했다. 사람들은 '댓글이 주는 정보가 유용하지 않다'(65%)는 데에 동의하면서도 오락적 목적을 충족시키기 위해 댓글을 읽었고, 이 사실을 인지하고 있었다.

지면으로 기사를 접하던 시절엔 언론사의 의도대로 배치된 뉴스 가치를 그대로 수용할 수밖에 없었지만, 포털과 SNS 등 새로운 가상현실에서 독자들은 원하는 기사만 클릭한다. 지루하고 재미없는 게임은 할 필요가 없듯이 자극이나 흥미 요소가 덜한 기사는 선택될 확률이 낮아진다. 현실의 팩트를 받아들일 수 없는 사람들은 새로운 세계관의 게임을 하나 더 만들어 그 속에서 살면 그만이라는 듯 진실로부터 고개를 돌린다. 이러한 오락성을 가장 잘 구현한 매체는 유튜브 등 뉴미디어를 중심으로 성장한 대안 언론, 1인 미디어다. 이들은 뉴스 소비자의 입맛에 최적화된 콘텐츠를 생산함으로써 '뉴스가 오락이 되는 시대'의 상징이 됐다.

댓글 전쟁, 좀비화된 공격

뉴스 댓글창은 높은 불쾌지수와 함께 물어뜯을 대상을 찾아 달려온 사람들이 댓글 전쟁을 벌이는 곳이 된 지 오래다. 기사 속 사건이나 관련된 인물, 기자와 언론사를 공격하는 것을 넘어 댓글 다는 사람들끼리도 무차별적인 싸움을 벌인다. 그러니 싸우고 싶어서 온 사람들에게 적당한 사냥감을 던져주면 그만이다. 기사의 역할은 콜로세움으로 더 많은 이들을 불러오기 위한 미끼로서의 존재감이 점점 더 커진다.

장강명의 소설 『댓글부대』에서 온라인 여론에 개입해 조작을 일삼는 정치 암흑세력은 "광우병 시위를 보며 사람들이 화가 아주 많이 나 있구나, 그걸 느꼈지. 얼른 희생양을 내놓지 않으면 안 될 타이밍이었어"라고 말한다.[38] 그의 사주를 받아 여론조작 작전을 세우는 청년 삼궁은 이들을 공략할 최고의 방법으로 '사람들의 두려움과 죄의식을 건드리는 것'을 제안한다. 이들은 이런 사람들의 본성을 공략해 온라인에서 조작된 여론이 폭발적 에너지를 내도록 유도한다.

불안과 분노에 사로잡힌 대중은 콜로세움으로 모여들어 '희생양 제의'에 몰두한다. '하나'를 제거함으로써 '모두'의 평화를 유지했던 원시사회의 장치는 문명사회에도 계속되고 있다. 진중권은 "원시사회는 그나마 희생자를 신성시라도 했지만, 문명사회는 아예 그들을 범죄자로 여긴다. 희생자로 꼽힌 것은 주로 저항할 힘이 없는 약자들"[39]이라고 지적했다. 문명사회의 온라인 공론장에서 벌어지는 댓글 전쟁은 원시사회보다 훨씬 더 가혹한 응징과 처단의 서사를 써 내려간다.

분명한 목적을 갖고 기사를 읽으러 오는 이들이 남기는 댓글은 수위가 남다르다. 숨기지 않고 적대감을 드러낼 뿐 아니라 베댓 전쟁도 치열하다. 현재 포털 댓글 시스템은 개별 댓글마다 공감·비공감을 표시할 수 있다. 좌표 찍기로 뉴스 창에 방문한 이들은 우리 편이 남긴 댓글이 베댓이 되도록 열심히 공감을 누른다. 시스템을 완벽히 파악한 이들의 전투는 단순히 몇몇 댓글에 공감 또는 비공감을 난사하는 수준을 넘어선다. 상대편 댓글이 공감을 많이 받은 상태라면 최소한 그 수와 동일한 비공감을 클릭해 순위가 내려가게 만든다. 공감이 아무리 많아도 비공감이 더 많다면 상위 노출이 힘들어지는 구조를 꿰고 있는 것이다. 비공감 클릭 전략은 이를 암묵적으로 공유하는 이들끼리 합심해 수행하는 것으로, 자발적으로 누른 것이니 기술적으로는 조작이 아니다. 그러나 큰 그림에서 이런 행태는 전체 여론을 왜곡시키는 엄연한 조작 행위다.

댓글 전쟁에서는 다수의 횡포가 뚜렷하게 나타난다. 다수의 지지를 얻는 생각이나 사상은 정의이자 진리로 여겨지며, 이에 찬동하지 않는 소수 의견은 철저히 비판받고 억압된다. 한번 주류 의견이 형성되면 감히 반대하는 댓글을 달기 힘든 분위기가 고착된다. 군이 그랬다가는 집중포화 공격을 받아 매장당할 정도로 시달리게 되기 때문이다. 댓글창을 먼저 점령한 세력이 소수이더라도 목소리만 큰 의견이 지배할 경우 진짜 다수의 의견이 무시되는 왜곡이 발생하기도 한다. 언론이나 정치권이 왜곡된 여론을 의심 없이 대중의 의견이라고 오인해 의제를 설정하고 정책을 공약한다면 사태는 수습하기 힘들어질 수 있다.

온라인 커뮤니티와 뉴스 댓글창을 통해 세력을 과시했던 '이대남' 담론이 대표적이다. 이대남이란 용어가 부상할 당시만 해도 언론과 정치권은 이들을 가장 중요한 캐스팅보트로 주목했다. 온라인 공론장에서 분명 이대남의 의견은 다수이자 대세 여론처럼 조명되었지만 이후 드러난 실상은 조금 달랐다.

한국언론진흥재단 설문조사에서 20~50대 남녀 응답자 1000명 중 71.1%가 '이대남'이라는 용어를 부정적으로 인식했고, 이대남 현상이 20대 대선에서 미친 영향으로는 '공약이 더 자극적이게(포퓰리즘적이게) 됐다'라는 것에 65.8%가 동의했다. 정작 자신을 '이대남'으로 생각하는 20대 남성 응답자는 23.2%에 그쳤다. 이대남 현상의 실체에 대해서는 '정치인, 인플루언서 등이 세간의 관심과 영향력 확대를 위해 활용하는 세대·성별 갈라치기 프레임'이라는 데 가장 많은 83.2%가 동의해, '현실에 기반한 실체가 있는 사회현상'이라는 의견(59.6%)을 앞섰다. 응답자 77.1%는 '20대 남성만 별도로 떼서 관심을 기울일 만한 타당한 이유가 없다'고 답했다.[40]

온라인에서의 목소리 크기만 보고 이들을 전략적 표밭으로 생각한 국민의힘은 20대 대통령선거에서 여성가족부 폐지, 군인 월급 200만 원 등 공약을 앞세워 이대남 겨냥에 주력했으나 결과적으로 얻은 효과는 미미했다. 선거 국면에서는 뉴스 댓글, 온라인 커뮤니티, 윤석열 후보 지지율 등에서 이 전략이 주효한 듯 보였지만 뚜껑을 열어보니 성적표는 기대 이하였다. 이준석 전 국민의힘 대표는 '20대 남성에 몰표를 받아 압승한다'라는 대선 승리 공식을 세웠지만, 결과는 국민의힘이 예상했던 '10%포인트 이상 확실한 승리'가 아닌 '0.7%포인트 차 신승'이었다. 다소 굴욕적이라 할 수 있는 역대 최소 표차를 기록한 것이다. 20대 남성 득표율도 목표로 제시했던 '어게인 72.5%'(2021년 서울시장 보궐선거에서 오세훈 후보의 20대 남성 득표율)보다 훨씬 낮은 58.7%에 그쳤다.

반면 20대 여성은 58.0%가 이재명 후보에게 투표했다. 남녀가 비슷한 비율로 각각 다른 후보에 표를 몰아준 셈인데, 20대 전체로는 이 후보의 득표가 윤 후보에 앞섰다. 여성의 투표율이 20대 남성보다 높았기 때문으로 추정된다. 여아 낙태 비극의 직격탄을 맞은 20대 여성 인구(310만7663명)가 20대 남성 인구(342만3973명, 2022년 7월 기준)보다 훨씬 적다는 것을 고려하면, 더욱 의미심장한 결과다. 이대남 전략의 반전은 온라인 공론장의 여론을 잘못 해석할 때 어떤 위험을 감수해야 하는지 보여준다. 만약 대선에서 아슬아슬하게 패배하기라도 했다면 그 후폭풍은 정말 엄청났을 것이다.

댓글 전쟁에서 정치인이나 이념에 대한 광신적인 팬덤은 공격에 동원되는 1순위 자원이다. 이들은 자신이 지지하는 인물이나 세력, 사상 등이 뉴스 기사에서 비판받으면, 한달음에 달려와 해당 기사를 쓴 기자와 언론사를 집중적으로 공격하고 자신과 의견이 다른 이들과 전투를 벌인다. 이 기세가 얼마나 강력한지 신조어로 '양념당하다'라는 말이 생길 정도다. 이 말은 문재인 전 대통령이 대선 후보 당시 강성 지지층의 댓글, 문자 폭탄에 대해 "경쟁을 흥미롭게 만드는 양념 같은 것"이라고 한 데서 비롯됐다.

더불어민주당은 문 전 대통령과 당에 쓴소리하는 인사들을 향해 SNS, 당원 게시판, 문자 폭탄 등 수단 방법 가리지 않고 공격을 퍼붓는 일명 '문파의 습격'으로 골머리를 앓고 있다. 이들의 무차별 공격이 당내 소신 발언 및 발전을 막는다는 비판이 끊이지 않는다. 금태섭 전 의원은 조국 전 법무부 장관 인사청문회 때 "후보자가 학벌이나 출신과 달리 진보적인 삶을 살아왔다는 이유 때문이 아니라, 말과 행동이 전혀 다른 언행 불일치 때문에 비판받는 것"이라고 했다가 1000개 넘는 문자 폭탄을 받았다. 박용진 의원은 추미애 전 법무부 장관 아들의 군 복무 관련 의혹에 대해 "청년들이 갖는 허탈함에 대해 죄송스럽게 생각한다"라고 사과했다가 문자 폭탄과 항의 전화에 시달렸다.

이러한 정치 팬덤은 20대 대통령선거 때 진영을 파괴한 지지로 이어지는 이례적 현상을 만들어내기까지 했다. 대선 직전 친문 조직들이 "문재인을 지키려면 윤석열을 찍어야 한다"며 잇달아 윤석열 국민의힘 후보 지지 선언을 하고 나선 것이다. 이들은 민주당 대선 후보였던 이재명 대표가 친노 라인이 아니고 문 전 대통령과 대립한 적 있다는 이유로 자당 후보를 공격하는가 하면, 끝내 상대 정당 후보를 지지하기까지 하는 상식적으로 이해하기 힘든 행보를 보였다. 문 전 대통령을 '이니', 이낙연 전 민주당 대표를 '여니'로 불렀던 이들은 윤 후보를 '여리'로 부르며 돌아선 마음을 표현했다. 역대 최소 표차로 대선에 패배한 민주당으로서는 다름 아닌 지지층에 의해 뒤통수를 맞은 셈이었다.

흥미롭게도 이런 친문 세력과 부딪히는 이재명 대표의 강성 지지층 역시 비슷한 행보를 보인다. 이 대표의 팬덤은 그의 정치 초년생 시절부터 곁을 지킨 '손가혁(손가락혁명군)', 20대 대선 때 대거 유입된 '개딸(개혁의 딸)과 양아들'로 크게 나눌 수 있다. 특히 2011년 만들어진 인터넷 사조직인 손가혁은 온라인 활동으로 정치적 개혁을 꾀함으로써 비주류 정치인인 이 대표를 주류 정치인으로 끌어올린다는 목표로 설립됐는데, 댓글 달기로 세력을 과시하거나 상대편을 집단 공격하는 팬덤의 시초격이었다. 이들에 의해 'SNS 대통령'이라는 별명까지 얻은 이 대표는 "손가락혁명 동지들의 도움이 필요해요. 기사에 욕설 댓글이 난무. 응원 댓글 좀 부탁합니다. … 얼마나 효과가 크면 국가공무원인 국정원 직원, 군인까지 목숨 걸고 하겠습니까?" 같은 말을 대놓고 하기도 했다. 이 대표의 개혁 성향에 반해 그에게 뜻을 걸고 있는 손가혁은 표면적으로는 해체된 듯 보이지만 여전히 중요한 역할을 맡고 있으며, 뿌리 깊은 팬심에 기반해 당내 비非명계 의원들에게 강한 공격 성향을 드러내는 세력으로 평가된다.

최근 이 대표 팬덤의 또 다른 핵심으로 부상한 개딸·양아들의 경우에도 손가혁의 이러한 공격성을 이어가고 있다. 지방선거 패배와 관련해 이 대표 책임론을 언급한 의원들을 향해 이들은 문자 폭탄, '치매'라고 쓴 대자보 도배, '검은 종이' 팩스 공격 등을 감행했다. 검은색 바탕에 흰색 글씨를 써 보내는 팩스를 온종일 받느라 이들 의원실에서는 순식간에 잉크가 소진되고, 프린터기 자체를 쓸 수 없게 되는 어처구니없는 일을 겪었다.

개딸은 이재명 대표가 대선 후보 시절 영입한 박지현 전 민주당 비상대책위원장을 따라 들어온 20~30대 여성들을 지칭했는데, 지금은 그 실체에 대해 의견이 분분하다. 막상 대선 이후 돌변해 박 전 위원장을 공격하는 모습을 보이는가 하면, 지지 철회의 이유로 든 것도 "이낙연 전 대표 측의 말을 많이 대변하는 느낌을 받았다" "개혁파인 최강욱 의원에 대한 '내부 총질' 때문" "조국 전 법무장관에게 사과를 요구하는 걸 보고, 민주당에 대해 전혀 모른다는 생각이 들어 응원 대상이 아니라고 판단했다"[41] 등 오래된 민주당 지지층 같은 면모가 더 두드러졌다.

온라인 공론장을 초토화하는 이런 공격은 특정 세력들에 의해 조직적으로 진화하고 있다. 프랑스의 민족주의운동단체인 정체성연합Bloc Identitaire에서 파생된 청년지부 '세대정체성Generation Identity'은 유럽에서 미국의 대안 우파 역할을 하며 유럽과 미국의 극우를 연결하는 조직이다. 이들이 2017년 독일 국회의원 선거 몇 주 전 발표한 『미디어 게릴라전을 위한 핸드북』은 디지털 공간에서의 정보 작전 지침을 담고 있다. 율리아 에브너가 『한낮의 어둠』에서 소개한 이 핸드북 서문에는 "우리 모두 인터넷상에서 피해자들을 괴롭히는 것을 좋아한다"라며 트롤링, 싯포스팅shitposting(공격적이거나 불쾌하거나 영양가 없는 게시물을 올리는 행위), 밈 전쟁 등을 활동 종류로 소개한다. 나아가 정치인이나 유명인, 주류 미디어 계정을 골라 댓글창을 초토화하는 대규모 공습, 가장 큰 적의 계정에 그의 명예를 실추시키는 것을 목표로 언어 공격을 가하는 저격 임무 등 더욱 구체적인 공격 방법도 제시한다.[42]

이야기에 혹하고, 캐릭터도 수시로 바꾸고

2021년 4월 말 일어난 '한강 의대생 사망 사건'은 한국 악플 역사에 또 한 번 족적을 남겼다. 이 사례는 최근 들어 더욱 게임화되는 댓글 놀이의 실상을 잘 보여준다. 한강에서 밤새도록 술을 먹고 실종된 대학생 손정민 씨가 닷새 만에 숨진 채 발견된 이 사건에서 고인과 함께 있었던 친구 A씨에게 가해진 인신공격성 악플은 양과 질 모두 도를 넘는 수준이었다. 사건 이후 한 달 넘도록 유튜버, 일부 언론, 네티즌들은 타살 가능성을 언급하며 음모론을 제작, 유포했다. 경찰 조사 등에서 A씨의 범행을 뒷받침할 만한 어떤 증거도 나오지 않았지만 많은 이들에게 그는 일찌감치 용의

자를 넘어 확정된, 단죄를 요구당한 '지정 범인'이었다. 온라인에서 단숨에 퍼져나간 음모론 수위를 보면 상상을 초월한다.

음모론 1: A씨가 손정민 씨의 목에 주사기를 찌르자 그가 앞으로 내달렸다?

→ 팩트: 부검에서는 약물이 검출되지 않았고, 뛰는 장면도 배달 삼겹살을 가지러 갈 때인 것으로 확인됐다.

음모론 2: A씨가 '라텍스 장갑'을 낀 점이 수상하다?

→ 팩트: CCTV 영상에서 손 부분만 색 정보를 없애 보정한 완벽한 조작이었다.

음모론 3: A씨가 손씨를 업고 간 것은 익사시키려고 한 정황이다?

→ 팩트: 원본 영상의 가로 비율을 두 배 이상 늘려 착시를 일으킨 조작이었다.

음모론 4: A씨 휴대폰은 검은색이 아니라 빨간색인데 휴대폰을 못 찾게 하려고 거짓말을 했다?

→ 팩트: A씨 손이 빨간색처럼 스치듯 착시를 일으키는 순간을 교묘하게 편집해 휴대폰처럼 보이게 조작한 것으로, 해당 순간을 제외하면 검은색임을 모를 수가 없다.

10여 년 전 증권가 정보지 속에서 확산하던 가짜뉴스는 이제 유튜브라는 영상 플랫폼에서 더욱 생생하고 진짜 같은 허위 정보 조각을 만들어 엉터리 퍼즐 맞추기에 여념이 없다. 유튜버들이 한강공원 CCTV 영상이나 당시 사진을 토대로 제시한 의혹들을 팩트체크한 『한겨레』 보도[43]는 영상 조작을 통해 사건이라는 팩트가 어떻게 이야기가 되는지 설명한다.

일부 유튜버가 서슴없이 조작한 것은 바로 이 CCTV 녹화 영상물이었습니다. 공상과학 같은 허구와는 정반대로, 있는 사실을 그대로 재현한다는 CCTV 영상. 그 영상이 온갖 억측을 낳고, 심지어 조악한 방법으로 조작돼 A씨를 지정범인으로 몰아가는 데 결정적 역할을 했습니다. 영상 시대가 아닐 때에도 이런 특정 사건에 대한 사회적 과몰입과 예단, 낙인 찍기가 분명 있었고, 심각한 사회 문제가 되기도 했습니다. 그러나 지금은 그 강도가 이전과 비교할 수 없을 만큼 셉니다. 파급의 범위와 속도도 어마어마하게 넓어지고 빨라졌습니다.

이어서 기사는 음모론을 만들고 소비한 이들이 "한강 의대생 사망 사건이라는 실재하는 현실을 게임처럼 대한 것"이라고 꼬집는다. 게임은 비현실임을 망각하지 않은 채 현실감을 극대화해야 성공하는데, 이를 위해 영상 조작 같은 '기만전술'까지 선보였다는 것이다. '현실과 허구가 감각적으로 착종되기 쉬운' 영상과 게임 시대의 스토리텔링은 사람들에게 몰입감과 재미를 선사한 만큼 가짜뉴스로 대중을 혹하기 쉽게 만들었다. 사이버 렉카 유튜브는 대중에 그렇게 파고들었다. 사회에 대해 생각하고자 하는 인간의 갈망을 충족시킬, 가장 쉽고 빠르고 재밌는 매체로서 침투한 것이다. 여기에 사로잡힌 이들은 댓글창에서 정의구현을 한다는 착각에 빠진 채 집단폭력을 일삼게 되었다.

또 하나 주목할 점은 이슈마다, 기사마다 정체성과 성향이 극단적으로 돌변하는 헤비 댓글러, 악플러들이 많다는 것이다. 이들이 댓글 달기를 그만큼 가볍게 인식한다는 방증이다. 게임할 때 캐릭터를 바꿔가며 플레이하듯 이들은 댓글을 쓸 때마다 다른 자아를 꺼내들고, 전혀 다른 사람처럼 말한다. 미담 기사에 선플을 달던 이가 정치 뉴스에선 무차별적 비난과 혐오를 쏟아내는 식이다.

네이버 뉴스가 제공하는 '댓글 모음' 기능으로 이를 어렵지 않게 확인할 수 있다. 한 기사에서 "자신과 무관하고 정치성향이 다르다고 악플 다는 사람들아, 그러는 거 아니다. 웬만큼들 해라. 입으로 쌓은 업보는 너희들의 자식 대까지 화가 미친다"며 선플을 달았던 사람이, 불과 아홉 시간 뒤 "입만 열면 좌파 나불거리는 것들은 좌파·우파 개념은 알고 지껄이냐? 참 같잖구나"라며 잔뜩 날 선 댓글을 달았다.[44] 젠더 이슈를 다룬 기사에서 "나도 여잔데"로 시작하는 댓글을 단 이가 다른 곳에선 여성을 '누나'라고 부르는 등 성별이 뒤바뀌는 경우도 흔하다.

이런 이들에게 댓글 달기가 게임이 아닌 '현실'의 일부라는 것을 일깨우는 것은 공격 수위를 약화하는 데 도움이 된다. 제3자로서 시민들이 자발적인 악플 신고를 해준다면 그런 역할이 될 수 있다. 악플러와 직접 소통을 해본 앞서 언급했던 대학생 김지연은 그들이 피해자의 목소리를 듣더니 별안간 정신이 드는 것처럼 보였다고 했다.

"인스타그램은 자체적으로 통화를 할 수 있어서 욕 댓글이 달리자마자 악플러에게 전화한 적이 있어요. 예상 못 했던지 어버버하더라고요. 악플러에게 접촉해 보면 대부분 그런 반응이에요. 자기들이 공격한 존재가 게임 캐릭터가 아닌 사람이라는 걸 인지하는 순간 큰일인 걸 아는 거예요. 상스러운 욕설을 뱉던 이들이 갑자기 조신해져요. 이들에게 그런 현실감각을 일깨워주는 게 필요합니다. 교육청에 사이버폭력 교육을 강화하라는 민원을 넣는 것만으로도 좋은 출발이 될 수 있어요."

악플러와 정면 돌파하기 위해 자신을 주제로 한 '악플 랩 대회'를 열었던 래퍼 슬리피도 한 방송에서 비슷한 말을 했다.

"(악플을 받는) 본인이 실제로 등판하면 욕이 사라져요. 본인이 볼 거라고 생각하고 쓰는 사람들은 별로 없는 거 같아요. 네티즌들한테 보여주려는 의도가 더 많은 거 같아요. 그냥 단순한 놀이인 거예요."[45]

모두가 댓글 게임의
공범이다

$\heartsuit$ $\heartsuit$ $\bigcirc$ $\square$ $\sqcap$

혐오 발언의 주요 무대가 되다

한국은 특유의 역동성, 높은 감정 온도, 개인성을 억압하는 집단 중심성을 바탕으로 다양성 포용에는 취약한 정상성 이데올로기의 나라이자 물리적으로도 사회적으로도 거리두기가 힘든 고밀도 사회다. 이는 구성원들의 스트레스 지수를 축적하되 적절히 해소할 창구는 찾기 힘들게 만들었다. 여기에 시대적으로 더해진 사회·경제적 위기는 한국인의 삶을 더욱 옥죄었다. 작은 문제로도 여론이 매우 쉽게 들끓는 사회에서 분노한 민심은 갈 곳을 잃은 채 방황하다 댓글창으로 모여들었다. 이들의 아우성은 어디서도 제대로 정리되지 못하고 그저 배설하듯 분출될 뿐이다. 혼돈을 틈타 누군가는 대중을 선동하고, 누군가는 거기에 휩쓸리며, 누군가는 부당한 마녀사냥을 당한다. 댓글창은 그렇게 혐오의 온상으로 전락했다.

이제 유튜브 등에서는 누군가를 혐오하는 말을 뱉는 것만으로도 엄청난 돈을 벌 수 있다. 이런 세상에서는 없던 혐오도 생기게 만드는 시도가 넘쳐난다. 국가인권위원회의 「온라인 혐오 표현 인식조사」에 따르면 국민 열 명 중 일곱 명은 '뉴스 기사와 악성 댓글'에서, 열 명 중 다섯 명은 '유튜브 등 개인 방송'에서 혐오 표현을 접하는 것으로 나타났다. 온라인에서 접한 혐오 표현 대상은 '여성'(80.4%)이 가장 많았고, 그 다음은 '특정 지역 출신'(76.9%)이 차지했다.

필터 버블filter bubble•과 에코 체임버echo chamber•• 효과를 극대화하는 사이버 세상의 작동 원리는 이용자의 사고를 점점 더 극단화한다. 반향실에서 울리는 소리는 실제보다 더 크고 왜곡돼 있지만, 그 안에 있는 사람은 이것이 원래 소리이자 전부라고 착각하게 된다. 두 개념 모두 관점의 확장이 아닌 기존 입장을 유지 및 강화하는 데에만 기여한다. 이런 세상에서 '우리'와 '그들'의 구분은 뚜렷해지고, 상대를 향한 적의와 혐오 수위는 끝없이 올라갈 뿐이다. 다름은 틀림이 되고, 틀림은 다름이 되는 대혼돈 속에서 집단극화group polarization•••가 뚜렷해진다.

• 자신의 취향과 성향에 맞는 콘텐츠만 추천하는 알고리즘에 의해 걸러진 정보가 거품처럼 이용자를 가둔다는 개념.

•• 이용자가 선호하는 내용만 반복적으로 수용 및 소비함으로써 반향실에 갇히는 원리.

상대를 악으로 규정해야 내가 휘두르는 폭력이 정당화된다. 사람들의 마음을 알아챈 선동 유튜버, 인플루언서, 정치인 등은 이들이 마음 편히 칼춤을 출 수 있도록 타깃의 악마화에 온 힘을 쏟는다. 복잡한 실체적 진실을 설명하거나 성실히 논증하기보다 '사람들이 원하는 것'을 제공함으로써 손쉽게 더 큰 영향력과 부를 얻으려는 전략이다. 스멀스멀 피어오른 분노와 혐오의 정동이 향하는 종착지는 댓글창이다. 특히 포털 뉴스 댓글은 종류별 혐오를 한눈에 확인할 수 있는 총집합체다. 사람들의 관심을 끌 만한 소식이 분야별로 한데 모여 있는 데다 댓글 작성자의 정체가 드러나지 않기 때문이다.

SNS나 온라인 커뮤니티 등은 익명으로 활동하더라도 각 플랫폼이 일종의 근거지가 되어 이용자 정보와 정체성이 축적되고 공개된다. 유튜브 영상도 비슷한 취향의 사람, 구독자 커뮤니티 안에서만 댓글이 달리는 경향이 높다. 이에 비해 뉴스 댓글은 이용자 개개인에게 향하는 주목도가 훨씬 낮고 익명성은 더 높아 혐오를 방사하는 행위의 진입장벽이 확 내려간다. 매일 쏟아지고 갈아치워지는 뉴스의 양 자체도 너무나 방대하기 때문에 댓글창에서 일어나는 일들은 너무나 쉽게 묻힌다.

유튜브와 뉴스 기사가 콘텐츠에 혐오의 씨앗을 심으면 대중은 댓글로 배설 산치를 벌인다. 전자는 은근슬쩍 그 편을 키우고, 후

●●● 집단 내 토론을 거치며 구성원들이 점점 더 극단적인 주장을 지지하게 되는 경향.

자는 모른 척 올라타 혐오 파티를 즐기기 바쁜 공간에서 타깃이 된 이들의 피해가 조명받을 길은 없다.

민주언론시민연합(민언련)은 2022년 5월 전후로 '5·18민주화운동 관련 보도 속 왜곡, 폄훼 표현'을 모니터링한 결과를 발표했다. 민언련은 "지역혐오에 기반한 근거 없는 유언비어로 5·18민주화운동의 가치를 깎아내린 역사가 40년 가까이 지속되고 있다"며 5월 한 달간 올라온 유튜브 영상, 네이버 기사 및 댓글을 분석했다고 밝혔다.

네이버 구독자 상위 15개 매체의 관련 기사(2018건)와 댓글(9467개)에서는 문제 표현이 담긴 댓글 1195개가 확인됐다. 4월에는 78개에 불과했던 문제적 댓글이 한 달 만에 15배 넘게 급증한 것이다. 왜곡, 폄훼 댓글 중에는 '가짜 유공자설'이 550회로 가장 많았고, '폭동설'(310회) '지역 비하'(166회) '북한군 개입설'(86회) 등이 뒤를 이었다. 상위 20개 댓글이 모두 문제 표현을 담은 기사도 있었다. 민주화운동 유공자에 국가유공자 지정을 검토한다는 뉴스였는데 "전세계에 민주화유공자라는 게 있나? 빨갱이 국가들 제외하구. 국가유공자? 말도 안된다" "5·18이 꿀단지라도 되나? 그만 빨아라" "북한 지령인 5·18 폭동을 이렇게 미화한다고?" 등의 '가짜 유공자설'이 대부분이었다.

민언련에 따르면 문제 표현 댓글이 가장 많이 달린 기사 주제는 윤석열 대통령의 5·18 기념식 참석 관련 보도다. 보수 정권 대통령으로는 처음으로 민주의 문을 통해 국립 5·18민주묘지에 입장했고, 〈임을 위한 행진곡〉도 최초로 제창한 윤 대통령의 행보는 국민 통합 측면에서 유의미한 것이었지만, 여기에 왜 더 심한 악성 댓글이 달리는 걸까. "대한민국에 전라도 없으면 망하냐" "국힘은 더 이상 우파당 아닌데 국민들이 이걸 모른다는 게 안타깝다" 같은 댓글에서 볼 수 있듯 악플러들이 원하는 것은 갈라치기를 통한 깽판 놓기에 가깝다. 화합과 통합의 조짐이 보이면 이를 견디지 못하고 어떻게든 국민을 분열시키고 갈등을 조장하려 몸이 근질거리는 것이다.

언론의 의제 설정 기준도 여기에 영향을 받고 있다. 조회수를 생각한다면 거칠게 말해 '분란을 일으킬 요소'를 포함하는지가 점점 더 중요해지는 추세다. 편이 확실하게 갈리는 소재와 제목이 클릭 유도에 좋기 때문이다. 없는 갈등을 만들거나 부풀리고, 싸움거리도 되지 않는 일을 대결에 붙이고, 약간의 억지를 추가해 논란이나 물의가 빚어졌다며 호들갑 떠는 방식은 이제 언론의 전매특허가 됐다.

「"돈 떨어지면 집 판다"던 이효리·이상순, 한남동 빌딩 매각해 30억 차익」이라는 기사 제목은 독자들에게 어떤 감정을 불러일으킬까. 가수 이효리·이상순 부부가 2019년 58억 원에 매입해 공동명의로 소유하던 빌딩을 2022년 6월 88억 원에 매각했다는 게 기사의 요지나. 그런데 기사는 이 사실뿐 아니라 이효리기 2017년 한 TV 프로그램에서 "특별한 자산 관리는 없다. 돈 벌면 집을 몇 채 사고 남은 돈을 생활비로 썼다. 일을 안 해 돈이 떨어

이효리·이상순, 한남동 빌딩 88억에 매각...시세차익은?

지난 2019년 58억원에 매입
3년 만에 약 30억원 차익

입력 : 2022-07-26 14:42 / 수정 : 2022-07-26 14:59

가수 이효리 이상순 부부가 매각한 한남동 빌딩(오른쪽), 인스타그램, 네이버 거리뷰 캡처

가수 이효리 이상순 부부가 서울 용산구 한남동 빌딩을 88억원에 매각했다.

26일 국토교통부 실거래가 공개시스템 등에 따르면 두 사람은 지난달 21일 이태원로에 위치한 빌딩(대지면적 187㎡, 연면적 470㎡)을 88억원에 매각하는 계약을 체결했다.

이효리 빌딩으로 알려져 있는 '그래머시 빌딩'은 지하 1층~지상 4층 건물이다.

이효리 부부는 해당 빌딩을 2019년 10월 약 58억원에 매입했다. 약 3년 만에 30억원의 시세 차익을 거둔 것이다.

언론은 때로 단순한 자산 매각에 대해서도 자극적인 제목으로 클릭 수를 늘리려는 경쟁에 매몰되곤 한다. 상대적으로 팩트에 충실하려 한 제목의 기사. (국민일보, 2022년 7월 26일)

지면 집을 하나씩 팔아서 쓴다"라고 한 발언, 세금을 제외한 매각 재산만 73억 원에 이른다는 내용 등을 함께 담았다.

이 기사가 신문 지면에 나가는 것이었다면 「이효리·이상순, 한남동 빌딩 매각해 30억 차익」 정도로 건조한 제목이 뽑혔을 테고, "돈 떨어지면 집 판다"는 발언을 제목에 굳이 넣지 않았을 것이다. 내용 역시 이들이 부동산 거래를 통해 얼마의 시세차익을 얻었는지 짤막하게 알려주는 단신이었을 것 같다. 그러나 포털 메인

감이 되려면 이렇게 써서는 안 된다. 당사자의 5년 전 발언까지 소환해 열심히 추가 맥락을 부여하고, 보통 사람들과 유명인의 엄청난 경제력 차이를 은근히 강조해야 한다. '상대적 박탈감'은 대중을 자극하기에 가장 좋은 심리 중 하나이기 때문이다.

댓글창을 보면 이러한 의도가 잘 먹힌 듯 보인다. 592개의 가장 많은 '좋아요'를 획득한 댓글은 "나는 이중인격 좌파들이 싫어요"다. 좌파 성향의 인물이 부자인 것은 위선이자 모순이라는 시선으로 특정 진영에 대한 편향되고 혐오적인 정서를 담고 있다. "이효리가 그닥 착한 사람은 아닌 거 같다니까… 말에 모순이 장난 아닌데 왜들 서민적으로 볼까"라는 식의 기사 내용과 상관없는 깎아내리기도 보인다. "자산관리엔 관심 없다던 사람들이 차익을 기가 막히게 남기며 부동산을 주무르네" 같은 댓글도 지나치게 뾰족하다. "다른 자산 관리는 하지 않고 돈이 생기면 집을 사고 돈이 필요하면 집을 팔았다"던 이효리의 과거 발언에 비춰 보더라도 부동산을 매각했다는 사실은 특별히 일관성에 어긋나지 않을 뿐더러, 설사 그사이 재테크에 눈뜨게 되었다 한들 이런 비아냥을 감수할 만한 일은 아니다. 이 밖에 "재수 없고 역겨운 커플의 아이콘 ㅋㅋ" "약올리냐? 죽어라 일해도 먹고 사는 게 나아지지 않는데 30억을 놀면서 벌었다는 게 말이 되냐? 꼴 보기 싫은 연예인 부부 1위" 같은 비난 일색 댓글도 난무했다.

'프로보커터-트롤-방관자 구조'

댓글창을 혐오 발언의 무대이자 변질된 공론장으로 만드는 주체는 '프로보커터provocator(선동가)-트롤troll(관심 구걸꾼 혹은 깽판꾼)-적극적 방관자-소극적 방관자'로 나눌 수 있다. 모두의 합작품으로 만들어진 혐오 에너지가 한 명의 피해자를 향할 때 그 해악은 이루 말할 수 없다. 그러나 자신이 거대한 폭력에 일조했다는 자각을 하기도 쉽지 않아 문제는 반복된다. 다음 사례를 통해 이들의 역할을 구분해 보자.

"이건 아동 성추행 아닌가요? 분명 성비위 행동으로 보이는데요." 2022년 7월, 이재명 더불어민주당 의원의 팬카페에 이런 글이 올라왔다. 첨부된 영상의 주인공은 박지현 전 민주당 비상대책위원장으로, 그가 과자를 입에 물고 남자 어린이와 장난치는 모습이 담겼다. 박 전 위원장이 2014년 개인 SNS에 올린 영상을 한 매체가 악의적으로 기사화한 것을 가져와 팬카페에서도 비난 여론을 조성하고자 한 것이다.

당시 박 전 위원장은 '짤짤이' 발언●으로 성희롱 논란을 일으킨 최강욱 의원을 비판하며 징계를 요구한 일 등으로 민주당 지지자들로부터 '내부 총질러'라는 미운털이 박힌 참이었다. 이 게시물의 의도는 당내 성비위에 단호한 처벌을 요구해온 박 전 위원장을

● 2022년 4월 28일 더불어민주당 당내 온라인 회의에서 최강욱 의원이 "왜 안 보이는 데서 그러고 숨어 있냐. 옛날 학교 다닐 때처럼 짤짤이하고 있는 거 아니냐"고 한 것.

'같은 혐의를 씌워 보내버리기' 위해서라고 볼 수 있다. 댓글에서는 기다렸다는 듯 "최강욱 의원님은 증거도 없고 피해자도 없는 상황인데, 이건 증거도 있고 아이도 불쾌한지 몸을 빼고 있어요" "징계 60개월 감이네요" 같은 비꼬는 내용이 줄을 이었다. "박지현도 당해봐야 최강욱 의원님 상황을 이해하고 '아차' 하겠지요" 같은 반응을 보면 이들은 이 의혹을 참이라고 생각해 제기하는 것 같지 않다. 박 전 위원장이 먼저 '억지' 성희롱 논란을 제기했기 때문에 똑같이 응수하는 것이라는 논리다. 너도 성추행범으로 몰려 망신을 당하면서 억울함을 느껴보라는 것이다.

〈나는 꼼수다〉로 유명한 친민주당 성향 유튜버 김용민은 "진짜 이 아이의 어머니가 박지현 멱살이라도 잡아야 하나"라고 정색하며, 억지 성희롱 논란에 화력을 보탰다. 멱살 발언은 비서 성폭행 혐의로 수감 중이던 안희정 전 충남지사의 부친상 조문을 간 민주당 정치인들에 대해 "진짜 내가 멱살이라도 잡아야 하나"라고 했던 박 전 위원장의 발언을 인용한 것이다.

언론은 이번에도 의혹 제기의 맥락이나 본질을 들여다보기보다는 중계하기에 바빴다. 「"박지현, 아동 성추행"… 개딸들이 꺼낸 8년 전 영상 뭐길래」(중앙일보) 같은 제목으로 이슈 팔이에 여념이 없었다. 결국 그 영상이 아무런 뉴스 가치도 없다는 게 진실임에도 이런 호들갑을 떠는 것부터가 모든 것을 말해준다. '박시현' '성추행' '영상'이라는 자극적인 단어로 사람들을 낚으면서도 큰 따옴표로 인용임을 내세워 책임을 면하는 고도의 제목 장사 스킬이 어김없이 활용됐다. 포털 뉴스 메인에 도배되듯 걸린 이 뉴스를 사람들은 클릭할 수밖에 없었다.

조회수로 재미 좀 볼 것 같았는지 인플루언서들도 이슈에 올라타기 시작했다. 그 중 한 명이 결국 사고를 쳤다. 민주당 권리당원인 20대 남성 진보 유튜버 A씨가 박 전 위원장에게 직접 이야기를 듣겠다며 집 앞에 찾아가 유튜브 생중계를 한 것이다. 그는 「영유아 성추행 논란 박지현 씨에게 물어보러 왔습니다」란 제목으로 1시간가량 라이브 방송을 하며 "우리 최강욱 의원님께서 딸딸이라고 한 것도 아니고 짤짤이라고 말했는데 그것을 가지고 성희롱으로 누명을 씌워 6개월 (당원 정지) 조치를 했잖아요. 영유아 성추행범 박지현 씨"라고 말했다. 생중계하는 과정에서 박 전 위원장의 자택 위치까지 공개됐다. '신상털이'에 대한 당내외 비판이 커지면서 A씨는 당 윤리감찰단에 회부됐다.

이 사건으로 이사까지 해야 했던 박 전 위원장은 "이것은 아이에게도, 아이 부모님께도, 그리고 저에게도 결코 해서는 안 되는 범죄행위이자 젊은 여성 정치인에 대한 명백한 테러 행위"라고 비판했다. 이 일은 그가 사이버 공격과 언어폭력에 대해 고소를 결심한 계기가 되었다. 유튜버 A씨를 포함해서 한 달간 200여 건의 제보를 받은 것 중 가장 심각한 욕설과 모욕을 쓴 사람 13명을 대상으로 박 전 위원장은 고소장을 제출했다.

선동가 혹은 도발꾼, 어그로꾼 등으로 번역되는 프로보커터는 사람들 심리의 어두운 부분을 읽고 긁어내 도발의 신호탄을 쏜다.

이슈 몰이에 나서고, 타깃에 대한 비난 여론 형성을 위해 미끼를 던지는 이들이다. 이 사건에서는 카페에 의혹 제기 글을 쓴 사람들, 정치 유튜버들이 그랬다. 이들의 역할은 사람들의 분노를 결집시키고 불을 뿜어내도록 명분을 만드는 것, 타깃을 조준해주는 것이다. 댓글부대가 어떻게 움직이면 좋을지 메시지의 방향을 제시하기도 한다. 추측과 썰 풀이에 기반한 그럴듯한 음모론을 생성하는 능력은 프로보커터의 중요한 자질 중 하나다.

분위기에 휩쓸려 악의적 댓글을 단 이들은 프로보커터의 의도대로 트롤이 되었다. 일부 트롤은 유튜버 A씨의 신상털이 논란 이후에도 "박지현 입 좀 다물고 꺼져줬으면. 그렇게 공개되는 거 싫으면 다시 마스크 쓰고 언론에 나오지 마세요!!"라며 아랑곳없이 트롤링을 이어갔다. 프로보커터가 유튜브 생중계를 할 때 후원과 댓글로 힘을 보태는 것 또한 이들이다. A씨가 박 전 위원장 집 앞에서 라이브를 한 것은 '논란의 ○○○, 직접 만나서 물어보겠습니다'류의 가장 흔한 실방(실시간 방송) 콘텐츠 중 하나로, 구독자 반응이 뜨거운 단골 소재다. 약속 없이 상대를 찾아가 당황하는 모습을 내보낸다든가, 문전박대 당하는 모습을 드라마틱하게 보여주며 박진감 또는 사이다 서사 같은 오락성을 극대화한다.

이 사건을 직접 취재 없이 무책임하게 퍼 나르기만 하고 조회수 낚시 기사를 써댄 언론, 여론 동향 파악에만 골두섰던 정치권 등은 적극적 방관자다. 지식인과 기득권은 디지털 문해력을 갖추고, 공론장의 건강함을 유지하도록 노력할 책무가 있음에도 이에 소홀했다. 이런 공적인 고민보다 온라인에서 세력화된 여론을 어떻게 표나 수익으로 치환할지 사적인 궁리에만 매몰된 것이다. 사회 지도층의 이 같은 게으름과 사사로움은 공론장의 타락을 적극적으로 내버려둘 뿐 아니라 이에 따른 사회적 혼란은 아랑곳없이 사익을 취하기 바쁘다는 점에서 문제가 크다.

마지막으로 어디에도 포함되지 않은 것 같은 나머지 사람들 대부분은 자의로든 타의로든 소극적 방관자에 머물렀다. 온라인 공론장을 망가뜨린 주범은 아니지만, 책임이 없다고는 할 수 없다. 낚시용 기사를 무비판적으로 클릭 및 소비한 사람들, 댓글창의 폭력성을 매번 지켜보면서도 팔짱만 끼고 있는 이들이 적은 수가 아닌 사회에서는 이런 일이 반복될 수밖에 없다.

트롤 바이러스의 확산

일반적으로 인터넷 문화에서 말하는 트롤은, 고의로 공격적이고 불쾌한 내용을 올려 사람들의 반감을 일으키고 커뮤니티의 생산성을 저하하는 악의적 이용자를 가리킨다. '관종'의 동의어라 해도 될 정도로 사람들의 관심 자체가 동기이자 동력이다. 다만 긍정적 관심보다는 부정적 관심을 끄는 경우가 많다. 부정성의 폭발력이나 임팩트가 훨씬 크기 때문이다. 이들은 주로 프로보커터를 통해 트롤링의 소재와 방법 등에 대해 힌트를 얻고, 행동에 나선다.

프로보커터가 의제를 만들어 던진다면, 트롤은 그와 관련해 자신의 몇 마디 코멘트로 영향력을 발휘할 수 있는 공간을 찾아다닌다. 댓글, 온라인 커뮤니티 등을 전전하며 짧고 빠르게 올리는 수많은 게시물이 트롤의 작품이다.

트롤 군단은 프로보커터가 퍼뜨리는 메시지의 영향력 아래 온라인 공론장 장악에 나선다. 주로 정치적 올바름political correctness, 페미니즘, 사회적 약자와 평등의식, 분배의 정의 등에 대한 반감을 표출하는 형태가 많다. 유튜브 저널리즘을 예로 들면 트롤들은 프로보커터가 원하는 대로 댓글 정화, 후원금 보내기 등의 크고 작은 미션을 수행하며 연대의식과 소속감을 높인다. 자신의 시간, 정서, 금전 자원을 투입한 만큼 프로보커터의 생각과 행동에 더 정당성을 부여하고 일체감을 느끼게 된다.

이때 프로보커터가 취하는 대표 전략은 연극성으로, 이는 전통 언론과의 가장 큰 차별점이자 사람들을 단시간에 끌어모으고 행동하게 만드는 힘의 원천이다. 연극은 사실이 아니라 그럴듯한 허구이며, 있는 그대로를 전하는 것이 아니라 흥미롭게 이야기를 각색하는 것이다. 유튜브에 썰을 푸는 콘텐츠가 얼마나 많은지 생각해본다면 잘 꾸며진 이야기의 힘이 새삼 얼마나 큰지 깨닫게 된다.

이곳에서는 지극히 단순한 한 줄의 뉴스조차도 기승전결과 선악 구도를 갖춘 버젓한 서사로 거듭난다. 억지 전개, 왜곡과 각색을 동원해서라도 실제보다 더 재미난 콘텐츠를 만드는 것이 목표다. 보통 사람과 달리 이들은, 발끈한 상대가 정색하고 달려들거나 자신이 고소에 휘말리기라도 할 때 오히려 반색한다. 증폭된 갈등을 통해 더 큰 주목을 받고, 콘텐츠를 하나라도 더 만들 수 있기 때문이다. 표면적 예의를 중시하는 한국 사회에서 이런 체면 차리지 않는 선 넘는 행위는 역으로 해방감을 안기는 측면이 있다. 뜨거운 반응에 비례하여 선을 넘는 수위는 점점 더 높아졌다. 이성보다는 감성과 감정을 활용해 사람들을 흥분케 하고, 극단으로 치닫게 하는 행위는 이런 배경에서 비롯됐다. 프로보커터의 사정권에 들어온 대중은 고도의 이성으로 자신을 붙잡지 않는 한 분위기에 휩쓸리고, 분노하고 폭발하는 군중심리에 굴복함으로써 트롤로 거듭나게 된다.

철학자 에릭 호퍼는 대중운동의 이런 연극적 요소에 대해 "다른 어떤 요인보다 더 지속적인 힘을 발휘한다"라고 진단했다. 온라인에서의 트롤링 역시 이와 맥이 통하는 부분이 있다. 호퍼에 따르면 아무리 냉정한 사람이라도 대중이 운집한 장관에는 넋을 잃게 마련이며, 참여자와 관중 모두 흥분하며 몰입한다. 또한 자기 삶에 만족하는 사람보다 좌절한 사람이 더 열정적으로 반응할 수 있다. "강렬한 증오는 공허한 인생에 의미와 목적을 부여할 수 있다. 인생이 무의미하다는 생각에 사로잡힌 사람들은 새로운 의미를 찾기 위한 노력으로 어떤 숭고한 대의에 헌신할 뿐만이 아니라 열광적인 불평불만을 키워나간다"라고 호퍼는 지적했다. 자신을 숨기고픈 욕망이 강할수록 좌절한 이들의 내면에는 무언가를 가장하며 과시하고, 군중과 일체되려는 의지가 솟아난다.[46] 좌절한 현대인이 늘어나는 사회에서 이들의 감정을 조종하고 댓글부대 화하는 일은 그리 어려운 일이 아닐 것이다.

프로보커터의 선동과 관련해 국제적으로 빠지지 않는 사례는 비자발적 독신주의자involuntarily celibate(인셀) 집단이다. 스스로를 인셀로 명명하는 젊은 남성들은 여성과의 연애 실패 등으로 인한 좌절에 분노하고 외로움을 표출하기 위해 온라인 게시판에 접속 한다.

BBC는 '강남역 화장실 살인사건'(2016)의 서구판 사례로 인셀 을 꼽으며 「여혐 범죄 키우는 인셀의 세계」라는 기사를 보도한 적 이 있다. 기사에 따르면 인셀들은 그들의 커뮤니티에서 '여성이란 모두 돈을 좇고, 많은 남성과 쉽게 잠자리를 가지며, 타인의 심리 를 조종하는 존재'라는 편견적 관점을 강화한다. 이들은 매력적인 여성을 '스테이시'라 칭하며, 스테이시가 자신들 대신 선택하는 '채드'는 금발의 성공한 남성으로, 스포츠카를 소유하고 근육과 날렵한 턱선을 자랑한다. 인셀은 자신이 채드보다 유전적으로 열 등하다고 믿으며 태생적으로 섹스·사랑·행복을 얻을 수 없게 탄 생했다는 극도의 허무주의에 현혹된다. 이러한 극단적이고 이분 법적인 관념에 여성 혐오가 결합해 불이 붙으면 밴을 몰고 열 명 을 살인하거나(캐나다 토론토, 2018년), 여성들이 성관계를 해주지 않는다고 불평하며 여섯 명을 살해하고 자살하는(미국 샌타바버라, 2014년) 이들이 나타나기에 이른다.

BBC가 인터뷰한 반反인셀 집단 소속의 한 시민은 과거 자신을 인셀로 정체화했을 때를 떠올리며 "인셀에는 선동자들이 있다. 이들은 토론장에 모인 사람들의 분노를 자극하고, 종종 반동적인 운동, 가장 흔하게는 극우 운동으로 몰아넣는다"라고 밝혔다. 좌절한 사람의 한 유형인 인셀 집단을 인터넷 트롤로 양성하는 선동꾼, 트롤의 트롤, 프로보커터의 존재가 있다는 것이다. 선동당한 인셀이 주요 타깃으로 공격하는 여성들은 유언비어의 희생양이 되거나 각종 사이버 괴롭힘과 물리적 폭력에 피해를 본다. 커뮤니티를 넘어 실제 현실에서 피해자를 양산한다는 점은 트롤 문화의 진짜 해악이지만 문제의 심각성은 다소 가려져 있다.

프로보커터의 목적은 '그들'을 공격하며 '우리 편'을 결집함으로써 충돌과 소음을 계속 유발하는 것 그 자체다. 내용은 중요하지 않다. 어그로를 얼마나 효과적으로 끄느냐가 핵심이다. 어그로를 구별해내지 못하고 진지하게 받아들이기 시작하면 이들에게 놀아나게 된다. 어그로라는 '가짜 주장'에 진심으로 반박해버리면 우스워지며, 갈등의 소용돌이에 휘말리는 순간 함정에 걸려든다. 맞서 싸우는 것이 아니라 무시하는 것이 답일까. 그러나 이제는 마냥 못 본 척하기에도 내 집 앞에 쓰레기가 너무 많이 투척되어 쌓이는 형국이다. 더욱 공적인 관점에서 집단적이고 효과적으로 대응할 방안을 고민해야 한다. 아직은 모두가 혼란에 휩싸여 정신을 차리지 못하고 있다.

온라인 공론장을 장악한 이들이 뿜어내는 트롤링의 기세에 비해 나머지 상식인들은 뭉칠 엄두를 내지 못하고 있다. 무엇이 문제인지 파악하기에도 버거운 상황이고, 어떤 대처가 가능할지 논의하기에도 각자 너무 파편화되어 있다. 온라인에서 가시화되는 모습으로만 보면 세력 크기로 상대가 안 되기 때문이기도 하다. 트롤의 규모와 영향력은 분명 실제보다 많이 부풀려져 있지만, 바로 이 왜곡 때문에 이들을 퇴치하는 일은 점점 더 어려워진다. '소수의 깽판에 다수가 밀려나는' 형국을 어떻게 저지할 것인가는 댓글 문제에서 가장 큰 화두 중 하나가 될 전망이다.

트롤이 아닌 사람들은 굳이 트롤에 대항하려 하지 않는다. 어떤 댓글이든 쓰는 것 자체를 수고롭다고 여기는 경우가 많다. 악성 댓글에 잠시 눈살을 찌푸렸다가도 '뒤로가기'를 누르기만 한다. 이들은 나쁜 댓글을 쓰지는 않지만 댓글 읽기의 유혹에서 벗어나지 못하기도 한다. 다양한 타인의 생각을 확인할 다른 마땅한 방법이 없기 때문에 댓글창을 통해서라도 정보를 획득하려는 의도일 수도 있다. 인간은 무리에서 튀지 않아야 생존율을 높일 수 있다고 생각하는 원시적 뇌와 본능을 여전히 갖고 있다. 조직과 집단이 개인보다 우선하는 한국 같은 사회에서 이 경향은 더욱 강화된다.

안타깝지만 이런 식으로는 트롤 바이러스 확산을 막지 못한다. 지식과 진실이 정리되지 못한 아노미 상태에서 증오와 분노는 아래를 향하게 되어 있다. 공론장의 질서를 정리할 책임이 있는 이들은 오히려 앞장서서 프로보커터 짓을 하고, 혐오의 씨앗을 싹 틔우는 공범 노릇을 하는 실정이다. 20대 대통령선거에서 윤석열 당시 국민의힘 대선후보가 '여성가족부 폐지' 7글자 공약을 내놓았을 때 온라인 공간의 여성 혐오 정서는 정점을 찍었다. 여가부 폐지 관련 내용으로 추출된 여성 혐오 댓글이 전월 대비 약 8배 치솟았다.[47] 이러한 결과에 대해 『서울신문』은 "한 줄의 공약 발표를 기점으로 여혐 발언을 더 했다는 건 그만큼 이 공약이 마음 속 혐오를 꺼내놓도록 부추겼다는 뜻"이라고 분석했다.[48]

인터넷 트롤을 중심으로 위선 대 위악의 대결 구도가 만들어지는 흐름도 우려스럽다. '착한 척하는 위선보다 일관성 있게 나쁜 것이 더 낫다'는 논리를 펴는 이들 때문에 온라인 공론장은 악화가 양화를 몰아내는 곳으로 빠르게 변질되었다. 위선자를 최대 악인으로 규정하는 트롤의 세계관에서 선한 의견을 내는 사람은 도덕적 흠결이 일체 없어야 하지만, 반대로 이들을 비판하거나 악한 의견을 내는 사람은 무결성의 논리를 적용받지 않는다. 일관적으로 나쁜 사람 되기가 좋은 사람 되기보다 훨씬 쉽다는 점에서 이는 선량한 사람들이 일방적으로 불리한 게임이다.

프로보커터와 트롤, 이들을 지켜보는 이들 사이에 실제로 뚜렷한 구분은 없다. 나의 지인 중 누군가 방문을 닫는 순간 음침하게 악성 댓글을 달고 있을지 누가 알겠는가. 낮에는 멀끔한 사회인이었다가 밤에는 열폭(열등감 폭발)하는 악플러로 변신하는 이들은 바로 우리 곁에 있다. 저 많은 악플과 트롤링은 평범한 얼굴을 한 사람들이 직접 남긴 것이며, 그들은 결코 끔찍한 괴물 같은 존재가 아니다. 그러니 트롤링의 공포는 점점 더 많은 사람을 조여올 것이다. 뉴스와 댓글 혐오에 질려버리는 것도 이해하지 못할 바는 아니지만, 공론장의 회복을 위해 실질적으로 무엇을 할 수 있을지도 시민적 차원에서 진지하게 고민할 때가 되었다.

3장

공론장을
망가뜨린 토양

악화가
양화를 몰아낸다

♡ ♡ ⋯ ☐ ⅃

황색 언론을 보는 두 시선

댓글창이 '망가진 공론장'의 오명을 갖게 된 데는 언론의 실책도 크다. 뉴스가 지면·방송에서 디지털 플랫폼으로 주 무대를 옮기는 과정에서 이전에는 일탈적이고 기피해야 할 행위로 여겨졌던 황색 언론이 일상화되더니 새로운 표준이 되어버렸다. 독자의 시선을 끌기 위해 선정주의에 호소하는 보도 경향을 뜻하는 황색 언론은, 인간의 불건전한 감정을 자극하는 범죄, 괴기사건, 성적 추문 등에 더 집중하는 특성이 있다. 디지털 플랫폼이라는 새로운 환경에서 언론은 선정성의 수위를 한층 더 높였다.

자극적이고 갈등을 부각하는 기사는 그만큼 격정적이고 호전적인 댓글을 유발한다. 강화된 황색 언론 경향성이 악성 댓글을 양산하기 시작한 흐름은, 2010년대 초반에 이미 관습으로 자리를

2021년 네이버 언론사별 랭킹뉴스 중 전체 PV 1~50위 기사 현황

(출처: 기자협회보)

기사제목	PV	언론사
이혼 후 '자연인' 된 송종국, 해발 1000m 산속서 약초 캔다	2131088	중앙일보
[법알못] 대구 상간녀 결혼식 습격 사건...스와핑 폭로 논란	1955197	한국경제
한혜진, 코로나 확진뒤 후유증 호소 "호흡 60%만 올라왔다"	1924220	중앙일보
"나는 유인촌의 아들, 배우로서 편하지도 부끄럽지도 않다"	1856482	중앙일보
'전신 피멍' 아윤이, 대학병원 검사 결과는 '반전'	1819118	조선일보
이게 웬 신음소리? 女기자, 방송 중 성관계 생생 전파..."업무의 일부"	1793145	뉴스1
'전두환 며느리' 박상아 "우리는 죄인...남편 전재용 신학 공부"	1765251	한국경제
"레깅스만 입고 자주 외출하는 딸이 걱정돼요"	1741774	한국경제
"생리대만 입고 포즈?"... 여성을 분노케한 생리대 광고	1726965	조선일보
부부 10쌍 중 6쌍은 따로 잔다... 이유는 바로... [행복한 노후 탐구]②	1711582	조선일보
어렵게 노총각 탈출했더니...SNS서 아내 결혼식 본 30대男	1684909	한국경제
귀화한 한국 탁구 전지희에 中 "얼굴도 통째로 성형했나"	1683034	서울신문
'유부남 배우가 성관계 요구"... 가해자 지목된 배우 팬클럽 반발	1678511	조선일보
"월 30만원 생활비로 아내가 차려준 밥상입니다"	1670963	데일리안
"11월 출산 앞둔 고등학생 커플"...코로나19 확진 판정[이슈픽]	1658079	서울신문
"고등학생 아들이 대학생을 임신시켰습니다"	1657070	데일리안
자고 일어났더니 얼굴이 괴물로...20대女 '끔찍한 경고' [글로벌+]	1653754	한국경제
"끈 수영복에 탈의, '19금' 모터쇼 될라"..."선정적 일탈"에 엄중 경고, 서울모빌리티쇼	1639292	매일경제
백종원 경고, 현실 됐다...20억짜리 청년ول 4년만에 다 폐업	1618490	중앙일보
피멍으로 뒤덮인 전신...유튜버 아윤이, 무슨 주사 맞았길래	1604755	조선일보
"간암 4기, 뼈 녹고 하반신 마비" 웃찾사 개그맨 충격 근황	1582471	중앙일보
'신세계'라던 에어프라이어의 퇴장...너무 빠른 한국 트렌드 [박한신의 커머스톡]	1571795	한국경제
이동regina 딸 재시·재아, 학폭 의혹에 "그 학교 다닌 적도 없다"	1569928	헤럴드경제
'1인당 25만원' 지원금 신청 시작...대상·방법 총정리	1564208	뉴시스
"강백호 저러면 안됩니다" 중계하던 박찬호 화나게하는 모습	1558488	중앙일보
故김자옥 동생 김태욱 아나운서 숨진채 발견..."사인 확인중"	1555018	중앙일보
"얼음만 잔뜩?"...'빽다방' 급습한 백종원, 직원 반응에 '당황'	1553845	한국경제
기저귀 차고 뒤뚱뒤뚱...G7 여사를 홀딱 홀린 아기의 정체	1548478	중앙일보
23일간 '5kg' 감량한 김세정, 국수 땡길때 '이것' 먹었다	1547805	서울신문
성관계 중단하면 벌어지는 일 11가지	1546707	코메디닷컴
옥주현 울어버렸다...목 이상에 전액환불, 뮤지컬 초유의 일	1545803	중앙일보
"샤워할 때 다 보입니다"...옆집서 보낸 쪽지 한 장	1545697	한국경제
"처제와 결혼해서 아이가 생겼습니다"	1533531	데일리안
"북한도 저 정도로 미치진 않았다" 탈북 유학생, 미국 대학 비판	1528526	연합뉴스
박수홍 친형 횡령 반박 "아버지, 망치 들고 수홍이 찾아갔다"	1521011	중앙일보
레깅스 입고 잠수교 뛰는 여자...'인형같다' 쇼호스트 정체 [영상]	1519004	중앙일보
"김선호 낙태종용 안했다" 수술때 병원 동행했다는 지인 반박	1516124	중앙일보
외교관 꿈꿨던 '이영애 딸' 자원 입대... 커스틴 권 근황	1513173	서울신문
속옷 차림 女, 승무원 옷 입으며 "보정 안했다"...대한항공 발끈	1513059	중앙일보
'노브라 카디건'으로 매출 대박난 태국女...블랙핑크가 원조?	1510402	파이낸셜뉴스
"식당에서 주문한 15000원짜리 삼겹살입니다 당황스럽네요"	1505361	데일리안
이재용 부회장 딸이 '브이로그'에 입고 나온 옷 가격	1502793	데일리안
"돈 있어도 못 사는 車인데...여자아이 둘이 다 부숴놨습니다"	1496782	한국경제
'백종원 볼카츠' 논란에...연돈 사장 결국 입 열었다	1495064	한국경제
'나혼산' 나가더니...이시언 "연인 서시승과 12월25일 결혼"	1494521	중앙일보
5일만에 완판...개그맨 조세호가 만드는 청바지 핏의 비밀 [인터뷰]	1492854	중앙일보
꽃미남 톰 크루즈의 '충격 노화'... 주된 원인은?	1490952	헬스조선
"수영선수 몸에 이상한 다크서클" 부항 자국에 놀란 외신	1487491	중앙일보
15억 넘보던 아파트, 순식간에...동탄 집주인들 한숨	1486076	중앙일보
유재석도 골치 아픈 일..."아들과 계속 주도권 다툼 중" [튜브뉴스]	1483138	한국경제

잡았다. 2012년 조사에서 네이버 뉴스 제목 946건을 분석한 결과 전체 기사의 86.7%가 황색 언론 요소를 포함했다.[49] '은어나 비속어 사용, 부적절한 직접인용, 성적 욕망을 불러일으키는 표현, 과도한 감정, 선동적 표현을 활용한 경우' 등이 10건 중 9건 가까이 됐던 것이다. 이후에도 이러한 경향성은 자제되기보다는 심화됐다.

2021년 한 해 동안 네이버 뉴스 모바일 편집판 내 '랭킹' 카테고리에 포함된 기사 총 51만여 건을 분석한 결과는 참담하다. 100만 뷰를 넘은 기사들이 많지만, 사회의 중요한 이슈가 무엇이었는지는 드러나지 않는다. 조회수 50위 이내 뉴스 대다수가 연예인·유명인 관련 사건·사고와 온라인 커뮤니티 발 논란, 성적인 코드를 담은 것이었다. 조회수 1위는 전 축구 국가대표 선수의 근황을 다룬 TV 프로그램 방송 내용을 예고한 기사, 2위는 온라인 커뮤니티에 올라온 '사랑과 전쟁'류 이야기를 요약해 변호사들이 법적 판단을 덧붙인 기사다.

이제는 신문을 구독하거나 방송 뉴스 시간을 기다리지 않아도 클릭 한 번으로 실시간 무료 제공되는 뉴스의 늪에 빠질 수 있다. 초 단위로 쏟아지는 기사들 속에서 눈에 띄기란 여간 어려운 일이 아니다. 클릭했더라도 휘리릭 스크롤 몇 번이면 소비가 끝난다. 이런 상황은 언론이 주목 경제에 본격적으로 뛰어들도록 만들었다. 경쟁은 '헤드라인 저널리즘'으로 본격화됐다. 헤드라인 저널리즘은 기사를 클릭해야만 내용을 볼 수 있는 디지털 플랫폼에서 더 많은 조회수를 유도하려 일명 '제목 장사'에 나서는 것을 말한다. 기사 제목에 '공포' 혹은 '분노'를 사용한 언론 보도 비율은 32년간 꾸준히 증가했는데, 1990년대에 0.05%이던 비율이 2020년~2021년 0.12%로 두 배 넘게 상승했다.[50]

제목으로 사람들을 낚는 유형은 다양하며, 방식은 점점 더 대담해졌다. 「[속보]투병 중 이건희 1년 만에… '이럴 수가'」(아시아경제)라는 기사는 마치 투병 중인 이 회장 신상에 큰 변화가 일어났다는 듯한 느낌으로 제목을 달았지만, 정작 내용은 이 회장 보유 주식 가치가 1년 새 5조 원 가까이 늘었다는 것에 불과했다. 이 기사는 노골적인 낚시를 한 것뿐 아니라 '속보'라는 단어까지 붙여 긴급뉴스인 것처럼 독자를 기만했다.

2022년 하반기에는 히잡 착용을 강제하는 이란 정부에 목숨 걸고 저항하는 여성들의 소식이 뜨겁게 전해져왔는데, 이런 뉴스를 전하면서도 눈 뜨고는 못 봐줄 제목 낚시가 있었다. 「몹쓸짓 당하면 어쩌려고… 체스대회 참가 20대 이란女가 한 행동」(매일경제)이라는 기사는 세계체스연맹 체스챔피언십 대회에서 공개적으로 히잡을 벗고 경기에 나선 용기 있는 여성의 이야기를 다루면서 이런 제목을 달았다. 특히 이란에서 반정부 시위 참여로 체포된 여성들이 당국에 의해 성폭력을 당해왔다는 사실이 알려진 마당에 한참 부적절한 세목이다.

「철로서 술판 벌이다 열차 '쾅'… 男은 다리 절단 女는 중태 빠졌다」(중앙일보)는 캄보디아에서 개념 없는 남녀가 열차 선로에서 술을 마시다가 질주하는 열차를 피하지 못해 중상을 입은 사건을 다뤘다. 제목만 보면 해외뉴스라는 사실을 알 수 없기 때문에 사람들은 보기 좋게 낚였다. 기사가 단 다섯 줄짜리 해외토픽 뉴스임을 알아챈 이들은 댓글창에서 배신감을 토해냈다. "외국기사 퍼와서 이따위로 낚을래?"라는 댓글이 365개의 '좋아요'를 받으며 순공감순 1위에 올랐다. "캄보디아라고 제목에 달으라고, 기레기야. 이그로 끌지 말고" "○○○ 기사야, 책상머리에 앉아서 쓸데없는 외국기사 퍼다가 번역기 돌려서 기사 쓰지 말고 좀 움직여라… 월급이 아깝다" 등 비난이 가득했다. 이 기사는 처음부터 독자를 낚을 목적으로 제목에 나라 명을 슬쩍 뺀 것이었을까? 혹은 무개념 커플의 말로에 대해 다들 한마디씩 거드는 댓글 잔치를 노렸던 것뿐일까? 어쨌든 결말은 기자가 잔뜩 욕먹는 것으로 끝났다.

「핫팬츠 女승객 쓰러졌는데 남성들 외면… 3호선서 생긴 일 '시끌'」(뉴스1)은 부실한 사실 확인으로 논란이 된 커뮤니티 발 보도의 대표적인 사례다. 이 기사는 '보배드림'이라는 커뮤니티에 올라온 「어제 지하철에서 생긴 일」이란 게시글을 옮긴 것인데, 내용은 "지하철에서 여성분이 갑자기 실신했는데 정말로 주변 남성분들 대처를 안 하더라. 여성의 짧은 옷차림 때문에 남성들이 성추행 의심을 받을까봐 도와주지 않았다"라는 것이었다. 기사는 최근 가장 잘 팔리는 젠더 갈등 프레임을 노렸고, 실제로도 잘 팔렸다. 그러나 온라인에서 한바탕 태풍이 휩쓸고 간 뒤 다른 언론이 확인 취재에 나선 결과 보도 내용은 사실이 아니었다. 여성 승객은 짧은 치마 차림도 아니었고, 남성 승객들이 도와줬다는 사실도 드러난 것이다. 언론이 사실 왜곡의 위험을 감수하면서까지 갈등 요소를 부각해 조회수 장사에 나섬으로써 불필요한 충돌이 한 번 더 발생했다. 그로 인한 사회적 비용은 고스란히 우리 모두의 몫이다.

유명인의 자극적인 발언을 단순 전달하는 '따옴표 저널리즘'도 빼놓을 수 없다. 조회수팔이 또는 정파적으로 필요하다고 여기는 메시지지만 언론의 탈을 쓴 이상 직접 말하긴 어려울 때 자주 쓰이는 이 전략은, 디지털 플랫폼 시대에 가장 애용되는 방식 중 하나다. '진중권 저널리즘'이 대표적인 예다. 진보 진영의 논객이던 사람이 조국 사태 이후 진보 진영을 비판하고 나서자, 보수 언론은 이 서사에 열광하며 그의 페이스북 글을 일일이 받아적기 시작했다. 2019년 1월부터 2021년 6월까지 국내 주요 매체 기사 빅데이터를 분석한 결과 진중권 교수의 말은 3712번 인용됐는데, 정치인을 빼고는 가장 빈번한 등장이었다.[51] "통합당은 뇌가 없다" "문재인 정권 민주주의는 인민민주주의" 같은 발언을 제목에 넣고, 전문을 적당히 본문에 붙여넣으면 손쉽게 수만 번의 클릭이 보장되었다. 무임승차나 마찬가지인 이런 기사는 언론 입장에서 아주 달달한 수익원이다.

수위가 너무 세거나 혐오·차별을 조장하는 수준의 발언도 따옴표 안에서는 여과 없이 살아남는다. 2022년 4월 전국장애인차별

철폐연대(전장연)의 지하철 시위 보도에서 두드러진 따옴표 저널리즘은 '이준석 전 국민의힘 대표의 시위 관련 발언 → 이를 비판한 누군가의 말 → 그에 대한 이 전 대표의 응수하는 발언' 순으로 패턴화되어 나타났다.[52] 이 시기 전장연 시위를 다룬 기사의 88%가 이 전 대표의 발언을 단순 전달했다. 「이준석 "전장연에 사과할 일 없어… 오히려 사과받아야"」「이준석 "특수관계인들이 날 여성, 장애인 혐오라 지적"」「이준석 "전장연, 시민 출근 볼모 잡는 건 비문명"」 등의 헤드라인이 넘쳐났다.

이미 자신의 스피커를 가질 만큼 유명한 이들의 말을 굳이 언론이 얄팍하게 중계하며 부정적 메시지를 확대 전파할 필요가 있을까. 언론이 문제 해결에 나서도 모자랄 판에 말이다. 한국외대 미디어커뮤니케이션학부 교수 김민정은 "정치인과 언론의 '받아쓰기'가 혐오 표현에 정당성을 부여해주고 있다"고 지적했다.[53] 실제로 혐오 표현을 사용하거나 댓글을 다는 이들의 비중이 10% 내외에 불과함에도 이를 단순 인용함으로써 특정 집단을 대변하고, '보편적인 것'으로 만들어내는 책임이 있다는 얘기다.

황색 언론의 해악이 나날이 커지는 것에 비해 자정작용이나 변화의 기미는 잘 보이지 않는다. 언론 입장에서 체질 개선에 대한 강력한 동기를 체감하지 못하는 모습이다. 언론이 잃은 것은 독자 신뢰도와 상식적인 시민의 반응 및 열독률, 산업 경쟁력의 상실과 같은 추상적이고 장기적인 가치다. 반대로 얻은 것은 당장 눈에 보이는 조회수와 광고 수익, 자극과 선동을 찾아 헤매는 댓글 전사들의 열화와 같은 성원이다. 전자는 충족시키기에 비교적 오랜 시간이 걸리는 가치이고 그에 따른 반응도 확인하기 힘든 반면, 후자는 바로바로 확인할 수 있다. 독자의 흥미만 유발해주면 일시적이나마 관심과 수익으로 직결된다.

여론을 조작·왜곡·선동하는 폭력적 성향의 악플러일수록 더 열심히 뉴스 기사를 보러 오고 댓글 활동에도 열정적인 탓에, 이들의 존재는 언론 입장에서 필요악이다. 비록 근시안적일지라도 말이다. 따라서 이들을 끊어내기보다 적절히 활용하는 편을 택하게 된다. '무플보다 악플'이라는 말처럼, 손가락질하면서도 눈을 떼지 못하고 보는 막장 드라마처럼, 욕도 많이 먹지만 그만큼 관심을 많이 받을 수 있는 길을 택하는 것이다. 악플러와 언론은 그렇게 서로를 먹여 살리는 공생 관계가 되었다. 그 대가는 땅에 떨어진 언론 신뢰도다.

한국의 언론 신뢰도는 수년째 주요국 최하위권으로, 로이터저널리즘연구소 「디지털 뉴스리포트」에 따르면 2022년에도 조사 대상 47개국 중 40위에 그쳤다. 전세계 평균(42%)에 크게 못 미치는 언론 신뢰도(30%)를 기록하면서 말이다.

그러나 언론 신뢰도가 떨어진다는 사실이 곧 '뉴스의 외면'을 뜻하는 것은 아니다. 디지털 시대에 황색 언론을 보는 시선은 이중적이다. 사람들은 뉴스를 믿지 못하고 선정적으로 변해가는 모습에 혀를 차면서도 동시에 그런 뉴스에 중독되는 모습이다. 실제로 이용자들의 포털 뉴스 의존도는 심화하고 있다. 포털 뉴스 이용률은 2020년 75.8%에서 2021년 79.2%로 상승했는데, 전반적인 포털 사이트 이용률은 같은 기간 소폭 줄어들었다. 포털이 온라인 뉴스 시장에서 갖는 지배력이 그만큼 강해졌다는 의미다. 사람들은 포털사이트, 언론사가 만든 판을 적극 향유하며 선정적 경향성을 증폭시킨 한편, 놀라울 만큼 이런 상황에 익숙해지기도 했다. 포털을 통해 무료로 한곳에 모인 수많은 기사를 볼 수 있도록 이용자를 가둔 전략은 결정적이었다. 이후 벌어진 클릭 전쟁은 재차 이 현상을 심화했다. 뉴스의 황색화가 더해질수록 이용자도, 생산자도 웬만한 자극에는 감흥이 없을 정도로 무뎌졌으며, 자신도 모르는 사이 더 자극적인 기사에 반응함으로써 악순환에서 벗어나지 못했다.

황색 언론의 한 축은 대중이 불러온 결과라는 것을 부인할 수 없다. 월터 리프먼은 『여론』에서 '외부 세계'라는 객관적 실재로서의 세계와, 우리 머릿속에 존재하는 '현실에 대한 그림'을 언론이 연결해준다고 했다. 언론은 대중이 그리는 현실의 이미지에서 완전히 동떨어진 이야기는 하지 않는다. 실재하는 세계와 우리가 믿는 현실 사이 어딘가에서 적절히 뉴스를 스토리텔링하는 방식을 취한다. 리프먼은 이를 뉴스의 구조적 한계로 인식하며, 사건이나 사안을 보도하는 뉴스가 곧 진리를 제공한다는 의미는 아니라고 설명했다. 뉴스의 기능은 일어난 일에 사람들이 관심을 두도록 하는 것이고, 진리는 숨겨진 것을 들추어내는 역할을 하므로 엄연히 다르다는 것이다.

'유튜브 저널리즘'의 명암

중요 사건 판결이 나오는 날이나 대규모 집회가 열리는 곳 등을 찾아다니며 실시간 방송 경쟁을 벌이는 이들을 지칭하는 '광장 유튜버'는 한국에서만 볼 수 있는 독특한 현상으로 꼽힌다. 이들은 전통적 언론이 신뢰도와 흥미 모두 잃으면서 경쟁력이 낮아지는 틈새를 파고 들어와 새로운 시장을 개척했다. 기성 언론보다 자극적이고 재미있고 파격적인 '뉴스 콘텐츠'를 무기로 독자층을 확보, 단시간에 급성장했다. 언론사로 출발하지 않았기 때문에 독자를 소비자로 바라보는 관점이 더 특화된 것이 성공 비결로 분석된다. 타깃층을 정확히 겨냥한 결과는 엄청난 수익으로 돌아왔다. 70만~80만 구독자를 보유한 이슈 유튜버는 월 2000만 원가량의 수입을 얻는다.

『시사인』이 실시한 언론 신뢰도 조사(2020년)에서 사람들은 '가장 신뢰하는 매체'로 유튜브와 네이버를 꼽아 기성 언론의 체면을 구긴 바 있다. 신뢰도 상위 10개 매체 중에는 유튜브보다 선택을 덜 받은 기성 매체들(SBS, 조선일보, 연합뉴스TV)이 존재했다. 전통 뉴스 매체가 언론 브랜드의 생명이라 할 수 있는 신뢰도마저 뉴미디어에 밀리는 모습은 많은 생각을 하게 한다.

20대 대통령선거 국면에서 큰 화제를 낳은 〈삼프로TV〉 현상'은 기성 언론의 위기를 정면으로 드러냈다. 대선의 백미에 해당하는 TV 토론이 규칙과 관행에 얽매여 후보의 순발력이나 말솜씨 대결로 전락해 시청자의 외면을 받는 동안, 경제전문 유튜브 〈삼프로TV〉는 선거의 주요 쟁점인 경제에 집중해 후보의 역량과 지식 수준을 제대로 검증했다는 평가를 받았다. 이재명, 윤석열 당시 후보의 영상은 방송 이틀 만에 조회수 100만을 훌쩍 넘겼다.

무엇보다 〈삼프로TV〉 현상이 양질의 댓글 문화로 이어졌다는 점이 흥미롭다. 대선 후보들이 출연한 〈삼프로TV〉 영상의 댓글 11만여 개를 분석한 결과 의미망 핵심 키워드는 '정책'이었으며, 댓글창에서는 시청자 간 진지한 정책 토론이 전개되는 보기 드문 장면이 연출됐다.[54] 유튜브 정치 콘텐츠에서 곧잘 보이는 격한 비난이나 욕설, 편가르기 대신 영상 내용에 대한 평가가 주를 이뤄 '공론장의 부활'이라는 찬사를 이끌어낸 것이다.

다른 한편에서는 대중의 모순이 드러난다. 기성 언론이 편파적이고 왜곡, 날조된 뉴스를 전한다는 이유로 "신뢰도가 하락했다"고 말하면서도, 대놓고 정파적이며 편향된 콘텐츠를 생산하는 유튜브에 대해서는 "가장 신뢰할 만하다"고 하는 상충된 의견이 그렇다. 언론 신뢰도 조사에서 사람들이 '가장 신뢰하는 언론인' 2위로 방송인 유재석을 꼽은 것, 플랫폼에 불과한 네이버를 '언론사'로 인식하고 있다는 것 등은 '무엇을 언론으로 볼 것인가'에 대한 개념이 완전히 흔들리고 있음을 보여준다.

대놓고 정파성을 추구하고, 자극적인 스토리텔링 위주인 콘텐츠에 사람들이 더 높은 신빙성을 부여한다는 것은 무슨 의미일까. 많은 이들이 진실보다는 자신이 원하는 메시지를 강한 확신을 갖고 전달하는 주체에 높은 점수를 준다는 뜻이다. 믿고 싶은 것만

믿는 경향은 어느 때보다 강해졌다. 사람들은 자신이 지지하는 정치 성향 유튜브의 가짜뉴스에 특히 취약하다. 연구에 따르면 보수 성향은 보수 유튜브에서, 진보 성향은 진보 유튜브에서 파생된 가짜뉴스를 믿는 경향이 강했다.[55]

그런 점에서 유튜브 저널리즘의 한계는 분명하다. 경북대 사회과학연구원의 이종명 연구원은 「불신의 시대, 맹신의 유튜브」라는 『관훈저널』 기고문에서 유튜브 저널리즘의 문제로 △수용자들이 유튜브의 저널리즘적 실천에 지지를 넘어선 확신과 맹신으로 조응한다는 점 △유튜버들의 활동이 확연한 정파성과 떼놓을 수 없다는 점 △사실 검증이라는 기본 원칙을 생산 차원이 아닌 수용자에게 맡기는 관행을 들었다. 보수와 진보를 막론하고 정치 유튜버가 '기자'로서 보여주는 사명감에 대해 열광하는 수용자들의 행태는, 편향된 태도로 인식되기보다는 진실 보도에 대한 열망으로 쉽게 부풀려지곤 한다. 많은 유튜브 채널이 의존하는 '제보자' 역시 "새로운 목격자 등장" "목격자 또 나왔다" 등의 제목으로 의혹을 증폭시키는 것에 비해, 제보자와 기자의 관계나 진위 판별, 뉴스 가치, 사실 여부 검증 등 저널리즘의 객관주의 관행과는 동떨어진다.

그러나 유튜브 크리에이터의 저널리즘적 실천은 수용자들에게 점점 더 높은 지지를 받고 있다. 구독자들은 전통 뉴스 미디어에 대한 불신과 분노로 뭉쳐 기존 언론을 대체할 매체로 유튜브를 택하고, 자신이 구독하는 채널에 전폭적인 지지와 믿음을 표하기 시작했다. 이때 유튜버는 구독자들에게 커다란 영향력을 행사하게되며, 구독자들은 이들의 댓글부대가 되어 온라인 공론장에서 적극적인 활동에 나선다.

진영을 막론하고 시사·정치 유튜버들은 종종 "대의와 명분은 우리에게 있다. 그러나 한 가지 우려되는 점이 여론 형성이다" 같이 말하며, 댓글부대를 향해 일명 '밭갈이'(집단 여론조작 행위를 독려하는 것)를 넌지시 지시한다. 강성 지지자들이 모이는 정치 유튜브, 온라인 커뮤니티 등에서 지령을 받은 이들은 뉴스 댓글창을 점령하며 소속감과 결속력을 과시한다. 이들은 이를 '여론정화'라고 표현할 정도로 정의로운 활동이라 여긴다. 우리가 보는 댓글 상당수가 극단적 주장과 표현들로 점철되는 이유일 것이다. 자신들이 정해놓은 여론을 확산시키기 위해 같은 내용을 붙여넣는 경우가 많다 보니 댓글 수만 늘어나지 의견의 다양성은 오히려 감소하는 때가 많다.

유튜브 저널리즘은 시사 콘텐츠의 탈을 쓰고 있지만, 뉴스 보도보다는 뉴스성 이야기를 썰 풀이하는 것에 가깝다. 고객이 듣고싶어 하는 이야기를 '반박 불가한 진실이자 확인 완료된 뉴스인양' 뻔뻔하게 들려주는 것이 핵심이다. 정치 극단주의 세력을 등에 업고 특정 성향의 청중을 위해 맞춤형 콘텐츠를 기획·생산하며, 흑백논리로 단순화하고, 과장과 왜곡이 난무한 해석을 사건의 본질이라며 내놓는다. 이들이 말하는 전통 언론은 무능하고 편향되며, 구독자들이 보기에 뉴스 기사들은 유튜브보다 따분한 데다 정보도 느리고 부족하다. 이는 유튜브 저널리즘이 출처 확인이나 사실 검증의 단계를 거치지 않기 때문에 가능한 부분이다.

이준석 전 국민의힘 대표가 성상납 및 이를 무마하기 위한 증거인멸 교사 의혹으로 당 윤리위원회에 회부된 일과 관련된 콘텐츠를 보자. 윤리위가 열리기도 전인 2022년 6월 중순경 여러 정치 유튜브 채널은 「속보/이준석 징계 결정!」과 같은 제목으로 영상을 쏟아냈다. 마치 징계가 확정된 것처럼 썼지만 막상 내용을 보면 '사실상 그럴 가능성이 매우 높아졌다'는 추측에 불과했다. 해당 내용이 그날 우후죽순 쏟아진 것은, 당시 CBS라디오 〈박재홍의 한판승부〉에 출연한 한 정치권 관계자가 "윤석열 대통령이 이 대표에게 힘을 실어주지 않았다"라고 분석하며 윤리위의 징계 처분이 현실화하리라 관측한 데서 비롯된 것이었다. 이준석 대표의 징계를 바라는 구독자들이 모인 채널에서는 해당 언론 인터뷰를 적극적으로 인용하며, 징계 현실화에 대한 기대감으로 분위기를 달궜다. 그러나 시사·뉴스를 표방하는 이 콘텐츠들 속에서 '팩트'는 이미 보도된 모 정치권 관계자의 발언 한 줄이 다였다.

이는 유튜브 저널리즘과 레거시 미디어의 공생 관계를 보여준다. 레거시 미디어가 '타락했다'고 지적하는 유튜브 저널리즘이 결국 인용하고 근거 삼는 데이터는, 제도권 언론이 보도한 뉴스 기사다. 기사 속 단 한 줄의 발언을 가지고 포문을 열고, 나머지는 여기에 살을 붙인 해석과 전망으로 채운다. 객관적 근거를 바탕으로 한 분석이라기보다 주관적인 인상비평에 가깝다. 뉴스 기사라는 원출처가 없다면 유튜브 콘텐츠 역시 나오기 힘든 구조인 것이다. 언론사로서는 일면 이용당한다고 볼 수 있는데, 실은 언론도 유튜브 등 뉴미디어 여론을 중계하며 조회수 수익 부스러기를 챙기기는 마찬가지다.

최근 들어서는 자극적인 내용을 뽑아내기 위해 유튜브 콘텐츠를 다시 뉴스 기사로 보도하는 행태까지 나타나고 있다. 이런 상황에서는 전통 언론의 권위도 존재감도 추락할 수밖에 없다. 예컨대 「"이선희, 권진영에 30억 받았다… 이게 이승기 사건 침묵 이유"」 같은 따옴표 헤드라인 저널리즘은 한 연예 유튜버가 자기 채널에서 펼친 주장을 다시 받아적은 기사에 불과하다. 가수 이선희가 권진영 후크엔터테인먼트 대표로부터 소속사 매각대금 일부인 30억 원을 받은 것이 이승기 사건에 침묵한 이유라는 것은, 이 별개의 두 사실을 해당 유튜버가 '엮어서' 썰을 푼 것이지 정확한 인과관계가 있는 내용이 아니었다. 일부 댓글러는 기사의 근거가 부족하다며 비판했지만 대부분 댓글은 이선희에 대한 도를 넘는 비난을 퍼부었다.

갈등의 진원지, 정치 유튜브

여야의 극한 대립 속에 태동한 한국의 정치 유튜브는 사실상 좌우 진영 선동가들의 확성기가 되어 더 큰 사회적 갈등을 유발하는 실정이다. 한국의 정치 양극화 현상, 이들을 결집하기 위한 유튜브라는 매체, 여기서 비롯되는 진영 간 댓글 싸움 등은 톱니바퀴처럼 연결되어 서로를 받치는 구조다.

2022년 12월 중순 기준 구독자 수 상위 10개 정치 유튜브는 보수와 진보 성향 채널이 5 대 5로 분포돼 있다. 2016년 '박근혜 전 대통령 탄핵'을 계기로 태극기집회 참가자들을 한데 모은 보수 유튜브가 득세했다면, 2019년 '조국 사태'로 귀결되는 서초동 집회는 진보 유튜브의 약진으로 이어졌다.

정치 유튜브 중 가장 규모가 큰 보수 성향의 〈진성호방송〉은 구독자 180만 명을 모았다. 2위는 진보 논객, 유튜버 대표주자인 김어준의 〈뉴스공장〉이 있는 TBS로 구독자가 158만 명이다. 역시 김씨가 〈다스뵈이다〉라는 간판 프로그램을 이끄는 '딴지방송국'은 구독자 106만 명으로 7위를 차지했다. 2022년말 6년 넘게 진행한 〈뉴스공장〉에서 하차한 그는 자신의 새 유튜브 채널 〈김어준의 겸손은힘들다 뉴스공장〉을 개설했는데, 시작한 지 나흘만에 구독자 100만 명을 돌파했고, 유튜브 라이브 방송 시청자 후원금으로 2억 원 넘게 벌어들였다.[56]

우리 편에 대한 강력한 지지, 여론 붐업이 절실한 정치인들로서는 정치 유튜브의 화력이 탐날 수밖에 없다. 정치권과 정치 유튜브의 결탁은 언제부터인가 진영을 막론하고 자연스러운 흐름이 되었다. 한때 유명 정치인의 출연을 간청하던 유튜브와 정치권의 역학관계가 바뀌는 모습도 포착된다. 수십만에서 100만 구독자를 거느린 정치 유튜버와 이들을 따르는 강성 지지자들의 힘이 커지면서 이들이 오히려 정치인들을 움직일 수도 있게 되었다.

물론 유튜브를 필두로 강성 지지자 화력을 등에 업어보려다 된통 당하게 되는 경우도 생긴다. 그럼에도 정치인들이 매번 유혹에 빠지는 것은, 극단주의자들의 목소리가 그만큼 크고 적극적이기 때문이다. 정치에서는 침묵하는 100명보다 단결해서 행동하는 다섯 명이 더욱 강력하다는 말이 있다. 일반 대중의 수가 강성 지지자보다 훨씬 더 많지만, 정작 필요할 때 집중적으로 여론을 만들어주는 것은 일당백 역할을 하는 강성들인 것이다.

한편에서는 레거시 미디어 언론인 출신이 유튜브에 진출하는 사례도 늘었다. 이들은 자신이 몸담았던 기성 매체의 인지도와 영향력을 채널 성장에 적극적으로 활용하는데, 정파성이나 선정성으로는 일반 유튜버를 능가한다. 유튜브 문법을 기가 막히게 숙지해 팬덤을 끌어모으면서도 기자 출신이라는 이유로 사람들이 신뢰할 가능성은 더 크다. 이런 점에서 이들이 만들어내는 콘텐츠는 공론장을 더 쉽게 양분하고, 뉴스의 경계를 흐림으로써 수용자 혼란을 가중시킬 우려가 있다.

정치 유튜브 1위 〈진성호방송〉의 진성호는 『조선일보』 기자 출신으로 유튜브에서 대박을 터뜨렸는데, 이 채널에는 눈을 의심케 하는 섬네일이 가득하다. 「文 백신 접종 간호사 '양심선언' 난리났다 CCTV 공개? 종로구청 발칵!」 「'박원순은 살아있다' 서울시 발칵 뒤집혔다 충격적 사실이…」 「추미애 얼굴 못 든다 룸살롱 사진 터졌다! 법정 난리났다! 문재인 휘청!」 같은 제목들이 인기 동영상에 올랐다.

2019년 4월 발생한 강원도 대형 산불 때는 "문재인 전 대통령이 현장에 나타나지 않아 음모론이 나오고 있다. 혹시 그날 저녁 신문사 대표들과 밥을 먹고 술자리를 갖지 않았을까?"라고 했다. 일반인들이 식사 자리에서나 떠드는 수준의 발언을 확실한 증거도 없이 기자 출신의 입으로 확산한 것이다. 그를 비롯한 보수 매체 출신 유튜버들은 2020년 여름 코로나19 2차 대유행으로 온 국민이 불안해할 때조차 광화문 광복절 집회 관련 영상에서 "문재인 정부가 교회 세력을 탄압하고 있다"라고 주장하며 국민 분열에 일조했다.

지난 20대 대선 때는 김건희 여사에 대해 지나치게 자극적인 내용이 진보 유튜브를 중심으로 확산했는데, 이 흐름을 주도한 것은 〈열린공감TV〉였다. 이곳은 강진구 전 『경향신문』 기자를 주축으로 한 강성 친민주당 성향 매체로, 김 여사의 '쥴리 의혹' '변호사 동거설' 등 사생활 보도를 지속해서 내보내 선정성, 여성 혐오 논란에 휩싸였으나, 이를 계기로 채널 자체는 급성장했다. 2022년 6월 〈시민언론 더탐사〉로 채널명을 바꾼 뒤에도 무리수 취재와 부실한 의혹 제기라고 비판받는 등 잡음은 계속되고 있다.

여타 유튜버와 마찬가지로 〈시민언론 더탐사〉도 생중계 때 사람들의 눈길을 끌기 위한 행위를 하는 과정에서 선을 넘는 모습들이 보인다. 한동훈 법무부 장관 집 앞에서 한 생방송에서는 한 장관의 이름을 거듭 부르거나 도어락을 열려는 시도, 집 앞 택배 운

송장을 확인하는 행위를 했다. 이 일로 〈더탐사〉 대표 강진구는 한 장관에 대한 '100m 접근 금지' 명령을 받았다. 화천대유자산관리 대주주 김만배가 석방되던 날에는 포토라인을 무시하고 김 씨에게 달려들어 도이치모터스 관련 질문을 퍼붓는 돌발 행동으로 역동적인 장면을 연출했다.

〈더탐사〉 대표 강진구는 "김만배 씨가 굉장히 놀라고 당혹스러운 표정이었다"라며 자신의 질문이 핵심을 찌른 것이란 뉘앙스를 풍겼지만, 이는 주관적인 평가에 불과하다. 갑자기 다가와 마이크를 들이대는 사람 앞에서 놀라지 않는 것이 더 이상하지 않을까. 제도권 언론이었다면 기사에서 쓸 수 없는 말을 하고 있음에도 그는 여전히 기자라는 타이틀을 사용하고 있다.

미확인 사실 유포, 과장·왜곡 논평, 사생활 침해와 명예훼손 등 정치 유튜브의 일탈적 저널리즘 행태는 진영을 막론하고 나타난다. 정치 유튜브 10위권 채널 중 두 곳에서나 활약한 진보 진영의 대표 스피커 김어준은 미성년자 성착취물 제작 및 유포 범죄인 텔레그램 N번방 사건, 미투 고발에 대해 "(정치 공작의) 냄새가 난다"라며 음모론을 제기했다. 본인의 낮은 성인지 수준을 드러냈을 뿐 아니라 자신의 구독자층이 온라인 커뮤니티나 댓글창 등에서 성범죄 피해자들을 음해하는 발언을 하는 것에도 영향을 미친 것이다. 안희정, 오거돈, 박원순까지 2018년부터 진보 진영에서 잇따라 터진 권력형 성범죄 사건에 대응하는 과정에서 진보 유튜버들은 피해자 2차 가해를 확산시킨 책임을 면하기 힘들다. 이른

바 '김어준 저널리즘'은 대중적으로 정치 이슈를 썰 풀이하는 과정에서 사안을 지나치게 단순화하거나 선악 구도로 나누고, 의혹 제기만 남용한다는 비판을 받는다.

2022년 6·1 전국동시지방선거 직후 한 진보 유튜브 채널에 출연한 정청래 더불어민주당 최고위원은 대놓고 '분위기 조성'을 주문하는 모양새로 논란을 낳았다. 진보 진영의 대표 스피커에게 정치인이 특정 여론을 만들라고 권고하는 듯 보였기 때문이다. 그는 선거 패배에 대한 지도부 책임론과 관련해 박지현 전 민주당 비상대책위원장을 언급하며 "우리가 쫓아내는 모양새를 취하면 조중동이 영웅을 만들 것"이라 한 뒤 "그래서 진보 유튜버들이 잘 '컨트롤'을 해야 한다"라고 했다.

보수 진영에서는 정치 유튜브 및 그들을 따르는 강성 팬덤이 득세할 때 어떤 리스크를 감내해야 하는지 수년 전 먼저 경험한 바 있다. 보수 정치인들은 극렬 지지층을 결집시키는 정치 유튜브에 한때 의존했지만, 얼마 안 가 오히려 덫에 걸린 것임을 깨닫고 부랴부랴 손절을 선언하게 된다. 2018년 김성태 미래통합당 원내대표가 보수 유튜버와 첫 합동방송을 한 뒤 통합당과 보수 유튜버는 사실상 한 팀으로 움직였는데, 단 2년 뒤 총선에서 이들의 명암은 엇갈리고 말았다. 총선 참패 이후 당시 통합당의 미디어 담당자는 "미래통합당은 폭망했는데, 보수 유튜버만 급성장했다"라는 말로 허탈감을 표시했다.

통합당의 전신인 자유한국당은 조국 사태를 비롯해 장외 집회,

투쟁 때마다 보수 유튜버를 홍보 채널 또는 민원 창구로 적극적으로 활용했고, 이에 응답한 보수 유튜버들은 정치적 대립이 강화되는 상황 속 구독자 수를 대폭 늘리며 영향력을 키워왔다. 이들의 급성장은 분명 정치권의 지원사격에 힘입은 것이었다. 취재 활동 보장 차원에서 유튜버에게 국회 방문 허가증까지 발급해줄 정도였으니 말이다.

그러나 수십만 구독자를 모으며 세력을 불린 보수 유튜버들은 보수 정당의 나팔수에서 플레이어로 주객이 전도돼 의원들에게 압박을 가하기에 이르렀다. 예를 들어 이들의 주 시청층인 강성 보수 성향 당원들은 '세월호 망언'으로 당내에서 제명이 추진된 차명진 전 의원을 구한다며, 통합당 게시판을 장악하고 문자 폭탄 등 집단행동을 하며 차 전 의원의 제명 반대를 강력하게 요구했다.

평소 보수 유튜버를 스피커로 활용했던 통합당으로서는 결정적으로 중도 지지층을 끌어안아야 할 때 정작 이들이 도움이 되기는커녕 눈치를 봐야 하는 딜레마 상황에 빠졌다. 2020년 4월 총선에서 완패한 통합당은 수도권, 30·40대 중도층 표심 공략 실패에 대해 '보수 유튜버와의 연대, 그로 인한 강경 지지층 결집이 오히려 당의 확장성을 가로막은 것'이라는 분석을 하게 된다.[57] 총선 약 한 달 뒤 김무성 전 새누리당 대표는 극우 유튜버와의 전쟁을 선포했다. 김 전 대표는 한 인터뷰에서 "지금까진 참았는데 앞으론 싸우려고 그래. 나쁜 놈들이야. 전부 돈 벌어먹으려고 하는 썩은 놈들"이라고 강하게 비판했다.

실제로 정치 유튜브들은 콘텐츠마다 계좌번호를 올려놓고 '자율구독료'라는 이름의 시청자 후원금을 받는데, 이 금액은 상상을 초월한다. 최상위 랭크의 정치 유튜브는 월평균 광고 수익이 1억 원을 훌쩍 넘는 것으로 알려진다. 한때 보수 유튜버들이 달려들었던 '부정투표 의혹'도 수익성을 노린 무리수였다는 주장이 제기된다. 한 유튜브 라이브방송에서 수백만 원의 후원금이 모이는 것을 보며 다른 많은 채널이 따라 올라탔고, 부정투표 문제를 키우는 분위기가 만들어졌다는 해석이 지배적이다. 그러나 이 의제는 일부 보수 유튜버조차 "합리적 수준의 의혹 제기가 아니며, 모금 활동 같은 금전적 이권을 취하는 수단이 됐다"라고 지적할 정도로 논리나 근거는 빈약했다.

극우 유튜버와 결탁한 태극기 부대가 노년층을 대표한다면, 최근 주목받는 20대 남성 보수화는 소위 사이버 렉카 우파 유튜버와 남초 커뮤니티가 길러낸 현상이다. 이는 2013년 대선 때 박근혜 당시 후보 지지율이 20대 남성 코호트(같은 시기를 살아가면서 특정 사건을 함께 겪은 사람들의 집합)에서 생각보다 높았던 데 기인해 처음 제기된 화두다. 이때 일각에서는 '일간베스트'의 성장을 청년층 보수화 원인으로 지목한 바 있다. 이후 사이버 렉카, '디씨인사이드' 등 남초 커뮤니티 생태계가 확장하면서 20대 남성들이 본격적으로 보수주의와 안티 페미니즘 등에 이끌렸다는 해석이 나온다.[58] 사이버 렉카 유튜브를 통해 시사를 접하는 이들은 이슈의 경중과 해석을 해당 채널에 의탁하면서 무비판적으로 커뮤니티 내 여론을 흡수하고 재생산했다.

정치 양극화로 인해 탄생한 광장 유튜버는 이제 그들의 존재 자체가 정치 양극화를 더욱 심화하는 악순환을 만들었다. 그리고 그속에 사람들을 몰아넣었다. 전문가들은 슈퍼챗(시청자가 일정 금액을 지불해 유투버를 후원하는 기능)과 개인 계좌 후원이 수익에 절대적 영향을 미치는 유튜브 시장에서 자극과 편향이 지지자들을 만족시킬 공식으로 굳어졌다고 입을 모은다.[59] 같은 진영 유튜버끼리도 동일한 시장에서 경쟁하다 보니 누가 더 자극적인 주장을 빨리 내놓느냐가 생존 전략이 되어버렸다. 외연을 넓히자고 논조를 약하게 하는 것은 시장에서 퇴출될 가능성만 키우는 어리석은 행보가 된다.

맹목적 팬덤을 형성해 수익 기반으로 삼는 정치 유튜브의 생존법은 높은 수위의 사이버폭력과 직결된다. 한때 정치 평론으로 이름을 날린 모 정치 유튜버는 가로세로연구소의 주장에 반기를 들었다가 가세연 구독자들로부터 온라인에서 폭격을 받았고, 그 길로 유튜브를 접고 잠적해버렸다. 그는 "유튜버들이 충성 구독자들을 향해 '우리는 위기다' '저들이 우릴 괴롭힌다'고 주입할수록 유튜버에 대한 맹신은 강화된다. 사이비 종교식 구조가 정착되면 자정 기능은 없다고 보면 된다"라고 한 인터뷰에서 경고했다.[60]

진실 따위
아무래도 좋아

♡ ♡ ♡ ◻ 🔖

탈진실 시대의 대안현실

"2022년이 되면 대부분 사람이 진짜 정보보다 가짜 정보를 더 많이 접하게 될 것이다."

2017년 10월 컨설팅그룹 가트너는 미래전망 보고서를 통해 이렇게 예측했다. '탈진실post truth'이 『옥스퍼드영어사전』에서 올해의 단어로 선정된 다음 해의 일이다. 탈진실이란 여론을 형성할 때 객관적인 사실보다 개인적인 신념과 감정에 호소하는 것이 더 큰 영향력을 발휘하는 현상을 가리킨다. '진실이 무엇이든 상관없다' 혹은 '절대적인 진실 같은 건 없다'는 식의 태도다.

진실은 더 이상 예전만큼 우대되지 않는다. 진실의 희소성, 유일무이한 궁극의 가치가 떨어지기 시작하면서다. 단일하다고 생각했던 진실의 개념이 퇴색되고 여러 색깔로 채색되며, 저마다의 세계관에서 각자의 진실을 주장하고 믿는 시대가 되었다. 모든 것을 의심하며 있는 그대로 받아들이지 않는 철학적·문화적 사조인 포스트모더니즘은 탈진실 현상을 촉진한 배경으로 꼽힌다. '어디에도 정답은 없으며 각자의 이야기만 존재할 뿐'이라는 포스트모더니즘에 따르면, 오직 실존하는 것은 다양한 관점일 뿐 하나의 진실이 아니다.[61] 이런 분위기 속에서 객관적 사실과 참된 진실을 규명하는 것은 갈수록 도전적인 과제가 되고 있다.

사람들이 댓글창에서 벌이는 '아무말 대잔치'는 탈진실 시대를 구성하는 대안적 사실이 객관적 사실의 영역을 침탈하면서 본격화되었다. 우리가 살아가는 현실은 분명 하나인데 대안적 사실이 득세하면 여러 개의 대안현실alternative reality이 창조된다. 복수의 진실을 사수하기 위한 세력 다툼은 더욱 격렬해질 수밖에 없다.

탈진실 현상을 철학적·사회학적으로 통찰한 책 『포스트 트루스』를 쓴 철학자 리 매킨타이어는 '진실이 공격받는 시대'가 되었음에 경각심을 가져야 한다고 주장한다. 탈진실은 단순히 우매한 대중의 문제로 끝날 일이 아니다. 탈진실적 태도를 만들어낸 핵심 주체는 특정한 목적을 갖고 의도적인 거짓을 퍼뜨려 이득을 얻는 자들, 과학에 대한 부정이나 기존 지식의 권위를 허물어 이득을 취하려는 자들이다. 탈진실이 악랄한 형태로 나타나면 사람들이 자기기만과 망상에 빠져 진실이 아닌 말을 진심으로 진실이라고 믿어버리게 된다고 매킨타이어는 지적한다.

대안현실의 대표 사례로는 전 미국 대통령 도널드 트럼프가 꼽

헌다. 트럼프의 취임식 참석 인원을 놓고 언론과 백악관 참모 사이에 이견이 발생한 해프닝에서 대안현실이란 개념이 유명해졌다. 항공사진을 통해 밝혀진 하나뿐인 진실은 트럼프 취임식 때 약 90만 명, 오바마 때는 180만 명이 모였다는 사실이었다. 그러나 백악관의 당시 대변인 션 스파이서는 "행사 당일 근처 지하철역 승하차 인원이 오바마 취임식 때보다 훨씬 많았다. 매체들이 트럼프 대통령 취임식 참석 인원을 의도적으로 축소했다"라고 비판했다. 언론이 이를 추궁하자 백악관 고문 캘리언 콘웨이는 "우리 대변인은 거짓말을 한 것이 아니라 '대안적 사실'을 말한 것일 뿐"이라고 답했다.

선거 기간부터 검증되지 않은 막말 논란과 허풍, 왜곡을 일삼았던 트럼프는 기성 언론이 수차례 그에 대한 팩트체크를 제공했음에도 끄떡없이 승리를 거머쥐었다. 『뉴욕타임스』나 『워싱턴포스트』 같은 공신력 있는 신문이 트럼프 발언의 진위를 따지고 사실과 다른 부분을 계속 지적했지만, 투표에는 영향이 없었다. '트럼프 현상'은 대안현실이 갖는 파워를 매우 잘 보여준다. 트럼프 지지자들은 사실관계보다 자신만의 생각, 그들이 느낀 분노와 소외감·위기감 등을 트럼프가 대변해준다는 점에 강하게 꽂힌 나머지 트럼프에 대한 객관적 검증 보도에는 꿈쩍도 하지 않았다.

복수의 진실이 한 세계 안에서 떠도는 기현상이 발생하는 것은 우리나라도 예외가 아니다. 2022년 9월 미국 순방 중이던 윤석열 대통령의 '비속어 발언 논쟁'이 그랬다. 뉴욕에서 조 바이든 미국 대통령을 만난 직후 자신이 촬영되고 있는 것을 몰랐던 윤 대통령이 "국회에서 이 새끼들이 승인 안 해주면 ○○○ 쪽팔려서 어떡하나"라고 했는데, 이 문장에서 정확히 어떤 단어를 썼느냐를 두고 갑론을박이 벌어진 것이다. 윤 대통령이 비속어로 지칭한 대상이 누구인지, '○○○'이 '바이든'이냐 '날리면(은)'이냐를 놓고 한바탕 설전이 계속됐다. 이 발언을 가장 먼저 보도한 MBC는 문제의 구절에 '바이든'이라고 자막을 달았으나 이후 대통령실은 '날리면'이라고 반박했다. 그러나 MBC 보도를 토대로 외신은 「한국 대통령이 미국 의회를 모욕했다」는 헤드라인을 내걸고, 바이든 대통령을 무시한 것이란 취지의 기사를 내보낸 뒤였다. 국내에서도 외교 참사 논란이 확산했다.

'바이든-날리면' 사건으로 명명된 이 촌극은 순식간에 순방 관련 모든 이슈를 잡아먹으며 온 국민을 청력 테스트에 몰아넣었다. 여러 해석이 분분한 가운데 논란의 단어가 '바이든'인 세계와 '날리면'인 세계는 팽팽하게 공존했다. 며칠이 지나자 "'바이든'도 '날리면'도 아니고 '발리면'이라는 비속어"라는 주장까지 나왔다. 각자 들리는 혹은 믿는 바에 따라 진실인 세계가 결정되었고, 나와 의견이 다른 이는 대안현실을 사는 사람이 되었다. 언론 역시 혼란을 수습해주기보다는 중계하는 데 그쳤고, 소란을 증폭시켜 그에 따른 부수적 이익을 취하는 것에 더 관심이 많아 보였다. 각 언론사 유튜브에 올라온 대통령의 해당 발언 영상은 수일간 엄청난 조회수를 기록했다.

분명한 것은 어느 쪽이든 진실은 오직 하나라는 점이다. 발언 당사자, 바로 옆에서 이를 들은 사람, 음성 전문가 등의 교차 체크로 하나뿐인 진실이 빠르게 정리되었어야 한다. 그러나 별 영양가도 없는 이 한 문장이 초래한 사태는 믿을 수 없을 만큼 크고 복잡해졌다. 애초에 제기된 동맹국 모욕 논란보다 이 자체가 더 큰 화젯거리가 된, 배보다 배꼽이 더 큰 기막힌 논쟁을 보며 허망함을 느낀 국민이 분명 적지 않았을 것이다.

뒤늦게나마 대통령이 해명한 것, 전문가의 판단이 나왔지만 모두 '진실을 말하는 자의 권위'를 갖지 못하고 혼란이 계속됐다는 것은 무엇을 의미할까. 극단의 저신뢰 사회에 탈진실 시대가 도래했을 때의 위험 신호를 그대로 읽어낼 수 있다. 안타깝게도 이런 일이 이번이 마지막은 아닐 것이라는 불행한 예감이 든다. 이것은 리더십의 문제일까, 팔로어십의 문제일까. 아니면 둘 다의 문제일까.

복수의 뉴스 플랫폼에 넘쳐나는 1인 미디어, 강력한 서치 엔진, 개인이 선호하는 뉴스 커스터마이징, 그리고 궁극적으로 탈권위주의적이고 탈중심화된 여론 환경에서 대중은 다양한 입장과 시각을 제공받으며 자의적인 진실 담론을 전개한다. 언론이 가장 이상적인 객관적인 뉴스를 제공하더라도 다각화된 관점을 가진 대중에 의해 새로운 맥락으로 재편집되는 일이 빈번히 발생되고 있으며, 이로 인해 다각적인 해석과 오역을 거쳐 뉴스의 원 내용과 다른 맥락의 뉴스가 전파되는 것이 탈진실 시대의 미디어 환경이다.[62]

어느덧 대세는 1인칭 관점의 진실이 버젓이 뉴스가 되는 흐름이다. 연구자 박세혁은 위 논문에서 "대중은 현대 사회에 팽배한 불평등의 원인을 기성 미디어의 편향성과 비윤리성에서 찾으며, 자신이 생각하는 진실에 동의하는 집단과 연대하는 방식으로 외면적 확대를 도모한다"라고 분석했다. 이때 미디어 숙련도가 높은 젊은층은 패러디, 밈, 디지털 스토리텔링을 총동원해 객관적 사실과 주관적 감정을 혼합시킨 결과물을 SNS 등에 퍼뜨리며 '자신들만의 진실'을 누린다. 이들은 뉴스에서도 팩트체크보다 팬덤의 욕망이 투사된 주관적 해석을 선호한다.

이런 추세는 미디어 업계도 달라지게 만들고 있다. 여러 개의 진실을 추종하는 독자 의견을 여론이라며 반영한 기사를 늘리고, 읽는 재미와 흥미를 높이기 위한 서술 방식(내러티브 저널리즘) 등을 차용한다.

그러나 지금 절실한 사회적 합의는 '대안적 사실'과 '사실'은 분명히 다르다는 것, 특히 뉴스에서 대안현실이 만든 '이야기'가 '진실'의 자리를 꿰찰 수 없도록 하는 것이다. 어떤 일에 대한 해석은 다양할 수 있지만 벌어진 일 자체는 다양한 방식으로 존재할 수 없다. 우리가 옳은 해석이 무엇인지 알 수 없다 해도 그 사실엔 변함이 없다. 해석에 따라 너도 맞고 나도 맞을 수 있다며 언뜻 다양성을 존중하는 듯 보이는 탈진실적 태도는, 사람들을 속이기 위한 것보다는 사람들에게서 진실과 거짓을 구분하는 능력을 빼앗으려는 시도다. 상상력과 창의력, 스토리텔링은 사실을 왜곡하고 날조하는 데 쓰라고 있는 것이 아니다. 우리가 진짜 상상하고 과감히 꿈꿔야 할 것은 따로 있다.

모호해지는 '찐과 짭' 사이

과거 카더라 통신 수준이던 정보가 디지털 플랫폼 시대에는 뉴스로 보도된다. 가짜뉴스, 허위 정보의 위상이 높아진 것이다. 사회·문화적 탈진실 풍조와 더해져 찐(진짜)과 짭(가짜)을 구분하기는 점점 더 어려워지고 있다. 혼란스러운 온라인 공론장에서 댓글은 '뭣이 중헌지' 가려주기는커녕 혼돈을 가중하는 역할만 하는 실정이다. '그래서 진짜 무슨 일이 일어난 건데?'라는 물음이 고지식한 취급을 받는 최근 상황은 여러모로 당황스럽다. 정색하고 진실을 추적하는 행위는 최신 트렌드를 따라가지 못하는 '진지충'의 몸부림 정도로 격하된다.

물론 이것이 순수한 놀이 문화로 머물러도 좋은 분야에서는 문제될 것이 없다. 예컨대 2022년 7~8월 인터넷에는 가수 미노이와 래퍼 우원재의 열애설이 화제였다. 그런데 알고 보니 이들을 연인 관계로 추측하게 만든 인스타그램 사진 등은 모두 〈잠수이별〉이라는 신곡 마케팅을 위해 의도된 연출 샷이었음이 뒤늦게 밝혀졌다. 미노이와 우원재는 유튜브 영상에서 직접 이를 해명하며 "사람들이 좀 더 감정이입할 수 있도록 사귀고 이별하는 과정까지 보여주고자 했던 것인데, 생각보다 일이 너무 커져 계획을

철수하고 노래를 빨리 내게 됐다"라고 전했다. 마케팅 효과를 노리고 퍼뜨린 이들의 연애 흔적은 '가짜'였고, 사람들은 열애설을 '진짜'로 믿었다.

당사자들의 뒤늦은 해명에 여론은 "우리를 속였다"라며 감정이 상할 수도 있었지만, 의외로 사람들의 반응은 매우 유쾌했다. "팬들이 알아서 이 모든 상황을 즐기고 있으니 너무 걱정 마세요"라는 댓글이 곳곳에 달렸다. 미노이와 우원재의 사과가 머쓱할 만큼 이들은 댓글창에서 열애설이 진짜인 세계관에 과몰입하며 재밌게 놀고 있다. 둘이 처음 만난 과거 영상을 찾아가 "썸의 시작은 바로 저렇다"거나 최근 영상에서 "드디어 열애설 인정하나요" 같은 댓글을 달며 꾸준히 대안현실을 진실처럼 소비하는 중이다. 이쯤 되면 열애설의 진실 여부는 중요하지 않은 것처럼 보인다. 사람들은 둘의 이미지를 불러와 자신이 원하는 이야기대로 각본을 쓰며 실제야 어떻든 이를 하나의 메타버스로 만들어버린다.

여기까지는 요즘 세대의 재미난 스토리텔링 놀이 문화로 바라볼 수 있다. 문제는 이것이 뉴스의 영역을 침범하는 것이다. 검증되지 않은 허위 정보들이 SNS, 1인 미디어, 나아가 황색화된 매체들에 의해 진짜 같은 가짜뉴스로 퍼져나간다. 저널리즘의 본령은 진실 보도이며 가짜와 진짜를 가리는 것이 전부나 마찬가지인데, 최근 흐름은 여기에 자꾸 타협을 시도한다는 점에서 위험하다. 더 타당한 진실로 인정받는 것을 결정하는 기준이 증거의 객관성이 아닌 '내 편이 얼마나 많은가'에 기인한다는 것은 특히 문제적이다.

마음에 들지 않는 진실보다 내가 원하는 응징 서사 등을 펼칠 수 있는 대안현실을 원하는 수요는 일명 '렉카 저널리즘'의 파급력을 통해 증명된다. 사이버 렉카 유튜버들에게 현재 가장 인기 있는 키워드 중 하나인 '안티 페미니즘'이 온라인 공론장에서 흥하는 과정을 보자. 이들 콘텐츠에서 나타나는 공통 정서는 남성 역차별론, 남성 피해자론인데 이것이 통계나 지표로 검증되기보다는 '남자들이 더 힘들다'거나 '여자들이 너무 강해졌다'는 식의 주관적 느낌, 억울한 감정을 증폭시키는 데 초점이 맞춰진다.

왜곡되고 날조된 사실이 진실의 무게를 갖게 될 때 온라인의 분노는 오프라인에서 감당 못 할 해악으로 이어진다. 국내에서 가장 악명 높은 사이버 렉카로 꼽히는 유튜버 '뺵가'는 2022년 1월말 스스로 목숨을 끊은 여성 인터넷 방송인 잼미님에 대해 페미, 남혐 의혹을 제기하는 영상을 지속적으로 게재했다. 이로 인해 그의 채널 100만 구독자 및 다른 유튜버들이 피해자를 향한 사이버 괴롭힘에 동참하도록 자극해 잼미님 모녀를 극단적 선택에 이르게 했다는 강도 높은 비판을 받았다. 그의 영상이 좌표 역할을 해 무차별적 악플을 쏟아내는 도화선이 되었다는 것이다. 두 여성의 사망에 상당한 영향을 끼쳤다고 보는 것이 합리적이지만 채널을 정지시키거나 법적 조치를 하는 것은 불가능했다.

이 사태로 2022년 2월 자취를 감췄던 뺵가는 유튜브 정책상 수익창출이 정지되는 시기인 6개월이 지나기 직전 복귀했다. 그런

이슈 터지면 출동하는 유튜브 '사이버 렉카'를 아십니까

온라인에서 화제가 생기면 달려드는 사이버 렉카 유튜버들은 클릭 수를 늘리기 위해 대부분 기성 언론이 보도한 내용을 짜깁기한 화면을 내보낸다. (조선일보, 2020년 9월 12일)

데 업로드한 영상의 내용은 다름 아닌 페미코인* 영상이었다. 당시 온라인 안티 페미니즘 세력이 제기한 인기 드라마 〈이상한 변호사 우영우〉의 '페미 논란'을 그러모은 것 말이다. 논란의 중심에 있었던 스피커가 아무렇지 않게 복귀하는 것은 물론 안티 페미 영상으로 복귀 각角을 재는 것, 사이버 렉카 유튜버와 일부 커뮤니티의 억지 주장이 기사로도 버젓이 보도되는 현실 등은 모두 참담하기 이를 데 없다.

감정적으로 동조할 준비가 된 대중은 부실한 근거에 눈 감고, 조작된 사이다 서사에 열광한다. 내가 듣고 싶은 얘기를 들었으니 그걸로 충분해 보인다. 누군가는 진실이 아님을 알면서도 모른 척

---

* 페미니즘 관련 내용을 다루어 금전적 이득을 본다는 의미의 신조어.

하고, 누군가는 진심으로 이를 믿지만 그 구분은 중요치 않은 것 같다. 뉴미디어 생태계에서 극대화된 이 같은 1인칭 관점의 진실 담론은 각자의 세계관 내에서만 점점 더 완고해진다. 기존 매체의 편향성을 비판하며 등장한 1인 미디어는 그 편향성을 그대로 답습하게 되며, 이로 인해 진실의 모호성은 지속되고 확산된다.[63] 결과적으로 우리는 가짜와 진짜를 가려내는 일에 더 많은 시간을 들여야 한다.

스웨덴 철학자 오사 빅포르스는 음모론의 특징으로 근거를 약화시키는 공격을 내포한다는 점, 허위 입증을 견뎌낼 수 있도록 설계된다는 점 등을 든다. 음모에 반하는 결정적 증거가 등장할지라도 "해당 증거가 바로 음모의 결과물"이라고 설명하면 그만인 '기적의 논리'를 편다는 것이다. 이런 엉터리 논증은 객관적 증거의 힘을 즉각적으로 약화시키고, 음모론을 더욱 공고히 하는 데 기여한다.[64] 빅포르스는 인터넷에서는 여러 다른 출처로부터 동일한 정보를 얻는다고 해도 신빙성이 반드시 올라가지 않는다는 것을 명심해야 한다고 지적한다. 출처 확인이 힘든 온라인에는 '인식론적 덫'이 사방에 깔려 있다는 것이다. 우리는 너무 쉽게 이들 출처가 독립된 것이라고 믿지만, 사실 모두 동일한 정치적 목적을 공유하는 소수의 출처에서 비롯된 것일 수 있다.

결국 난무하는 가짜뉴스 홍수 속에서 모두가 길을 잃고 있다. 코로나19 발생 이후 2년 4개월간 K방역을 이끈 정은경 전 질병관리청장마저 가짜뉴스의 희생자가 되기도 했다. 정 청장이 퇴임한

2022년 5월말 인터넷에는 「정은경 양심 고별사」라는 제목의 게시물이 돌기 시작했는데, 그가 재직시 백신의 부작용을 알면서도 코로나 정치방역을 위해 계속 접종하게 했다는 게 주요 내용이다. "방역 펑계로 국민을 상대로 고의적 살인과 살인 방조죄와 직무유기로 국민대학살 죄를 범하여 어떠한 벌을 가한다 해도 할말이 없습니다" 같은 어설픈 문장으로 이루어진 이 조잡한 지라시는 정 청장의 퇴임사와 조금도 상관없는 날조 그 자체였지만, 고령층을 중심으로 온라인에서 무서운 기세로 확산했다.

유튜브 발 허위 정보 콘텐츠는 갈수록 정교해지고 있다. 뉴스룸처럼 그럴듯한 배경을 꾸며놓고 인공지능 앵커가 실제 뉴스를 진행하듯 연기하는 영상까지 나온다. 이런 채널은 뉴스의 외양을 하고는 편견을 강화하고 혐오 발언을 재생산하며 돈벌이에 나선다. 업계에 따르면 이런 가짜뉴스 전문 채널의 예상 수익은 월 1000만 원대, 영상 1개당 제휴 수익도 200만~300만 원에 달한다.[65]

최고 조회수 108만, 구독자 8만 명에 이르는 한 가짜뉴스 유튜브 채널은 「[단독보도]모든 베트남인 영구 추방」이라는 헤드라인으로 "인천국제공항에서 베트남인들이 무더기로 추방됐다"는 기사를 보도했다.[66] 당연히 사실무근이다. 진짜 뉴스처럼 보이기 위해 기자 리포트 영상을 붙이고, 베트남어가 적힌 자막 등을 배치했지만 기사 내용과 전혀 관계없는 이미지들이었다. 그러나 댓글에서는 "외교부가 정말 잘했다"라거나 "베트남 가야 하는데 큰일"이라는 등 이를 진짜 뉴스로 받아들인 듯한 반응이 이어졌다.

인터넷에 가짜 정보가 범람한다는 사실은 이제 상식이 되었지만, 무엇이 가짜인지 가려낼 감식안이 없으면 무슨 소용이 있을까. 우리의 미디어, 디지털 리터러시 역량은 수십 년째 극초보 수준이다. 도무지 근절되지 않는 네이버 블로그 사고팔기 문제는 그 정점을 보여준다. 초기에는 어느 정도 규모를 키운 블로그를 수십만 원에서 수백만 원을 주고 통째로 파는 식, 아이디 거래 등이 주된 유형이었다면 최근에는 트렌드가 좀 바뀌었다.

안녕하세요! 저희는 광고대행 ○○○입니다. 현재 프로모션 가격으로 (제품명) 등의 내용 업로드 요청드리고자 연락드렸습니다!! 발행비 2만~5만 원에 감사비 20만 원, 제품 제공×, 유지 기간 후 삭제/비공개 가능, 24시간 내 원고료 지급, 대가성 문구 기재, 광고 포스팅 발행 후 방문자 수가 지속적으로 올라갈 수 있도록 프로그램 적용해드립니다. 부담 없이 제안서와 함께 검토 요청드려도 될까요??

이 문구는 네이버 블로그를 운영하는 이에게 직접 발송된 메시지 하나를 옮긴 것이다. 이런 은밀한 제안은 파워블로거보다는 평범한 일상 블로그 주인을 대상으로 하며, 메시지가 오는 횟수는 점점 더 늘고 있다. 제안을 승낙하면 업체에서 제품 체험기, 서비스 이용 후기 등의 게시물 원고를 제공한다. 블로거가 할 일은 이를 그대로 붙여넣어 발행하는 것뿐이다. 그러면 수만 원에서 수십만 원의 발행비를 받는다. 이 게시물에는 광고라는 문구가 표시된다. 다만 핵심은 블로거가 제품을 받아서 사용하거나 서비스를 무료로 이용한 뒤 후기를 쓰는 일반적인 대가성 게시물이 아니라는 점이다.

업체 측에서는 '광고' 문구를 넣으니 법적으로 문제 될 것이 없다고 하겠지만, 문제는 그게 아니다. 이 게시물 자체가 가짜 후기라는 것이다. 이 게시물을 읽는 독자는 비록 광고성 게시물일지언정 적어도 블로거가 직접 체험한 이야기를 쓴 것이라고 믿을 텐데, 그것이 거짓이니 말이다.(혹여 진짜 제품을 써보고 작성하겠다며 달라고 할까봐 '제품 제공 ×'라는 문구를 포함해 놓은 것까지 놓치지 말도록 하자.) 그런데도 우리는 이런 게시물을 보면서 이게 진짜 체험하고 쓴 것인지 '복붙 후기봇' 노릇을 하는 건지 알아낼 도리가 없다. 포털사이트나 정부 기관이라고 다르지 않을 것이다. 찐과 짭이 완벽히 뒤섞이는 인터넷 세상은 이렇게나 치밀하고 교묘하게 우리의 눈을 가린다.

네이버 블로그만의 문제가 아니다. 온라인에서 사람들이 모이는 곳 어디든 특정 목적을 가진 댓글부대 혹은 댓글 알바가 암약하며, 남초·여초 커뮤니티와 맘카페, 쇼핑몰 등 가리지 않고 여론과 상품평을 조작하려는 프락치들이 잠입해 있다. 한때 이 일에 가담했던 업계 관계자들이 직접 양심선언을 하며 알려진 사실이다. 이 판에서는 진정성을 연출하는 어그로꾼이 오히려 '진짜'로 환영받고, 진짜 같은 가짜들이 진짜를 몰아내는 일도 흔하다.

가중되는 혼란과 모호함은 정확한 뉴스, 진정성 있는 콘텐츠에 대한 사람들의 믿음을 조각조각 깨뜨리고 회복 불가능하게 만든다. 가짜뉴스와 허위 정보의 더 큰 해악이 여기에 있다. 우리에게 도달하는 정보 상당수가 거짓이라면 우리는 무엇을 믿어야 하며, 누군가를 신뢰하는 것이 가능한 일일까? 빅포르스는 이러한 의문이 주는 효과를 전체주의 국가의 선전과 결부된다고 설명하며 "혼란을 야기하고 이성에 대한 믿음을 약화시키는 행위의 목표는, 시민들이 스스로 생각하기를 멈추고 지도자를 따르도록 만드는 것"[67]이라고 경고한다. 사람들이 세상에 대한 방향감각을 잃어버리게 함으로써 좋은 근거와 신뢰할 만한 출처, 타당한 논의 등 지식과 행동을 위해 필요한 모든 것을 허물어뜨리는 위험한 시도라는 것이다.

2021 노벨평화상 수상자인 필리핀 언론인 마리아 레사는 "사실을 공격하고 언론인이 거짓말을 한다고 거짓말을 하면 사람들은 진실이란 없다고 받아들여 거짓에 대한 저항이 불가능해진다. (…) 그렇게 되면 게임은 끝난다. 진실이 없으면 신뢰가 없고, 신뢰가 없으면 공유된 현실이 없으며, 우리는 실제적인 문제에 대응할 수 없게 된다"라고 지적했다.[68] 이는 전세계적으로 극우파들이 기세등등해지며 비자유주의적 지도자들이 등장한 현실과 무관치 않다. 레사는 우리가 "민주주의에서 파시즘으로 나아가는 길목에 서 있다"라고 경고하며, 이대로라면 2024년쯤 민주주의가 와해되는 등 '힘의 균형'이 무너져버릴 것이라 비관했다.

불행한 사람들의
샌드백

♡ ♡ 💬 ⬜ 🔖

'혐오 과몰입' 시대의 비극

"요즘은 힘센 권력자보다 대중의 적대감이 더 신경 쓰입니다. 대
중의 감정에 거슬리는 기사를 썼다가 신상을 털릴 수 있다는 공포
를 안고 살아요. 정치 권력, 경제 권력처럼 사람들의 감정 역시 기
사의 방향에 영향을 미칠 정도가 된 '감정 권력'의 시대입니다."[69]

『감정민주화』를 쓴 SBS 이경원 기자는 한 포럼에서 이렇게 말
했다. 우리 공동체 안에 복잡하게 얽히고설킨 감정 문제가 다양성
과 공론장의 가치를 밀어내고 있는 지금, 민주주의가 다시 위기를
맞고 있다는 진단이다. 불확실성의 시대가 지속되며 옳고 그름의
기준이 불분명해지자 사람들의 불안은 심화됐다. 대중은 책임을

전가할 심판 대상을 찾아 댓글창을 방문해 혐오를 배설하며 두려움을 견뎌내려 했다. 코로나19 같은 위기가 닥치자 댓글이 폭증했다는 통계[70]가 이를 뒷받침한다.

혐오 과몰입 정서가 바이러스처럼 번지는 장면에서는 단연 위험 수위가 감지된다. 특정 계층, 집단, 인물에 대한 혐오감을 드러내는 것은 최근 온라인 문화의 대표적 밈이 되었다. 놀이 문화인 밈의 형태를 띠기에 혐오를 방출한다는 심각성이 가려지고 그냥 '웃긴 썰' 정도로 취급되는 경향이 짙다. 그럴듯한 명분을 앞세워 사회 정의를 실현한다고 포장하지만, 실은 만만한 대상을 향해 감정적 공격을 퍼붓는 것에 불과하다.

2020년 한국인 고등학생들의 블랙페이스(흑인 분장) 패러디에 불쾌감을 드러낸 가나 출신 방송인 샘 오취리가 온라인에서 역풍을 맞고 매장당한 사건을 보자. 흑인이 아닌 인종이 얼굴을 검게 칠하는 것은 국제적으로도 분명한 인종차별 행위로 인식된다. 이 지적 자체가 문제 될 타당한 이유는 찾기 어렵다. 그러나 일부 온라인 커뮤니티 등을 중심으로 나온 강력한 반발은 사안의 본질과는 관계없는 논증을 동원해 오취리에 대한 지나친 비판을 정당화했다.

오취리가 학생들 사진을 업로드해 초상권을 침해했다는 논란, 과거 방송에서 '눈 찢기' 표정을 한 것이 동양인 비하라는 주장, 여성 연예인과 찍은 사진에 대한 지인 발언("흑인 매력에 빠지면 푹 빠진다")에 동조함으로써 성희롱했다는 의혹 등으로 그가 무결하지 못함을 단죄하고, 애초에 제기된 인종차별 논란을 상쇄하려는 것은 정말 온당한 행위일까. 샘 오취리의 눈 찢기는 동양인 비하지만 한국인의 블랙페이스는 코스프레일 뿐인가. 무엇보다 그의 발언이 2년 넘게 과도한 여론재판을 당하며 "한국에서 돈 벌 수 없게 만들겠다. 당신 나라로 떠나라" 등의 악플 공격에 시달릴 만한 문제인가.

그 정도 사안이 아니라는 것은 이성적으로 생각한다면 알 수 있다. 오취리 사태에서 온라인 여론은 너무 감정적으로 들끓었다. 주목할 부분은 문제 제기 당사자를 오히려 매도하며 역공하고, 다시는 재기하지 못하게 하겠다는 수준의 적의가 번득인다는 점이다. 부적절하고 도를 넘는 반응이지만 이를 멈추게 하거나 진정시키는 일은 불가능했다. 일부 커뮤니티 이용자들의 엄청난 공세, 이를 중계하며 대중의 분노를 자극한 언론, 누군가를 베고 싶지만 그럴 만한 타깃과 명분이 없어 굶주려 있던 사람들이 합세해 만든 결과다.

당시 주요 언론의 관련 기사를 보면 「인종차별 비난 샘 오취리, 과거 눈 찢기 방송 논란 → SNS 댓글 차단」(스포츠조선) 「'동양인 비하' '케이팝'까지 건든 샘 오취리… '당신 나라로 돌아가달라' 역풍」(뉴스1) 등 커뮤니티 여론을 거의 그대로 전달하고 있다. '샘 오취리도 인종차별 행동을 했다'는 증거를 찾아오는 건 그것대로 별개의 사안이지 '따라서 그는 블랙페이스 행위를 비판해선 안 된다'로 이어질 수 없음에도, 이런 허술해 빠진 논증이 뉴스라는 이름으로 계속 생산되었다. 언론은 흥분한 대중의 감정 온도를 더욱 높여버렸을 뿐, 사태를 차분히 분석하거나 오취리에게 가해지는 공격이 적정 수위인지 따져보는 일에는 아무 관심이 없었다.

샘 오취리 사건은 우리 사회의 초라한 인권 감수성뿐 아니라 공론장에서의 소통 위기도 드러냈다. 무지나 잘못을 지적받았을 때 그것을 인정하거나 성찰하기보다는 '공격'으로 받아들여 곧장 '반격'에 나서는 패턴이 그렇다. 오취리가 한국인의 인종차별을 지적하자 네티즌수사대는 그의 과거를 털어 괘씸죄를 물었고, 수년간 마녀사냥하며 공세에 쐐기를 박았다. 이것이 이 사건의 실체적 진실이다. 이성을 발동한다면 내가 실수했을 가능성을 먼저 톺아보려 하겠지만 감정을 앞세우기 때문에 이런 비이성적 반응이 나온다. 나의 감정이 다치지 않는 것이 무엇보다 소중한 유별난 자의식을 가진 이들이 늘어나고 있다는 방증일까. 오죽하면 기분상해죄•라는 신조어가 탄생했을까 싶다. 그러나 팍팍해진 삶에 사람들 마음의 여유가 너무 부족해진 탓으로 양해하기엔 증폭되는 위기감이 너무 크다.

미성숙하고 폭력적인 여론전에 참여하는 이들은 극우적 사상이나 남성 우월주의를 신봉하는 이들에서 시작해 어느덧 성별, 진영, 세대를 가리지 않고 늘어나는 모습이다. 혐오가 혐오를 낳고 키운 악순환이라 볼 수 있다. 초기 혐오자들의 맥락 없는 분노가

• 내 기분을 상하게 했으니 죄라고 억지 부리는 행태를 뜻함.

주로 여성·소수자를 향했다면 이제는 제물이 되는 대상이 훨씬 더 다양해졌다.

특히 정치에 대한 국민감정이 온라인에서 혐오 놀이로 밈화되는 경향이 뚜렷해지고 있다. 인터넷이 없던 시절, 비교적 권력자 포지션을 유지하기 쉬웠던 정치인은 온라인 시대에 들어서며 위상이 예전 같지만은 않다. 권력이 국민의 감시와 견제, 심판을 받는 것이야 당연하지만 최근 나타나는 흐름은 조금 우려스러운 점이 있다.

최근 SNS에서는 보수 정권에 대해 '아묻따'(아무것도 묻지도 따지지도 않고) 분노를 발산하고 보는 유형이 흔하게 포착된다. 한번은 김건희 여사의 행적을 문제 삼는 제보 글이 온라인에 순식간에 확산했는데, 알고 보니 허위사실이었다. "지금 ××(김건희 여사)는 경호원 네 명 데리고 매장 고객 다 내보내고 청담 버버리 매장 3000만 원 결제하고, 프라다 매장으로 갔다고. 현장 직원 제보. 진짜 부인 관리해라. 나라 어찌하나"라는 '청담동 목격담'은 네이버 뉴스 댓글을 캡처한 것으로, 여러 온라인 커뮤니티에서 화제를 모았지만, 확인 결과 가짜뉴스[7]였다.

이 일이 있기 약 1주일 전에는 대통령 부부의 해외 순방 때 김 여사가 '스페인 왕실 주관 배우자 방문 프로그램에서 제외당했고, 같은 시간에 혼자 시장 구경을 갔다'는 썰이 나돌았다. 트위터에서 3000회 가까이 공유된 이 게시물은 당시 순방 관련 보도에 따르면 사실로 보기엔 무리가 있다. 기사는 대통령실을 인용해 "(김

여사가) 배우자 프로그램 참석 대신 한인 교포 부부가 운영하는 식료품점을 방문했다"고 전했다. 이를 '김건희 왕따설'이나 '관광하러 갔냐'로 몰아가는 것은 분노 밈에 지배당한 나머지 다소 과하게 해석한 감이 있다.

시민들이 분노를 매개로 거리로 나와 직접민주주의를 실현하고자 하는 광장 정치는 이런 맥락에서 위험 수위를 넘보고 있다. '이게 나라냐'는 구호가 울려 퍼졌던 2016년 박근혜 퇴진 범국민운동 촛불집회는, 시민의 힘을 보여주며 정치 참여 주체로서 효능감을 안긴 의의가 있다. 그러나 동시에 대중이 응축된 분노를 발산하는 행위 자체에 중독되는 계기이기도 했다. 광장에 나가면 월드컵 길거리 응원에 나섰을 때와 비슷한 묘한 흥분이 전해졌다. 이러한 집단행위가 어느새 문제의 본질과 해결책을 논하기보다 분노와 혐오감, 군중심리에 따른 고양감을 앞세워 동력으로 삼게 된 측면이 있다.

촛불집회 분위기를 달군 '박근혜 디스곡'과 풍자 합성 이미지들이 은근슬쩍 여성 혐오를 끼워팔았다면, 2022년 윤석열 정권 퇴진 집회에서는 "지랄하고 자빠졌네"라는 가사를 반복하는 노래가 집회 참여자들의 흥을 돋웠다. SNS에서는 윤석열 대통령이 해외 순방을 하러 갈 때 "꼭 살아서 돌아올 필요는 없음" 같은 트윗이 5000회 가까이 공유된다. 성공회와 천주교 신부 두 명은 대통령 전용기가 운항 중 추락하기를 바란다는 내용으로 기도하는 글을 SNS에 올려 논란이 됐다. 합당한 비판이 아닌 자극적 표현만 남은 발언이 혐오 감정을 수시로 증폭하는 모습은, 이성보다는 감정이 인기를 끄는 상황을 잘 보여준다. 그러다 보면 선 넘는 혐오와 폭력성에 무뎌지면서도 대의명분을 위해 행동하고 있다는 생각에 이를 자꾸만 합리화하는 경향을 부추길 수 있다. 사람들을 이렇게까지 분노에 사로잡히게 한 사회가 자업자득한 비극이겠으나, 결과적으로 이는 파손된 공론장의 회복을 더뎌지게 만들 가능성이 크다.

외로운 군중 파고드는 포퓰리즘과 댓글 중독

스트레스 유발 요소 투성이인 고밀도 사회는 불안·분노·혐오를 누적해 쌓이게 할 뿐 이를 해소해주지 않는다. 끊임없이 타인과 나를 비교하게 만드는 초연결 사회의 과시 문화는 내가 가진 것에 감사하는 마음보다 못 가진 것에 비관하는 마음을 끄집어올린다. 정상성 강박, 표준에 대한 압박이 유난히 강한 한국 사회는 이런 분위기를 가속했다.

특히 단단히 두 발 붙일 '현생'(온라인이 아닌 실제 인생)이 없다고 믿는 사람들이 위험하다. 전세계적으로 불평등이 심화하면서 이런 이들이 급증했다. 이들은 가망 없는 자신의 현생을 돌보기보다 가상현실에서 대신 몰두할 대상을 끝없이 찾아 헤맨다. 온라인에서 사소한 논쟁에 목숨 걸고 덤비는 과잉 반응, 트위터 싸불 중독 등은 모두 결핍된 현실을 잊기 위한 집착과 방어기제에서 비롯된다.

행복한 이들이 댓글 활동에 중독되고 악플 달기에 매진하지는 않을 것이다. 한국인의 행복지수가 낮다는 건 이제 새로운 사실도 아니다. 유엔 「세계행복보고서」에서 한국은 10년째 50위권 중 후반대에 머물고 있다. 2022년에는 146개국 중 59위로 최근 5년 사이 가장 낮은 순위를 기록했다. 국내총생산이나 건강, 기대수명 등에서 받은 높은 점수를 '사회적 지지' '관용' 같은 부문에서 잔뜩 깎아먹은 결과다.

포용력이 부족하고 다양성·개인성을 억압하는 사회문화가 공동체 의식을 약화해온 측면은 지표로 여실히 드러난다. 자기 살기 바쁜 각자도생 사회는 남을 이해할 마음의 여유를 갖지 못하게 한다. 타인의 입장이 되어보는 게 아니라 타인과 비교하는 삶을 살며, 나보다 처지가 나아 보이는 이들을 끌어내리는 데 모든 에너지를 쓴다. 자신의 삶이 불행해서 이런 어리석은 선택을 했는데, 그것 때문에 더 우울해지는 악순환에 빠지게 된다.

외롭고 공허한 사람들은 감정적 허기를 채우기 위해 끊임없이 새로운 자극을 갈망한다. 실시간으로 달리는 댓글, 손가락으로 화면을 당기면 즉각 새로고침되는 SNS 타임라인, 알고리즘이 추천하는 대로 시간 가는 줄 모르고 시청하는 영상들, 습관처럼 들어가 멍하니 새로운 게시물을 클릭하게 만드는 온라인 커뮤니티 등은 쉴 틈 없이 자극을 추구하며 현실을 잊게 해준다.

노리나 허츠의 『고립의 시대』는 외로운 21세기 사회가 어떻게 포퓰리즘과 결합하는지 살펴본 책으로, 초연결 시대에 역설적으로 격리된 사람들의 이야기를 다룬다. 허츠는 외로움 위기의 시작점으로 신자유주의를 꼽는다. 자본주의가 만능이 된 사회에서 나를 위하는 것은 오직 나 자신뿐이다. 내가 아닌 누구도 나를 돌봐주지 않는다고 느끼는 사회는 필연적으로 외로울 수밖에 없다. 이때의 외로움은 공동체적 유대의 결핍만으로 초래되는 것이 아니다. 남들이 내 말을 들어주거나 이해해주지 않을 때, 우리가 정치로부터 단절되어 있다고 느낄 때, 스스로 힘이 없고 무시당하는 존재라고 느낄 때도 우리는 외로워진다.

이 외로움이 끝내 포퓰리즘과 결합하면 진짜 위험한 징후가 시작된다. 한나 아렌트에 따르면, 나치즘을 추종한 사람들의 주요 특성은 야만과 퇴보가 아닌 고립과 정상적 사회관계의 결여였다. 사회에 자기 자리가 없다고 느끼는 사람들이 이데올로기에 개인적 자아를 투항함으로써 목적의식과 자긍심을 되찾으려 한다는 것이다. 허츠는 포퓰리스트 지도자들이 외롭고 버려진 느낌을 받는 사람을 모아 종족주의를 무기화하고, 타자를 적으로 만든다고 설명한다. 어딘가 소속되길 갈망하는 불안한 영혼들은 포퓰리스트에게 가장 이상적인 목표물이다. 실제로 전세계에서 사회적·경제적으로 주변화되었다고 느끼는 사람들이 21세기 들어 수십 년째 극단주의 정당으로 몰려들고 있다.

최근의 탈진실 경향은 실질적으로 효과적인 정책이 외면당하고, '사람들 기분만 좋게 만드는' 정책이 득세하는 포퓰리즘의 확대로 이어졌다.[72] 소외된 사람들의 외로움이 너무 크다 보니 이들의 기분이나 비위를 맞춰주는 약간의 영악한 시도만으로도 포섭이 가능했다. 다른 정치인들이 이 사람들의 절규를 듣지 않는 상황에서 당시 대통령이었던 도널드 트럼프는 이들의 요구에 '귀를 기울이는 것처럼' 보였고, 이 사실은 트럼프의 정책이 실제로 이들의 삶을 개선해줄지 여부보다 더 중요했다.

『고립의 시대』를 쓴 노리나 허츠는 "포퓰리스트 세력은 감정이 이성과 복잡성을 이기며 두려움이 무엇보다 강력한 도구라는 사실을 누구보다 잘 안다"고 지적한다. 이들이 사회의 결속이 아닌 분열을 추구하며 인종적·종교적·민족적 긴장을 자꾸만 조성하는 이유다. 분열적 콘텐츠는 온라인에서 우리의 관심을 더 많이 끌며, 극단적인 의견일수록 메시지 확산을 위한 효과적인 전략으로 인식된다.[73] 커지는 당파적 적대감은 공론장에서 더 빈번하고 폭력적인 충돌로 이어졌다.

극단으로 밀어붙인 포퓰리즘 정당들은 분열·불신·혐오로 가득한 소통을 일상화했다. 이들은 각자의 진영논리 안에서 초래되는 위기·불안·두려움 등을 극대화해 외로운 사람들을 혐오라는 감정으로 묶는다. 위기와 두려움을 자극하는 것은 온라인에서 가장 잘 팔리는 밈이다. 여성·성소수자·이민자 등 나와 다른 존재는 '타자'가 되고, 그들이 내 몫을 뺏어갔기 때문에 내 삶이 이렇게 팍팍해졌다는 잘못된 위기감이 조성되고 주입된다. 혐오당하는 약자가 될 바에야 혐오하는 강자가 되겠다는 사람들은, 애써 공감 능력을 떨어뜨리고 포용력 없는 존재가 되기를 자처한다. 그렇게 악플러들의 진지가 구축되는 것이다.

포퓰리스트의 더 큰 문제는 소수자 계층을 깔아뭉개는 혐오 발언을 직접 할 뿐 아니라 이에 동참하도록 대중을 선동한다는 데 있다. 포퓰리즘 정치인의 진두지휘 아래 소수자들의 권리운동은 정상적 사회를 교란시키는 이기적이고 폭력적 움직임으로 격하된다. 왜곡된 분노로 이성이 마비된 대중은 비난과 조롱을 보탬으로써 전장을 확대한다. 그러니 불필요한 싸움이 촉발되고 애꿎은 피해자가 양산되는 일만이 남는다. 반대로 진짜 해결이 필요한 문제의 핵심은 온데간데없이 사라지고 만다.

허약한 시민사회 접수한 광신도들

오늘날 온라인 공론장을 우리가 제대로 지키지 못하는 근본적인 이유는 한국 사회의 시민성이 충분히 단단하지 않기 때문이다. 서구 시민사회가 오랜 역사를 거쳐 아래에서 위로 형성된 것과 달리, 한국은 근대국가와 시민사회가 자생적으로 만들어진 것이 아니라 외세와 국가권력이 주도해 만들어졌다. 창작자와 시민은 정치적 민주화 흐름 속에서도 사상과 표현의 자유를 수시로 구속당했으며, 시민으로서 표현의 자유에 대해 배우고 훈련할 기회가 드물었다.[74] 허술한 토대 위에 빠르게 불어닥친 정보기술 혁명, 부의 편중이 심화되면서 커진 상대적 박탈감, 포퓰리즘 위기의 습격은 너무나 강력하게 우리를 지배했다.

그 틈새를 놓치지 않고 비집고 들어온 포퓰리스트, 프로보커터들은 혐오를 양분 삼아 키운 자신의 세력을 광신도로 만들어 공론장을 함락했다. 양극단의 진영 논리만 살아남고, 그 사이 어디쯤의 온건한 주장은 밀려나고 묻혀버렸다. 대혼란을 정리할 어른다운 어른이 왜 없냐는 일각의 한탄 또한 고개를 들기 바쁘게 사라진다. 눈치 보지 않고 소신 발언한 이가 가차 없이 '양념당하는' 장면이 반복되며, 이런 문제 제기 역시 맥없이 자취를 감추고 있다. 목소리 크기로 일당백을 해내는 극단주의자와 혐오 세력에 맞설 만큼 시민 연대 전선은 구축되지 못했다. 더 나은 세상을 우리 손으로 만들 수 있다는 상상력과 확신이 부족한 사람들은 쉽사리 용기를 내지 못하고 있다.

우리 사회에서 '말 잘 듣는 아이 = 착한 아이'라는 관념이 얼마나 보편적인지 떠올리면 새삼 체제순응적 시민의 한계를 실감하게 된다. 지식을 쌓아 자기 언어로 토론하며 집단지성을 기르는 서구 교육과 달리, 한국의 교육은 일방적인 강의를 받아적고 그대로 외워 시험지에 써내는 방식이 대부분이다. 풍부하고 깊이 있는 토론을 통해 합의를 이끌어내는 아고라 같은 광장도 찾아보기 힘들다. 토론은 대화라기보다 승패를 가르는 전투로 인식되어 말꼬리를 잡거나 자기 말만 하기 바쁜 미숙한 모습을 보이는 데 그친다.

'어른 없는 사회'가 얼마나 위험한지 우리는 익히 경험하고 있다. 판단의 기준과 주체 없이 모든 개념이 마구 흔들리는 시대에 막연한 불안이 팽배하지 않을 도리가 없다. 진짜 맞서 싸워야 할 거악에는 무덤덤하고, 사소한 문제에 집착하며 효용 없는 여론재판과 댓글 싸움에 몰두하는 것은 그 때문인지 모른다. 무엇이 정말 중요한지, 어떤 것부터 해결해야 하는지 지식과 경험이 너무 없는 상태인 것이다. 철학자 오사 빅포르스는 "어떤 주제에 대해 더 많은 배경지식을 갖고 있을수록, 우리는 출처의 신뢰성을 더 잘 평가하고, 진실된 주장과 거짓된 주장을 더 잘 구분할 수 있다. 우파 극단주의가 어떤 모습인지 알지 못하는 사람은 특정 출처가 극단주의적인 우파인지를 잘 인식하지 못할 것이다"[75]라고 했다.

설상가상 지식과 진실의 중요성은 희미해져 간다. 휘몰아치는 반지성주의, 반사회성, 반박불가 정신의 3단 콤보 위협에 우리는 완전히 붕괴되기 일보직전이다. 객관적 진실에 대한 믿음을 보수적이고 독단적이라고 여기는 것이 바로 전체주의 아닌가. 이런 사회에서 진실을 믿는 것은 곧 급진적인 태도가 된다. 온라인·SNS·유튜브 등이 너무 많은 정보를 쏟아내는 시대에 시급한 것은 이해로운 급류로부터 중심을 잡아줄 지식과 진실의 무게지만, 이는 별반 강조되지 못하고 있다.

이러한 반지성 경향은 영악한 통치자들에게 기회로 여겨진다. 탈진실 시대에 각광받는 전략들을 보면, 이제 권력자들은 자신의 무지를 부끄러워하거나 감추기는커녕 오히려 자랑스럽게 드러내 사람들과의 접점으로 삼으려 한다. 알면 복잡하고 해결하려면 피곤한 진실을 외면하고자 하는 것, 진실로부터 눈감고 싶은 마음으로 사람들을 대동단결시킴으로써 인기를 독차지하겠다는 속셈이다.

과거 정치인들이 자기 지식의 한계를 알 필요성에 관해 지혜로운 말을 하는 것을 좋아했다면, 오늘날 권력을 쥔 엘리트들은 무지의 공유를 통해 보통 사람들과 연대하고 있음을 보여주고 싶어 한다. 권력은 늘 사람들이 진실을 드러내기를 꺼리는 태도에 의존한다. 벌거벗은 임금님 이야기는 누구나 알고 있다. 오늘날 바뀐 게 있다면 사람들이 진실에 눈감는 데서 하나가 되는 것이 아니라 진실에 대한 무지에 의해 하나가 되고 있다는 것이다.[76]

이들에게 길들여진 광신도 무리는 댓글창이나 SNS 등 온라인 공론장에서 반박불가 정신으로 무장한 채 끝없이 파열음을 내고 다닌다. 어딜 가나 내 말만 맞다고 하는 사람들이 일으키는 비생산적인 논쟁 속에서 우리 또한 자신도 모르는 사이 '반박불가 바이러스'에 전염된다.

내 생각과 반대되는 주장을 만나면 반박당했다는 데서 오는 반발심부터 앞세우는 것이 요즘 세태다. 세계를 확장시키기 위한 읽기가 아니라 내가 아는 것, 내가 믿는 것을 재확인하고 인정받기 위한 읽기가 팽배하고 있다. "오늘날 많은 사람들이 리뷰·비평·칼럼 등을 읽는 목적은 '나의 생각을 세련되고 시원하게, 설득력 있게끔 대신 정리하고 표현해줄 누군가'를 찾으려는 것"이라는 칼럼니스트 김내훈의 지적[77]에 고개를 끄덕이게 된다.

플랫폼과
언론이 깔아준 판

♡ ♡ ♀ ⬛ ◻

누구도 책임지지 않는 댓글창의 결말

포털-뉴스-댓글이 한 덩어리로 움직이는 한국의 독특한 뉴스 댓글 시스템은 일반적으로 댓글에서 기대되는 순기능이 발휘되기 힘들게 만든다. 포털 뉴스에 달리는 댓글은 '독자'의 피드백이라 보기에는 무리가 있으며, 댓글창에 대한 관리와 책임 소재도 애매하다. 특정 언론사의 기사를 보러 들어오는 매체별 웹사이트와 달리 포털 뉴스는, 다양한 이유로 포털에 접속한 사람들이 겸사겸사 가볍게 훑는 공간이다. 전자에 댓글을 다는 사람은 독자일 확률이 높으나 후자의 경우 그렇게만 보기 어렵다.

일반적으로 "댓글은 이용자의 뉴스 관련 관여행동 가운데 매우 상위의 행동으로 간주된다. 비영리 뉴스 컨소시엄인 미국의 탐사 뉴스네트워크INN가 설명한 뉴스 이용자의 관여도 단계는, 뉴스사이트 방문 → 브랜드 인지 → 소셜미디어 팔로우 → 이메일 구독 가입 → 댓글 남기기 → 기고하기 순으로" 높아진다고 이화여대 커뮤니케이션·미디어학부 교수 최지향은 설명한다. 그러나 한국의 포털 뉴스 댓글은 사정이 조금 다르다. 관여도를 단계적으로 높여가는 이 과정을 거치지 않기 때문이다. 사람들은 생활에 필요한 거의 모든 기능이 모여 있는 포털에 '접속한 김에' 뉴스판에 들어오는 것이고, 이미 로그인된 포털 아이디로 바로 댓글을 남길 수도 있다. 최지향 교수는 "댓글 활동을 하는 이들이 온라인 유료 뉴스 서비스에 지불할 의향이 있다고 답한 금액(5098원)의 수준이 도리어 그렇지 않은 이들(7842원)보다 낮았다"는 조사 결과를 들어 댓글이 꼭 높은 관여도를 의미하지 않을 수 있음을 시사했다.[78]

댓글창을 관리한다는 측면에서는 어떨까. 각 언론사는 포털로부터 뉴스 전재료轉載料를 받아 기사를 제공하지만, 포털 뉴스는 언론사의 것이 아니므로 개별 매체가 주인의식을 가질 만한 공간이 아니다. 포털에 기사가 올라간다고 해서 그 밑에 달린 댓글창까지 내 집처럼 관리해야 한다고 생각하기 힘들다.

포털은 포털대로 온전한 책임을 지는 상황을 피하고자 한다. 플랫폼은 공간을 제공하는 것이지 뉴스 콘텐츠를 생산하는 곳은 아니라는 점, 언론도 아닌 포털이 직접 댓글 관리에 나선다는 부담을 지고 싶지 않은 점 등을 이유로 여러 우회로를 택한다. 인공지능을 통한 최소한의 필터링, 이용자 댓글 신고, 작성자가 쓴 댓글이력과 프로필 사진을 공개하는 정도다. 개별 매체가 기사 단위로 댓글창을 여닫을 수 있도록 자율성을 부여한 것은 댓글로 인한 책임을 언론사와 한 번 더 나누는 격이 됐다.

사람들은 어느덧 포털을 거대한 언론사로 인식하게 됐지만, 포털의 정체성은 언론과는 거리가 멀다. 정통 언론조차 공공성보다 수익을 더 좇게 된 시대에 영리를 추구하는 민간 기업인 포털이 '돈 되는' 것을 포기하기란 불가능에 가깝다. 한국의 포털은 접속하자마자 이용자의 지갑을 열도록 유혹하는 좌판을 대대적으로 펼친다. 메인 화면에 본래 목적인 검색기능만 놓인 구글과 비교해보면 그 차이는 더욱 극명해지면서 국내 포털의 상업성을 실감할 수 있다. 해외 선진국들의 경우 검색엔진과 뉴스 포털(큐레이션) 기업의 태생이 다르고 각자 성장했지만, 한국은 대형 포털이 이를 독식함으로써 '포털＝언론'이라는 인식을 굳혀버렸다. 이러한 기형적 형태의 공존은 주요국 가운데 한국이 유일하다.

한국의 포털은 주목 경제, 혐오 경제의 시대에 뉴스와 댓글의 부가가치에 주목했다. 플랫폼을 선점한 것은 신의 한 수였다. 뉴스를 보는 것까지 포털 안에서 해결할 수 있게 판을 짜고, 댓글창에서 뛰어놀 수 있게 함으로써 락인lock-in● 전략의 체인을 여러 번 감았다. 뉴스와 댓글은 알짜 수입원이며, 댓글창에 불이 날수록 움직이는 돈의 규모 역시 커진다. 포털로서는 댓글창을 포기할 이

● 제품·서비스를 고객이 지속적으로 이용하도록 가두는 전략.

유가 없다.

치열한 주목 경쟁에서 살아남는 것은 포털에 입주한 언론사들의 몫이지 포털에 주어진 과제는 아니다. 플랫폼은 콘텐츠가 더 많이 공유될수록 광고주들이 더 많은 관심을 가진다는 것에 구미가 당길 뿐, 공유되는 콘텐츠의 진실에는 관심이 없다. 중요한 것은 무언가 끊임없이 업로드되고 공유되고 있다는 사실이지 콘텐츠의 품질이나 완성도가 아니다.

네이버와 다음의 기사 독점은 지독하다. 어느 선진국 포털에도 기사 배열로 도배된 초기화면은 없다. 기사를 검색해 줄 뿐 국민들에게 기사를 나눠주지 않는다. 이들 포털은 좋은 기사를 위로 올리는 알고리즘에는 관심이 없다. 열독률이 높은 언론사나 기자에 대한 우대도 없고, 자극적이거나 혐오로 가득찬 기사에 대한 배제 기능도 없다. 덕분에 네이버 창의 명함 크기만 한 창에는 오늘도 낚시용 기사가 가득하다. 그렇게 한 번이라도 더 클릭이 돼야 한다. 그래야 네이버에게 돈을 더 받을 수 있다.[79]

반대로 독이 든 성배를 마신 언론은 점점 더 포털에 종속됨으로써 독립의 기회에서 멀어지고, 포털과의 거래에서도 유리한 고지를 점하기 힘들어졌다. 남은 것은 포털 좌판에서 기사를 팔겠다며 밤낮으로 혐오를 전염시키다가 기레기 혐오를 돌려받은 업보뿐이다. 온라인 뉴스에서 현대판 마녀사냥이 지속하는 것도 포털 뉴스 안에서 한정된 트래픽을 두고 피 튀기는 경쟁을 벌이는 과정에서 비롯된 어뷰징 탓으로 볼 수 있다.

포털도, 언론도, SNS도 애초 의도는 사람들을 자극하거나 서로 혐오하도록 부추기는 것은 아니었을 테지만, 너무 짧은 시간에 이를 허용해버린 것은 사실이다. 분노와 화는 친절이나 긍정보다 중독성이 강해 조회수를 늘려줌으로써 이들 모두의 사업에 더 유리하다. 부정적인 정동이 만들어내는 에너지가 손익에 미치는 영향이 이토록 강렬한데 스스로 이를 내려놓는 일이 가능할까. 적어도 이들 손에 온라인 공론장 문제의 해결을 맡기는 것은 비현실적인 기대에 가까워 보인다. 고객인 대중이 강력하게 요구하지 않는 한 현재 포털 시스템의 댓글이 새로 태어나는 일은 쉽지 않을 것이다.

커뮤니티·SNS보다 느린 뉴스

새로운 시대적 요구에 발맞추지 못하는 언론에 독자는 뉴스 불신에 따른 외면으로 답하는 중이다. 로이터저널리즘연구소의 2022년 보고서에 따르면 한국 이용자 세 명 중 두 명(67%)이 '선택적 뉴스 회피' 현상을 보였다. 5년 전인 2017년(52%)에 비해 15%포인트나 늘어난 결과다. 한국언론진흥재단 선임연구위원 최진호는 이에 대해 "뉴스 매체의 정파적 편향에 따른 불신이나 정보의 과잉에서 비롯되는 피로감과 무력감이 뉴스에 대한 흥미

를 잃게 만들고, 더 나아가 이용자가 뉴스로부터 이탈하는 과정을 단계적으로 보여준다"라고 분석했다.[80]

문득 뉴스에서 정말 다뤄야 하는 일들은 다뤄지지 않고 있다는 생각이 싹트기 시작했다. 정치인들의 논란이나 공방, 그날의 스포츠 경기 결과는 격앙된 목소리로 다뤄지지만, 우리 주변 노동자들의 목소리는 눈 씻고 살펴봐도 보이지 않았다. 부동산의 가격이 오르고 내리는 것은 따로 코너를 할애하여 열변을 토했지만, 정작 끊임없는 개발로 산과 바다가 뒤집어지는 소식은 누구도 말해주지 않았다. 그렇게 내몰린 이들의 생이 다하거나, 더는 외면할 수 없을 만큼 큰 문제가 됐을 때에서야 우려에 찬 목소리로 잠시 시혜하듯 쳐다봐줄 뿐이었다.[81]

MZ세대 미디어 수용자인 청년단체 활동가 김선률은 자신이 뉴스와 멀어진 이유를 이렇게 설명했다. 그는 예나 지금이나 뉴스가 잘 다루지 않는 의제로 우리 주변 노동자의 치열한 삶이나 우리 삶을 시시각각 위협하는 기후위기 문제를 떠올렸는데, 어느 순간 자신이 이런 주제를 더 중요하게 여기고 있음을 자각하면서 뉴스를 챙겨보지 않게 됐다고 말했다.

변치 않는 언론에 대한 절망과 낙담 못지않게 급격히 품격을 잃은 언론의 변신에 고개를 젓는 이들도 늘어났다. 주목 경쟁의 노예가 된 언론이 기어이 온라인 커뮤니티, SNS와 기묘한 결탁을 시작하면서다. 포털 내 경쟁, 가혹한 조회수 싸움에서 우위에 서기 위해 판도라의 상자를 열어버린 이 행태는, 언론의 신뢰도를 야금야금 깎아먹었다. 이미 SNS 등에서 한바탕 돌고 돈 정보를 길어올려 한 걸음 느린 뒷북 뉴스나 전하는 별 볼 일 없는 존재로 스스로를 격하시킨 것도 주지의 사실이다.

2022년 8~9월 한국은 기록적인 폭우와 역대급 태풍을 잇달아 맞닥뜨렸는데, 이때도 큰 활약을 보인 것은 레거시 미디어가 아니었다. 재난 상황에 특화된 SNS인 트위터, 모바일 첫 화면에 실시간 기상 상황을 공유하는 '날씨 제보 톡'을 발 빠르게 도입한 네이버 등이 압도적 존재감을 발휘했다. 물 폭탄에 덜그럭대는 맨홀 뚜껑에 어떻게 대처해야 하는지, 침수된 거리를 걸을 때 무엇을 조심해야 하는지, 물난리 후 주의할 질병은 어떤 것인지 등부터 현재 각 지역 태풍 상황이 어떤지 초 단위로 업데이트되는 내용까지 전문적이고 세밀한 알짜 정보를 구하려면 뉴스보다 SNS를 보는 것이 빨랐다.

언론이 전문가를 섭외해 기사를 쓰고 현장을 취재하는 데에는 시간이 걸리고, 잘못 전달되는 내용도 생길 수 있다. 반면 전문가들과 각 지역민이 직접 트윗을 올리는 것은 더 즉각적이고, 전달 과정에서의 오류도 최소화된다. 물론 일부 부정확한 정보를 걸러내고 SNS 여론을 수렴한 추가 정보가 뉴스에서 다루어지기도 했지만, 재난 상황에서 사람들이 원하는 실시간 뉴스의 정보량과 속도감에 비하면 이는 부차적이었다. 정통 언론은 사실상 '역대급 초대형 태풍' 같은 키워드와 단편적인 속보를 반복하며 위기 밈을 잘 팔고 증폭시키는 데 그쳤다. 이런 급박한 사태를 다룰 때 이제 언론은 양과 질 모두 뉴미디어에 뒤지는 신세가 됐음을 재차 확인했다.

이제 온라인 커뮤니티 이용자들은 자신들이 엄청난 트래픽으로 밀어올린 의제라면 무엇이든 언론이 물지 않을 수 없다는 것을 안다. '블라인드' 같은 커뮤니티에서는 이용자들이 대놓고 해시태그로 언론사를 호출해 기삿거리를 제공한다. 이렇게 만들어진 기사의 상당수는 조회수가 보장된다는 인식 탓에 검증이나 취재, 뉴스 가치 판단 등이 부실한 채 보도되기 일쑤다.

4장

변화를 위한
첫걸음

포털·언론사의
댓글 정책

♡ ♡ ◯ ◻ ◻

플랫폼이 달라질 수 있을까

왜 매번 일이 터지고 나서야 부랴부랴 대응하는 패턴이 반복되는 걸까. 플랫폼의 댓글 정책은 포털 책임론이 불거지는 사건이 일어나야만 그때그때 땜질식으로 선보여왔다. 댓글 문제에 대해 포털 사업자의 대응과 교육 등이 강화돼야 한다는 지적은 꾸준히 있었는데, '댓글 작성시 악플을 주의해달라'는 아주 기본적인 공지를 댓글창에 띄우기까지도 너무 많은 시간이 걸렸다.

국가인권위원회 조사에 따르면 국민은 혐오 표현이 생기는 이유로 '인터넷서비스 사업자의 방관'을 85.5%의 높은 응답률로 지목한 바 있다.[82] 플랫폼은 진작에 더 빨리 움직였어야 했다. 그렇게 하지 않은 결과, 이태원 참사 같은 온 국민이 슬픔에 잠기는 뉴스마저 악플로 얼룩지는 모습을 기어이 보고 말았다. 바닥에 쓰러

공지　이태원 사고 댓글 작성시 주의 부탁드립니다

안녕하세요. 네이버뉴스입니다.

이태원에서 10월29일 대규모 인명피해 사고가 발생했습니다.

많은 분들이 뉴스 댓글을 통해 안타까움과 애도의 마음을 전하고 있습니다.
하지만 일부 댓글에서 사회통념에서 벗어나는 글들이 눈에 띕니다.

피해자들과 가족들이 댓글로 상처받지 않도록 악플이나 개인정보 노출이 우려되는 글들은 삼가주시기 바랍니다.
이용자 여러분들의 협조를 부탁드립니다.

네이버뉴스 드림

2022년 10월 29일 발생한 이태원 압사 참사 기사에 악플이 쏟아지자 네이버 뉴스가 올린 댓글창 공지문.

진 피해 여성들의 사진을 가져와 성적으로 모욕하고 희생자를 악의적으로 비방한 이용자들이 줄줄이 검찰에 송치됐다.

이 정도 사건이 벌어지자 결국 '포털 뉴스 댓글 폐지'가 언급되기에 이르렀다. 다음 뉴스는 이태원 참사 49일을 맞아 개최한 12월 16일 시민추모제 때 유가족협의회의 요청을 받아들여 관련 기사의 댓글창을 일괄적으로 닫는다고 밝혔다. 각 언론이 댓글창 관리 권한을 가진 네이버에서는 지상파 3사, 종편 4사, 보도채널 2개사와 『한겨레』『경향신문』『오마이뉴스』『연합뉴스』등이 댓글창을 닫기로 결정했다. 이어 2차 가해의 온상, 혐오 표현의 장이 된 포털 댓글을 완전히 없애야 한다는 주장도 일각에서 제기됐다.

플랫폼은 그동안 사건 사건마다 문제시된 부분만 건드리는 사후 대응, 수세적 자세로 일관했다. 드루킹 사건 이후 매크로 기능 등으로 베댓이나 공감 수 조작을 못 하도록 조치했고, 악플 피해로 유명인의 극단적 선택이 이어지자 연예·스포츠 뉴스 댓글창을 없앴다. 혐오 댓글의 경우 인공지능이 감지해 차단하는 범위를 단순 욕설에서 선정적, 폭력적, 성범죄 옹호 표현까지 넓히는 정도였다.

이러한 노력이 무의미한 것은 아니지만 빠르게 진화하는 온라인 혐오 기술과 마녀사냥 공격 양상을 쫓아가기에는 역부족이다. 특히 누군가를 괴롭히기 위해 올리는 글은 "사용하는 언어가 급속히 변화하는 데다 유머가 무기로 사용될 수도 있기 때문에 포착하기가 대단히 어렵다"고 노리나 허츠는 지적한다.[83] 그래서 사람의 개입이 필수적인데, 플랫폼은 그 길을 가지 않았다. 물론 포털 탓만 할 일은 아니다. 당국도, 기업도, 전문가도 믿기 힘든 사회의 저주가 인공지능 시스템 등에 대한 과의존을 불렀고, 이는 혐오 세력의 역풍에 우리를 휘말리게 했다.

포털에서 뉴스를 보는 비율이 압도적 1위인 두 국가는 한국(68.60%)과 일본(69.16%)인데(로이터저널리즘연구소 「디지털 뉴스 리포트 2022」), 댓글 문제에 보다 전향적으로 대응한 쪽은 일본이다. 일찍이 이에 대한 고민을 시작한 일본은 2002년 '프로바이더(인터넷 서비스 제공자)책임제한법'을 만들어 악플에 대한 명예훼손 책임을 포털이 지도록 했다. 포털은 피해자 요청시 악플을 삭제하고 악플 작성자 정보까지 제공한다. 2022년 6월에는 특정인을 비방하는 악성 게시물에 대한 모욕죄 처벌을 강화하는 개정 형법이 만들어졌다. 한 번의 신청으로 법원이 게시자 정보를 공개하도록 사업자에 명령할 수 있게 되는 등 피해자가 밟는 절차가 한층 간편해졌다.

외형상 한국 포털 뉴스와 가장 유사한 미국 포털 야후의 뉴스 서비스도 댓글 정책이 훨씬 더 단호하다. 물론 야후 뉴스는 기사 큐레이션을 할 뿐 아니라 직접 기자와 앵커를 고용해 기사를 발행하므로 하나의 언론으로 볼 수도 있다. 야후 뉴스는 댓글창 상단에 "예의를 지키고 주제에 관련된 얘기만 하라. 생산적이고 존중하는 토론을 위해 커뮤니티 매니저들의 개입이 있을 수 있다"라고 명시한다. 댓글은 기사 발행 후 3일 동안만 운영하며, 다른 해외 매체들처럼 자체적인 커뮤니티 가이드라인을 만들어 두었다.

플랫폼의 대대적인 변화를 기대하기 힘들다면 언론이라도 탈脫포털해야 한다는 논의가 국내에서도 계속해서 있었다. 그러나 여러 차례의 탈 포털 시도는 모두 무위로 끝났다. 포털과 언론이 20년 넘게 공조하는 동안 굳어진 상호의존성은 서로를 벗어나기 어렵게 만들었다.

네이버는 1990년대 후반부터 언론사들과 CP Contents Provider 제휴를 맺고, 연 단위 개별 계약을 통해 뉴스 콘텐츠 제공에 대한 전재료를 지급해왔다. 그러나 전재료 산정 기준의 모호성과 불투명성을 비롯해 '뉴스 헐값' 논쟁이 일면서 2020년 전재료 모델을 폐지하고, 광고 수익 모델이라는 새로운 배분 정책을 도입했다. 뉴스 섹션의 광고 수익을 모두 언론사에 넘기는 것인데, 순 방문자 수, 조회수, 누적 구독자 수와 사용자 충성도 등을 종합해 매체별로 차등 지급하는 방식이다.

언론도, 포털도 사기업이라는 건 변함 없다. 결국 핵심은 돈이다. 포털 뉴스 소비가 보편화하면서 여기로 돈이 몰리자 언론사들은 포털 입점에 사활을 걸게 됐다. 네이버·카카오가 만든 뉴스제휴평가위원회의 문턱 높은 심사를 거쳐 CP가 되어야 포털이 주는 전재료·광고료를 받을 수 있기 때문이다. CP가 되어도 끝이 아니다. 더 많은 수익을 내기 위해 '조회수 경쟁'이라는 본 게임에 돌입한다. 포털이 매체별 배분액을 산정하는 주요 기준이 조회수인 탓이다. 사실 확인 없이 무분별하게 뿌려지는 자극적인 가십 기사, 빠른 선택을 받기 위한 선동적이고 당파적인 기사들은 이렇게 포털 뉴스판을 메우게 됐다.

포털은 늘 "뉴스로부터 얻는 수익은 없고 골치만 아프다"라고 주장하지만, 포털 접속시 가장 눈에 띄는 콘텐츠가 뉴스라는 건 부인하기 힘들다. 뉴스 섹션의 광고 수익 전부를 언론사에 돌려주는 건 그 이상 남는 것이 있기 때문이라고 보는 게 합리적이다. 언론은 언론대로 네이버와의 결별 이후를 그리기 쉽지 않다. 각 언론이 네이버 뉴스를 통해 확보한 100만~500만의 구독자는 오프라인에서는 상상할 수 없는 숫자다. 특히 광고 수익 모델로 전환한 뒤 언론사가 정산받는 금액이 30~50%가량 늘었고, 네이버가 3년간 손실을 보전하겠다는 제안까지 하면서 예년보다 많은 이익을 얻고 있다. 과연 언론사들이 이 모든 걸 초기화하고 새 판에서 시작한다는 엄두를 낼까.

그럼에도 변화의 싹은 꿈틀대기 시작했다. 지금의 디지털 뉴스 플랫폼 환경을 방치해서는 안 된다는 사회적 공감대가 임계점에 이르렀기 때문이다. 『미디어오늘』은 「2022년 한국 언론의 어젠다 '탈 포털'」이라는 기사에서 "이제 언론의 '탈 포털'이라는 화두는 선언적 표현이 아니라 현실이 되고 있다"라며 최근 급격히 바뀐 분위기를 전했다. 이는 유튜브 뉴스 이용률이 크게 늘고, 매체별 구독모델, 유료화, 뉴스레터 등 포털 밖 뉴스 시장이 확대되는 경향을 말한다.

어느 때보다 활발했던 언론계의 출구전략 찾기는 2022년 공동 뉴스 포털 설립 추진으로 한층 더 힘을 받았다. 민영 포털에 디지털 뉴스 유통을 의존하는 과정에서 저널리즘 품질 저하, 언론의 자생력 상실 등 여러 부작용이 발생한 만큼 공공적 성격의 플랫폼으로 답을 찾자는 움직임이다.

관건은 공공성과 저널리즘 품질을 눈에 띄게 강화하는 차별화에 성공하느냐, 언론사 참여 및 독자 이용 활성화를 견인할 수 있느냐 여부다. 네이버와 카카오의 독과점 상황에 익숙해진 이용자들의 체질을 근본적으로 바꾸기 쉽지 않고, 광고 등 추가 수익 확보를 위해 경쟁하는 과정에서 또다시 질 낮은 기사를 양산할 우려도 있다.

포털도 예전만 못해진 뉴스의 위상에 고민이 커지는 모습이다. 2018년 이후에는 뉴스 서비스 의존도를 줄이는 개편 방향이 일관되게 이어졌다. 결국 포털 뉴스 서비스의 핵심인 인링크 방식을 아웃링크로 전환하는 방안으로 돌아갈 조짐을 보인다. 2022년 8월 다음이 먼저 모바일 뉴스 탭에 한해 한 달 단위로 아웃링크 선택을 가능하게 했고, 네이버도 2023년 4월부터 6개월 단위로 각 언론에 모바일, PC 뉴스탭의 아웃링크 선택권을 주기로 했다.

이 같은 조치로 포털은 뉴스에 미치는 영향력을 줄여 사업 구조를 건전화하고, 언론은 아웃링크로 확보한 독자 데이터를 좀 더 책임감을 갖고 관리해 자립 기반을 만들 수 있을 것이란 기대를 모은다. 그러나 아웃링크는 과거 한번 시도됐다가 더 적나라한 클릭 경쟁으로 인한 부작용 때문에 폐기된 바 있는 방식이다. 막상 인링크 방식에 길들여진 언론, 규모가 작은 매체들이 대형 포털에 안주할 확률도 높다. 이런 이유로 실질적인 효과 여부는 더 지켜볼 지점이다.

언론사의 댓글 관리, 선택이 아닌 필수

댓글을 남기려면 '이름'과 '지역'을 제공해야 합니다. 두 정보는 NYTimes.com에 공개됩니다. 이는 이곳 온라인 커뮤니티의 발전을 촉진하기 위한 조치이며, 작성자의 책임 강화 및 합법적 이용자 여부를 확인하기 위한 것입니다.

_『뉴욕타임스』 댓글 정책 중에서

공격적인 언어, 독설이나 비방, 타인을 존중하지 않는 댓글, 태생적인 특성과 관련해 비하하는 행위 등은 게시 금지됩니다. 댓글은 반드시 기사 주제를 벗어나지 않아야 합니다. 우리는 어떤 댓글이든 삭제할 권리가 있습니다.

_『월스트리트저널』 댓글 정책 중에서

표현의 자유와 관련해 한국은 여전히 '어떤 상황에도 개인의 의견 표명에 개입해서는 안 된다'는 논의에 머무르곤 한다. 검열의 공포가 강조되는 것에 비해 자유에 수반되는 책임은 그만큼 무겁게 다루어지지 않는다.

나의 표현의 자유가 중요하다는 관념을 말하는 것에 그치다 보니 그로 인해 타인의 존엄이 침해될 가능성에는 상대적으로 둔감하다. 모두의 표현의 자유가 잘 보장되고 있는지 전체적으로 검토하는 시각이 부족한 것이다. 언론사 댓글 정책도 이러한 사회적 분위기에 맞추어 최소한의 대응만 하고 있다.

해외 언론의 댓글 정책은 조금 다르다. 의견 표명의 자유가 분명히 주어지지만, 책임도 확실히 지도록 한다. 매우 상세하게 고안된 댓글 규칙이 각 언론사 웹사이트에 명시되어 있다. 최근 추세를 보면 댓글을 실명제에 가깝게 운영하고, 관리자 검토를 거쳐 노출시키며, 댓글 수정·삭제에 대한 언론사의 권리를 강조하는 점이 눈에 띈다. 기자에 대한 공격에 회사 차원에서 엄격한 대응을 하는 것도 공통점이다.

포털이 아닌 각 언론사 웹사이트에서 뉴스 소비가 이루어지는 해외에서는 각 매체가 뚜렷한 주인의식을 갖고 공론장을 관리하려고 한다. 많은 언론사가 댓글 섹션 맨 윗부분에 '댓글창이 엄격히 관리되고 있음'을 알리는 문구를 표시한다.

각사가 설정한 댓글 작성 가이드라인도 매우 구체적이다. 『월스트리트저널』의 경우 음성으로 읽을 때 8분 분량에 달했다. 다음은 『뉴욕타임스』와 『월스트리트저널』이 제공하는 댓글 정책 중 주요 항목을 추린 것이다.

『뉴욕타임스The New York Times』
· 주제를 벗어나거나 독설적이지 않는 한 대부분의 댓글은 게시되지만 커뮤니티 팀에 의해 신중하고 주관적인 조정 결정이 내려질 수 있다.
· 기사에 대한 강한 의견과 비판을 환영하며, 기사에서 논의하는 내용에 대한 것인 한 비판적인 댓글을 승인함에 주저함이 없을 것이다.
· 다음과 같은 경우는 게시가 금지된다. 비방적 명명name-calling●, 개인적 공격, 외설적이고 천박한 내용, 신성모독, 상업적 홍보, 사칭, 비논리적인 댓글, 고함

● 인물이나 주장을 매도하기 위해 악의적 이름을 붙이는 것으로 '빨갱이' '매국노' '꼴페미' '병신' 같은 예가 있다.

치기, 자사 기자에 대한 개인적인 공격, 댓글 검토 정책에 대한 과도한 논평 등.

· 일반적으로 댓글창은 기사 발행 후 24시간 동안 열어놓으며, 이후에는 닫는다. 댓글 검토 담당자들은 새 기사의 댓글창을 관리하러 이동한다. 보다 광범위한 기사에서 시민적인 댓글_{civil comments}이 달릴 수 있도록 관리하기 위한 현실적인 조치다.

· 『뉴욕타임스』는 기사 댓글에 대해 다양한 방식으로 활용하거나 전시할 권리가 있다. 이용자가 단 댓글은 구글·야후 같은 웹사이트에서 검색할 수 있다. 댓글 작성자에게 후속 인터뷰를 요청하기 위해 자사 기자가 때때로 이메일을 보낼 수 있다.

『월스트리트저널The Wall Street Journal』

· 댓글 작성자는 실명을 사용해야 한다. 우리는 사려 깊은 토론을 존중하며, 실명 사용이 이용자에게 책임을 부여한다는 것을 발견했다. 이러한 조치에 따라 작성된 댓글은 WSJ 독자층의 전문적 명성을 높이는 데 기여하며, 우리는 이러한 훌륭한 독자를 보유했다는 점이 자랑스럽다.

· 모든 댓글은 WSJ 로그인 이용자들에게만 보인다.

· 기사에 대한 건설적 비판을 환영한다. 다만 자사 기자들에 대한 개인적 공격, 기사 내용을 호도하는 악의적 댓글은 용납하지 않는다.

· 참여자들은 자신의 신분을 사실과 다르게 표현해서는 안 된다.

· 누군가를 공격하고 괴롭히거나 위협하는 댓글, 폭력을 조장하는 댓글, 타인에게 해를 끼치고 싶어하는 발언, 타인의 독점적 권리나 사생활을 침해하는 내용을 작성해선 안 된다.

· 뉴스 기사의 댓글은 기사 주제 안에서 작성해야 하며, 오피니언 기사의 댓글은 다른 규칙을 모두 준수하는 한 어떤 내용이든 작성할 수 있다.

· 고의로 허위 정보나 오해의 소지가 있는 댓글을 쓸 경우, 조직적인 캠페인성 댓글에 해당할 경우 게시가 금지된다.

『뉴욕타임스』『월스트리트저널』『워싱턴포스트』등 많은 언론이 자체 검토를 거쳐 댓글을 표시하고 있다. 언론사가 댓글창을 관리한다는 개념이 자리잡혔다는 의미다. 관리를 하려면 이 일을 전담하는 인력이 필요하다. 해외 매체들은 커뮤니티팀 등의 이름으로 댓글 검토 담당자를 운영하며, 현실적으로 관리가 가능한 범위 내에서 댓글창을 열어둘 기사를 선택한다.

『뉴욕타임스』는 전체 기사 중 다양성을 고려해 선정한 일부만 딱 24시간 동안 댓글창을 운영한다. 『월스트리트저널』은 기사 발행 후 나흘 동안만 댓글창을 열어둔다. 제대로 관리하지 못할 바에는 댓글창을 부분적으로 닫아서 얻는 효과가 더 크다고 보기에 내린 결정이다.

『가디언The Guardian』은 이민이나 인종과 같은 논쟁이 될 만한 주제의 기사에는 댓글을 막고 있다. 자사 온라인 사이트에 남겨진 7000만 개의 댓글을 분석한 결과, 여성과 소수집단에 대한 괴롭힘이 특히 심각한 것으로 판단했기 때문이다. 『가디언』독자 담당 주필인 메리 해밀턴은 "토론이 모욕적이 아니라 건설적인 방향으로 흐르도록 하려는 조치"라고 설명했다.

자체적으로 댓글창을 운영하는 해외 언론사 웹사이트에서는 기사 주제를 벗어난 댓글, 누군가를 공격하는 댓글, 고의로 퍼뜨리는 허위 정보나 조직적 움직임이 포착된 댓글 등은 가차 없이 삭제된다. 표현의 자유라는 가치를 지키기 위해 이용자에게 책임을 다할 것을 당당히 요구하며, 룰을 준수한 이들에게만 공론장을 사용할 권리가 부여된다. 그 결과 이들 언론의 댓글창에는 대체로 기사 내용과 연관된 풍부하고 깊이 있는 토론이 벌어지는 모습을 볼 수 있다.

물론 댓글을 사전 검토한다는 규정이 대중적으로 받아들여지려면 반드시 관리 주체에 대한 신뢰가 담보되어야 한다. 전반적인 신뢰도가 낮은 한국 사회에서 가장 도전적인 과제가 될 만한 부분이다. 한국의 뉴스 소비가 주로 포털에서 이뤄지는 만큼 언론사가 아닌 포털이 댓글 관리에 나서 조정 임무를 수행하는 데 대한 반감, 편향성 공격 등이 따라올 수 있다.

반면 CNN과 로이터통신, BBC 등은 과감히 댓글창 없이 가는 쪽이다. 이들 매체는 게시판이나 SNS로만 독자의견을 받고 있다. 극히 일부 방문자만 댓글을 달아 댓글의 대표성이 떨어지거나 댓글이 온라인 여론을 왜곡한다는 이유에서다.[84] 영미권에서는 2010년대 중반부터 일찌감치 온라인 뉴스 서비스의 기본 요소로 꼽혔던 댓글 기능을 없애는 분위기가 있었다. 악성 댓글이 독자를 불쾌하게 만드는 문제를 심각하게 보았고, SNS의 발달로 기사 관련 토론을 할 장소가 충분히 있다는 인식도 한몫했다. 2014년 11

일본 야후 뉴스에서는 2022년 11월 중순부터 댓글을 쓰려면 휴대전화 번호를 등록하게 했다. 문제가 심각한 뉴스의 댓글 기능을 폐쇄하고, 2018년 6월부터는 악플을 반복하는 ID는 이용을 정지시켰음에도 그다지 효과가 없자 강수를 둔 것이다.(시사인, 2023년 1월 14일, 799호)

월 '댓글 폐지 선언'을 한 로이터통신을 비롯해 미국 공영라디오 NPR, 테크 전문매체 『리코드recode』, 과학기술 매체 『파퓰러 사이언스Popular Science』 등이 줄줄이 댓글 폐지에 동참했다. 역사 깊은 시사주간지 『아틀랜틱The Atlantic』은 웹사이트 댓글 기능을 없애는 대신 우수한 독자의견을 모아 투고 섹션에 발표하는 제도를 도입했다.

하버드대학교 부설 저널리즘연구소인 니먼랩Nieman Journalism Lab은 이 무렵 뉴스 댓글을 폐지한 언론사 일곱 곳을 1년 뒤 찾아가 댓글창 없이 지낸 시간이 어땠느냐고 물었다.[85] 그 결과 일곱 개 매체 중 여섯 곳에서 "댓글창을 되살리지 않겠다"라고 답했다.

로이터통신은 댓글창 폐쇄를 유지하기로 한 이유에 대해 "댓글은 독자와의 관계 맺기에서 주요 수단이 아니었으며, 우리 독자층의 다양성과 비옥함을 반영하지 못하는 대표성 탓에 댓글창에서는 특별히 유의미한 논의가 오가지 않았기 때문"이라고 밝혔다.

니먼랩은 약 6년 뒤인 2021년 CNN『뉴욕타임스』『워싱턴포스트』관계자들과 뉴스 댓글의 미래에 대해 또 한 번 논의한 내용을 소개했다.[86] 이들은 댓글창에 대한 대중의 목적은 늘 분명하지만은 않으며, 적절한 방향성 제시 없이는 편협함의 온상이 되기 십상이라고 입을 모았다. 허위 정보 확산과 개인에 대한 공격은 댓글창이 불러온 가장 심각한 위험 요소로 인식됐다. 댓글 관리자 Comment Moderator를 좀 더 체계적으로 양성할 필요가 있다는 목소리도 나왔다. 댓글 관리자는 다양성을 고려해 선발되어야 하며, 일부 충성 독자나 열성적 댓글러를 넘어 다양한 독자층의 참여에 기여할 수 있어야 한다는 지적도 함께 있었다.

"우리는 원래 매우 탄탄한 고품질의 댓글 섹션 및 댓글러 공동체를 보유하고 있었습니다. 그러다 '드러지 리포트'•에 링크가 걸리면서 그 좋은 공동체가 빠르게 해체되었습니다. 수많은 새로운 독자가 유입되어 댓글 섹션을 장악했는데 그들은 우리 매체에는 관심

• 매트 드러지가 발행하는 보수 성향의 1인 미디어이자 뉴스 기사를 모아서 보여주는 큐레이션 서비스. '드러지 리포트'에 링크가 걸린 기사는 엄청난 트래픽을 얻으면서 최고의 '뉴스 트래픽 제조기'로 널리 알려짐.

이 없는 이들이었습니다. 댓글 공동체 규모를 키운다면 여기에 정말 많은 시간을 쏟아야겠다고 깨닫게 된 계기였죠."[87]

미국의 온라인 뉴스 스타트업 Mic를 운영하는 크리스토퍼 알첵에게 2012년은 잊을 수 없는 해였다. 한국의 포털 뉴스 좌판과 비슷한 느낌을 주는 뉴스 큐레이션 서비스인 '드러지 리포트'에 Mic 기사가 소개되면서 한순간에 멀쩡하던 댓글창이 망가지는 것을 목격한 것이다. 트래픽은 폭발했지만, 새로 독자가 되어 댓글창을 메운 이들은 진짜 독자라고 할 수 없었다. 기사나 매체에 대한 관심 없이 분위기에 휩쓸려 우르르 몰려온 이들이었기 때문이다. 소규모 독자가 충실한 댓글로 소통하던 공동체는 더 이상 존재하지 않았다. 약 3년 뒤 Mic는 댓글 섹션의 수명이 다했다고 보고 문을 닫기에 이른다. 알첵은 "모든 제품이 그렇듯 더는 필요하지 않은 기능을 제거했을 뿐"이라고 설명했다.

이 사례에서 주목할 점은, 언론사 웹사이트에서 구독자들끼리만 있을 땐 잘 운영되던 댓글창이 엄청난 외부 유입과 함께 무너져 버린 대목이다. 이용자라는 변수에 온라인 공론장이 얼마나 속수무책으로 휘둘릴 수 있는지, 댓글창을 관리하는 것이 얼마나 중요한지 잘 보여준다. 한국에서는 포털 뉴스의 등장이 그런 역할을 했다. Mic가 겪은 것과 같은 변화를 모든 매체가 경험한 셈이다.

'싫어요' 표시를 없애는 이유

온라인에서 극대화되어 표출되는 사람들의 적개심은 댓글창을 더욱 난폭하게 만드는 주요 원인이다. 이 감정을 원천적으로 차단할 수 없다면 적어도 눈에 보이지 않게 하자는 움직임이 나타나기 시작했다. 여러 플랫폼에서 콘텐츠에 대한 부정적 감정 표현을 표시되지 않게 함으로써 최소한의 브레이크를 걸고자 한 것이다. 일각에서 반발의 목소리가 나왔지만, 애초에 '비공 테러' '싫테' '접기 테러'● 등으로 애꿎은 피해자가 양산되고 있던 상황에서 인터넷 사업자가 아무 조치도 취하지 않는 것이 더 문제일 수 있다.

유튜브는 2021년 11월 영상에 표시된 '싫어요' 숫자가 공개되지 않도록 시스템을 바꿨다. 일부 조작 세력이 특정 유튜브 채널과 크리에이터에게 집단적으로 '싫어요'를 누르는 공격을 막기 위해서다. 유튜브는 "플랫폼을 위해 올바른 일이라고 생각한다. 크리에이터를 괴롭힘으로부터 보호하기 위한 여러 조치 중 하나이며, 이를 위한 투자를 아끼지 않을 것"이라고 강조했다. 앞서 유튜브는 '싫어요' 숨기기 실험을 통해 영상을 싫어하는 사람 수를 보여주지 않으면 관련 공격 행위가 줄어든다는 것을 발견했고, 이 결과를 반영해 공감 표시 부분을 업데이트했다. 플랫폼 사용자의 혐오감을 숨겨달라는 크리에이터들의 피드백도 많았다고 한다.

부당하게 '싫어요' 공격의 표적이 되는 대상은 소규모 채널이거

● 디지털 플랫폼에서 특정인을 겨냥해 '비공감' 테러, '싫어요' 테러, '댓글 접기' 기능 등을 공격 수단으로 쓰는 행위.

나 신규 크리에이터가 많았다. 공격에 대한 방어 능력이 상대적으로 낮고, 반격해줄 지지층이 적은 곳이 쉽게 타깃이 됐다. 그만큼 정복하기 쉽고 타격감도 즉각적으로 느낄 수 있기 때문일 것이다. 이들의 무차별적 공격을 저지하는 것은 공격 행위의 효능감을 약화시킴으로써 어느 정도 가능하다. '싫어요'를 눌러도 누른 티가 나지 않고, '싫어요' 숫자가 올라가는 것도 보이지 않으면 재미가 없어져 괴롭힘 놀이를 그만둘 확률이 높아진다.

단순하게도 전투 장면이 눈에 보이지 않으면 실제로 공격이 줄어드는 효과가 있다. 그만큼 군중심리에 휩쓸리고 있다는 얘기다. 유튜브 댓글창에도 누구나 댓글을 쓸 수 있도록 완전히 열어두었을 때보다 '검토 후 승인된 댓글'만 공개되도록 했을 때 악플이 확연히 줄어드는 것을 볼 수 있다.

2022년 4월에는 네이버 뉴스가 기사에 대한 반응 버튼을 긍정 표현으로만 채우는 개편을 단행했다. 기존에 제공하던 '좋아요' '훈훈해요' '슬퍼요' '화나요' '후속기사 원해요' 등의 감정 버튼을 '쏠쏠정보' '흥미진진' '공감백배' '분석탁월' '후속강추' 등 다섯 가지 추천 버튼으로 교체했다. 단순 감정 표현 단계에 그치던 선택지에서 기사의 뉴스 가치를 구체적으로 평가할 수 있게 된 점이 눈에 띈다. 특히 기존 '화나요' 버튼은 기사에 대한 정당한 평가라기보다 기자나 언론사에 대한 개인적 공격을 포함해 피드백으로서 부적절하다는 지적이 있어 왔다. '싫어요'를 보이지 않게 한 유튜브 업데이트와 마찬가지로 네이버 뉴스도 부정적인 감정을 버튼에서 제외함으로써 '긍정 편향'의 방향성을 따랐다. 안 좋은 감정이 빠르게 전이되고 댓글창에서의 확전으로 이어지는 통제 불가능한 흐름을 끊어준다는 효과를 기대할 수 있다. 좋은 기사를 '좋다'고 더 많이 표현하고, '왜, 무엇이 좋았는지' 평가함으로써 우리 사회에 희소했던 좋은 언론에 힘 실어주기 시도가 촉진될 것이라는 전망도 나온다.[88]

네이버 뉴스가 부정 표현을 없애고 긍정 표현만 남기자 어떤 변화가 있었을까. 이용자의 감정 표현 자체가 절반 수준으로 떨어졌다. 학술지식 콘텐츠 스타트업 언더스코어Underscore가 『미디어오늘』과 함께 네이버 뉴스 공감 버튼 개편 전후 4553개 기사를 대상으로 분석한 결과, 개편 이전 1.62%이던 공감 버튼 클릭률이 개편 이후 0.64%로 급감했다.[89] 댓글 작성 패턴에서는 네이버에서 소수파인 민주당 성향 이용자들의 대댓글 작성률이 늘어났다.

언더스코어는 "네이버의 버튼 변경은 단순히 기사 참여자 입장에서 공격성을 표현할 수 있는 방식을 제한할 뿐만 아니라, 해당 버튼을 보는 입장에서 공격성을 덜 체감하게끔 하는 효과도 있다"라며 "자연스레 네이버 플랫폼의 유저들 중 (상대적으로) 소수 의견이었던 민주당 성향 유저들의 심리적 부담이 줄어들게끔 도우며, 평균적인 여론에 반대되는 의견을 개진하기에 보다 수월한 환경을 조성했다"라고 분석했다.

'관먹금'으로는
부족하다

$\heartsuit$ $\heartsuit$ $\odot$ $\boxed{\nearrow}$ $\square$

침묵의 나선을 끊고 행동하기

오늘날 온라인 공론장에서 난동을 부리는 악플과 처참한 댓글 문화를 대면하는 것은 성숙하지 못한 시민성의 집합체 속으로 뛰어드는 것과 같다. 뉴미디어 시대에 걸맞게 업데이트되지 못한 시민교육, 악플러와 어그로꾼에게 일방적으로 휘둘리며 피해자를 양산해온 현실, 악플러 집단의 선 넘는 트롤링에 제동을 걸어야 할 정치인·언론인·지식인의 방관이 상황을 여기까지 끌고 왔다. 이러한 광장에 환멸을 느낀 시민은 공론장을 지키기 위한 자정을 촉구하기보다 안전한 자신만의 밀실로 숨어들었다. 지금 가장 필요한 움직임은 그 밀실에서 나오기 위해 첫발을 떼는 것이다.

이를 위해 가장 먼저 소환할 개념이 디지털 시민성이다. 디지털 시민성이란 '디지털 혁명의 시대에 시민들이 더 책임감 있고 역동적으로 참여할 수 있는 역량'을 말한다. 현재 우리의 디지털 시민성은 초라한 수준이다. 혐오와 분노가 온라인 담론 전반을 주도하고 어지럽히게 된 상황이 이를 반영한다. 댓글을 작성하지 않는 사람이 많다는 것조차도 낮은 시민성의 결과값 중 하나다. 무례하고 폭력적인 댓글 환경이 이들을 몰아낸 무대 뒤편에는 이를 바로잡기엔 역부족인 시민사회적 역량의 한계가 있다.

지금과 같은 상황에서 무대응·무반응으로 일관하는 것은 더럽혀지고 손상된 공론장을 방치하는 일일 뿐이다. 우리의 공동체를 망치는 도발과 공격은 매분 매초 이루어지고, 그로 인한 피해자가 늘어나고 있는데 팔짱 끼고 보고만 있는 셈이다. '나만 아니면 돼' 정신이 팽배한 사회에서 디지털 시민성을 높이는 것이 가능할까. 이미 공론장을 점령한 세력을 몰아내는 것이 과연 가능한 일일까. 관먹금•은 더 이상 답이 아니다. 이것만으로는 절대 문제를 해결할 수 없다.

커뮤니케이션학 이론 중에 '침묵의 나선Spiral of Silence'이라는 개념이 있다. 소수의견을 가졌거나 그렇다고 믿는 사람들이 고립에 대한 공포로 인해 침묵하려 하고, 그 때문에 이들의 의견이 점점 더 지분을 잃어가는 현상을 의미한다. 소수자의 침묵은 자연스럽게 자신의 발언권 축소로 이어진다. 침묵의 나선은 대중매체에 의해 지배적인 것으로 표현된 의견에 사람들이 쉽게 반기를 들기 어

• 관종(관심 구걸 종자)에게 먹이 주는 것을 금지하라는 뜻의 신조어. 일부러 타인을 기분 나쁘게 하는 이들의 도발에 휘말리지 말고 그냥 무시하라는 지침을 담고 있다.

려운 상황을 설명해준다. 사람들은 사회에서 자신의 견해가 다수 의견에 속하면 공개적으로 이를 표명하지만, 그렇지 않을 경우 입을 닫는 경향이 있다. 양쪽 다 그것이 이득이라 믿기 때문이다. 결과적으로 다수의 지지를 받는 의견은 더욱 힘을 얻게 되고, 소수 의견은 점차 힘을 잃게 된다. 양극화를 부추기는 인지적 왜곡 중 하나인 편승효과bandwagon effect도 맥락이 비슷하다. 편승효과에 지배된 이들은 모든 것을 다른 사람들이 생각하는 것과 마찬가지로 생각하려고 든다. 주변 사람들과 똑같은 방식으로 생각할 때 편안해하고, 그렇지 않을 때 불편해하는 것이다.

이러한 현상의 근본 원인으로 지목되는 것은 사회적 동물인 인간의 속성, '고립의 두려움'이다. 자신이 속한 공동체나 사회로부터 거부당하고 소외되는 것이 무서운 사람들은, 이를 회피하기 위해 여론의 향방을 끊임없이 확인하고 구분하려는 욕망을 갖게 되었다. 뉴스 기사에 달린 댓글 반응은 이를 손쉽게 살펴볼 수 있는 공간으로 여겨졌다. 이런 수단을 찾아냈다는 반가움에 너무 취한 나머지 이것이 진짜 여론을 반영하는지, 다수의 의견만 자꾸 과대 대표되고 보편화되는 것이 바람직한지 등을 따져보는 데는 소홀해지고 말았다.

우리는 이 같은 본능적 욕구에 저항할 필요가 있다. 침묵의 나선을 끊고, 남들이 타니까 그냥 따라 탄 마차에서 내려와야 한다. 조금 귀찮더라도 하나하나 검증하고, 스스로 생각해 판단하는 역량을 기르면서 말이다. 현 실태는 국민 대부분이 문자를 읽을 줄 알지만, 실질적 '미디어 문맹률'은 현저히 떨어지는 상황이다. 정보 기술 강국 반열에 올라섰음에도 매체를 비판적으로 이해하고 평가하는 미디어 리터러시 능력은 수준 미달 상태라는 것을 인정하고, 그 간극을 좁히는 데 교육의 초점이 맞춰져야 한다.

디지털 혁명의 시대에 실제로 얼마나 많은 여론 왜곡과 허위 정보가 판치고 있는지 안다면, 다수의견을 그저 따라가는 것이 나의 생존과 안전을 역으로 위협할 수도 있음을 깨닫게 된다. 다수의 사람이 틀린 길을 가기는 쉽지 않다고 여길 수 있지만, 이제는 어느 때보다 그것이 가능한 시대가 됐다는 사실에 경각심을 가질 때다. 잘못된 다수의 무리에 들어가게 된다면 특정 세력에 선동당하는 일원이 될 수 있음은 물론, 무고한 누군가를 단체로 공격하는 식의 폭력에도 일조하게 된다.

서울대 언론정보학과 교수 이은주는 침묵의 나선 이론의 핵심으로 "실상은 그렇지 않을지라도 자기 의견이 소수라 생각하는 사람들이 입을 다물면 그에 동조하는 입장은 들을 기회가 없어지게 되고, 결과적으로 드러나지 않는 의견은 실제로 소수의견으로 전락하게 된다는 것"을 꼽으며, "이때 실제 다수의견이 무엇인지 판단할 중요한 단서를 제공하는 역할을 언론이 해왔는데, 오늘날에는 댓글이나 SNS가 그 역할을 하게 됐다"고 지적했다.[90] 뉴스 댓글에 드러나는 여론을 사람들은 '진정성' 있는 것으로 인식해 판단기준으로 삼곤 하는데, 바로 그 이유 때문에 여론을 호도하려는 세력이 이곳에 가장 공을 들인다는 점을 명심할 필요가 있다.

그렇기에 대항 발언counter speech의 중요성이 어느 때보다 커졌다. 혐오·증오 표현에 대항하는 발언을 함으로써 맞서는 전략을 의미하는 대항 발언은 침묵의 나선을 깨기 위한 가장 효과적인 움직임이다. 철학자이자 젠더 이론가인 주디스 버틀러는『혐오 발언』에서 국가 개입과 법적 규제보다 더 바람직한 해법으로 대항 발언이라는 맞대응을 제안한다. 모욕적인 발언에 대한 저항적 전유나 재수행, 정치적 실천으로서 맞받아치기, 전복하기, 해체하기 등을 하자는 것이다.

이는 국가와 권력이 나서는 것보다 더 유용하고 절실한 방법으로서 시민의 역할이 부각되는 지점이다. 기득권이 사사로운 목적으로 온라인 공론장을 점령해온 역사를 떠올리면 그들 손에 문제 해결을 맡기는 것이 과연 적절하냐고 반문할 수 있다. 버틀러는 이런 관점에서 법의 호명에 신성한 권력, 마법 같은 효력은 존재하지 않으며, 법적 조치가 근본 대책이 될 수 없다고 주장한다. 법을 집행하는 국가가 혐오 발언을 생산하는 마당에 약자를 보호하려는 입법 의도가 불가피하게 오용되지 않을 도리가 있겠느냐는 지적이다. 실제로 국가의 판결이 소수자에게 불리하게 나는 경우를 우리는 숱하게 봐왔으며, 혐오 발언 규제시 맞받아치는 말이 함께 금지되거나 먼저 처벌되는 사례가 없으리라는 보장이 없다. 법의 말, 국가의 발언, 공적 영역의 목소리는 주로 주류 쪽의 언어나 견해이기 때문이다.

되받아쳐 말하기talking back에는 법으로는 할 수 없는 수행적인 효과가 있다. 버틀러에 따르면 혐오 발언이 피해자들을 꼭 파괴하거나 침묵시키거나 종속시키지 않을 수 있다. 혐오 발언은 일견 "건네받은 자를 침묵시키고자 하는 행위에 해당"하지만, "자신의 예측되지 않은 잔여로서 침묵된 자들의 어휘 내에서 되살아날 수 있는 것"이기도 하다. 혐오 발언은 일종의 '호명'이며, 발언의 수신자가 이에 대한 응답으로 예측 불가능하거나 공격적인 재전유, 담론적 저항을 통해 반격할 계기를 제공할 수 있다.[91]

부적절한 댓글이 공론장에 나타나는 정도는 사람들의 의견 표현 결정에 영향을 끼친다. 연구에 따르면 예의 있는civil 댓글보다 무례한uncivil 댓글을 볼수록 댓글창에서 의견 표현을 하는 경향이 낮아졌다.[92] 무례하고 감정적인 댓글은 불필요한 욕설이나 추담이 많기에 논거를 갖고 설득하는 일이 무의미하게 느껴지기 때문이다. 특히 그들이 다수일 때 소수자들은 굳이 상반된 의견을 표현해 충돌하는 일을 꺼리게 된다. 반대로 예의 있는 댓글이 많을수록 소수의견 입장자의 의견 표현 의지는 더 높아지는 것으로 나타났다. 무례한 댓글을 견제하는 시도는 이러한 구도를 유지하기 위한 효과적인 방안이 될 수 있다.

'개소리'에 또 당하지 않으려면

아무리 봐도 소시지를 집는 엄지와 검지 손가락 모양이 요상하다.

온라인에서 '남성 혐오' 의혹이 제기된 GS25 포스터와 그에 대한 기업의 사과문.

이건 남성 혐오 사이트 '메갈'의 로고와 유사한데, 한국 남성의 작은 성기를 조롱하는 의미임. 포스터 문구에서 각 단어 마지막 알파벳을 역순 조합하면 'megl'로 '메갈megal'을 연상시키는 단어가 되는 것도 이상함. 결론은 빼박(빼도 박도 못하게) '메갈'.

2021년 5월 편의점 GS25의 홍보 포스터 이미지 하나가 온라인을 뜨겁게 달궜다. 'GS25가 남혐 사상을 전파하기 위해 포스터에 일부러 메갈 로고 등을 집어넣었다'는 위와 같은 음모론이 일파만파 퍼져나가면서다. GS25는 시작에 불과했다. 이내 모든 기관 포스터들에서 비슷한 손가락 모양을 찾아내는 '메갈 색출' 움직임으로 번졌다. 일부 남초 커뮤니티를 중심으로 제기된 이 억지 주장은 밈처럼 등장해 순식간에 공론장을 집어삼키더니 별안간 언론과 기업, 각종 공공기관 등에 의해 심각한 젠더 이슈이자 소비자 불만사항으로 다뤄지기에 이른다.

일명 '집게손 논란'으로 불리는 이 사건은 공론장을 엉망으로 만드는 '개소리'의 해악을 종합선물세트처럼 보여준 사례다. 그 첫 단계는 말 같지 않은 말이 말의 지위를 얻는 과정이다. 엄지와 검지로 무언가를 집어드는 행위는 너무나 일상적임에도 이 사건에서는 일부 남성들이 '오해할 만한' 요소를 포함했다는 이유로 공론화 대상이 되었다.

① '메갈리아' 로고는 남성 성기를 비하했다.
② 포스터 속 집게손 이미지는 '메갈' 로고를 의미한다.

①번이 참이라고 해서 ②번이 참이 되는가? ②번이 참이라는 근거는 이들이 그런 것 같다고 느끼는 '감정' 말고는 어디에도 없지만, 진실인 양 포장되어 공론장에 올라왔다. 그리고 놀랍게도 정당성을 획득하기까지 했다. 어떤 검증도 없이 말이다. '메갈리아'가 무려 6년 전인 2015년 8~11월 단 4개월간 존재하고 사라진 커뮤니티라는 사실 역시 알 바가 아니었다. 단지 이들이 집요하게 사과를 요구했다는 이유로, 목소리가 크다는 이유로 기관들은 정중한 사과문을 올리고 언론은 기사를 써댔다.

GS25는 담당 마케팅팀장을 보직 해임하고 포스터 디자이너를 징계했으며, 비슷한 의혹 제기에 직면한 행정안전부·국립중앙도서관·전쟁기념관 등은 "혐오의 의도는 없었지만 불편하게 해드려 죄송하다. 앞으로 더 주의하겠다"라는 사과문을 내놨다. 혐오의 의도가 없다면서 왜 징계 조치를 하고 사과를 할까. 이런 태도는 정치적 효능감을 안김으로써 악성 소비자의 버릇을 나쁘게 한다. 그냥 던져본 미끼를 기관들이 덥석 물자, 신이 난 이들은 "사회에서 늘 무시당하던 우리의 말이 처음으로 받아들여졌다"라며 고무되더니 한동안 집게손 찾기 놀이에 빠져들었다. '받아들여지니 옳은 것'이라는 전도된 논리가 성공할 때, 우리 사회의 합리적 소통의 기반은 무너진다고 칼럼니스트 위근우는 지적했다.[93]

당장의 소란만 덮으면 그만이라는 식의 관성적 대응은 결과적으로 개소리를 지지하고 구체적인 피해자를 양산한다. 유료 클립아트 이미지를 가져다 썼을 뿐인 디자이너가 여러 차례 의도가 없었다고 해명했음에도 불구하고, 「GS25 디자이너 "남혐 논란 오해" 해명에 "메갈 아닌 것 증명하라"」 같은 커뮤니티 발 기사가 계속 나왔다. 이런 전개가 온라인 공론장에 정교하게 짜인 혐오와 차별의 고리를 끊는 데 방해가 되는 것은 물론이다.

사과문, 재빠른 이미지 수정, 직원 징계, 젠더 갈등을 개탄하는 보도 등 각계의 반응은 매우 기민했음에도 이상하게 문제가 해결되기는커녕 자꾸만 커진 점에서 문제라고 느껴야 정상이다. 가장 엄중한 사과문을 발표했던 GS25에는 "거봐라. 얘네 남성 혐오 한 거 맞네! 불매운동 가즈아~"라는 역풍이 돌아왔다. 그 기세로만 보면 GS25는 우리나라에서 가장 남혐이 심한 기업임이 분명했다. 애초에 문제 제기의 실체가 없으므로 사과도 징계도 아무런 의미가 없었던 것이다. 각계에서 이 사건에 헐레벌떡 보인 모든 행태는 '집게손 남혐'이라는 키워드를 바이럴하는 데 기여했을 따름이었다. 이 과정을 무비판적으로 중계하기 바빴던 언론은 이번에도 허구의 혐오를 키우는 확성기 역할을 했다는 비판을 받았다.

"개소리는 거짓말과 달라요. 거짓말은 사실이 아니라는 게 밝혀지면 그냥 제거되거든요. 그런데 개소리는 거짓말이라는 게 밝혀져도 제거되지 않아요. 그 얘기를 계속 떠들면서 관심을 불러일으키고, 사람들이 마치 의미 있는 이야기인 것처럼 믿도록 만드는 거예요. 그걸로 목표를 다 한 거죠. 그렇기 때문에 개소리의 가장 큰 문제는 팩트체크 같은 걸로 해결이 안 된다는 거예요."[94]

여성학 연구자 권김현영은 GS25 사건이 보여준 '개소리의 정치학'을 이렇게 설명했다. 그는 개소리 전략이 5%의 진실과 95%의 서사로 만들어지며, 개소리를 진실로 만들어가는 서사를 짜면서 탄생한다고 진단했다. 감정 자체가 하나의 사실이 되는 세계관은 참과 거짓 대신 '진짜 같아 보이는 진실' '내가 믿고 싶은 진실'이 압도하는 세계를 만들어낸다. 그때부터는 진짜냐 가짜냐가 중요하지 않으니 공론장이 엉망이 된다. 혼돈 속에서 다들 헤매는 동안 이들은 조회수, 댓글 같은 '화력'을 동원해 주장을 밀어붙이며 상대를 굴복시키고 승리감을 나눈다.

민주주의를 위협하는 '개소리 학파'에 의해 우리 사회가 철저히 농락당한 이 사건은 한 편의 코미디로 기록될 것이다. 모르는 게 독이 됐다. 온라인 여론조작의 대표 전략이 된 개소리 트롤링의 구조를 전혀 이해하지 못했기에 사회 곳곳에서 우왕좌왕했다. 특별히 무엇을 할 것도 없는 일에 과하게 응대하다가 웃음거리가 되고 말았다. 헛소리에는 당연히 무시와 침묵으로 답했어야 한다. 기술만 발달한 정보기술 강국에서 형편없는 미디어 리터러시 수준을 유지한다면 이런 웃지 못할 해프닝은 반복될 것이다.

온라인 공론장을 또다시 허무하게 넘겨주지 않으려면 이 모든 과정에 대한 정확한 이해가 필수적이다. 잘못된 관심을 요구하는 세력에 빌미를 주지 않는 무관심 못지않게 '실제로 어떤 일이 일어나고 있는지'를 교육하는 것도 중요한 이유다. 비판적 리터러시를 갖출 기회가 주어지지 않은 채 카카오톡이나 유튜브가 전부인 세계를 살게 된 사람들은 거짓 정보에 그만큼 쉽게 넘어간다. 음모론이 범람하는 시대를 사는 구성원들의 부족한 뉴미디어 독해력은 우리 자신과 공동체를 취약하게 만드는 주요 원인이 된다.

지식과 상상력과
용기

$\heartsuit$ $\heartsuit$ $\bigcirc$ $\square$ $\square$

혐오에 속수무책인 사회로는 안 된다

"커뮤니티에 제 얼굴 사진을 올리고 외모를 비방하는 글 등을 보았을 때 이해가 되지 않았습니다. 사람을 외모로 비방하는 것은 공격 행위가 된다기보다는 자신들이 잘못되었다는 것을 보여주는 꼴인데, 그 공격이 유효할 것이라 생각하고 악플을 집단적으로 공유하며 즐거워하는 사람들을 보면서 인간이 이런 악의를 가질 수 있다는 것에 대해 많은 회의가 들었어요."

50만 구독자를 보유한 사이버 렉카 채널의 표적이 되어 1년 넘게 온라인에서 집단괴롭힘을 받아온 인권운동가 김주희는 악플을 보며 느낀 감정을 이렇게 표현했다. 악플 피해자들이 분노·공포·우울·불안 등을 경험하는 것은 악성 댓글 하나하나를 전부 진심으로 받아들이기 때문이 아니다. 악플을 쓰는 사람이 나에 대해 가진 그 악의 자체가 엄청난 충격이고 스트레스를 준다. 심지어 그런 이들이 한둘이 아닌 집단으로 몰려올 때, 인간과 사회에 대한 말할 수 없는 울적함이 밀려오는 걸 피해자들은 느낀다.

직접 악플 피해자가 되지 않더라도 누군가 사이버 공간에서 피해를 입는 현장을 숱하게 목격할 수 있는 시대다. 당사자는 물론 제삼자에게도 이런 통제되지 않는 혐오와 증오 가득한 댓글 테러를 보는 일은 상당한 무력감을 안긴다. 누군가를 실제로 죽음에 이르게 만들고도 처벌을 피해가고, 사냥감만 바꿔 같은 행위를 반복하는 것을 막지 못하는 사회는 많은 이들을 절망스럽게 한다. 싸울 힘이 남아 있지 않게 된 현실도 무리는 아니다.

그러나 포기하기에는 이르다. 혐오라는 망령에 속수무책 당하기만 할 수는 없다. 여론을 조작하고 비겁한 마녀사냥에 나서는, 사회 곳곳에 뿌리내린 혐오세력의 실체를 파악했다면 이제는 정말 제대로 맞서야 한다. 그 시작은 우리 사회의 '혐오 인지 감수성'을 키우는 일이다. 혐오와 차별에 무지한 사회에서 깨어나는 것이 첫 단계다.

피해자들이 세상을 떠날 때마다 악플이 사회적 문제로 떠오르지만, 매번 같은 패턴을 반복하는 것은 "혐오 문제를 제대로 범주화하지 못했기 때문"이라고 김주희는 말했다. 일리 있는 지적이다. 현재 우리 사회가 혐오 정서를 인식하는 수준은 '어떤 대상을

싫어하는 마음' 정도의 얄팍한 사전적 정의에 머물러 있기 때문이
다. '모든 혐오는 나쁘다' 수준의 뭉뚱그림으로 혐오의 진짜 해악
을 가려버리고 있지는 않은지도 돌아볼 대목이다. 사이버테러, 온
라인 스토킹, 성별화된 피해, 부정적 의도로 기획된 다양한 조직
적 캠페인 등 혐오라는 개념이 현실화하는 장면들을 훨씬 더 예리
하게 해부하지 않는 한 동료 시민을 향한 이토록 날 선 악의의 정
체를 설명해낼 수 없다. 개인의 의견과 악플의 경계가 흐릿해지는
상황에서 단어보다는 내용과 맥락의 문제로 혐오를 구분해내는
인권 감수성이 따라와야 한다. 그리고 나서야 법과 제도로 마땅한
대응책을 찾아낼 수 있다.

댓글창을 접수한 혐오는 이미 사회 이곳저곳으로 옮겨붙어 분
열과 충돌의 에너지를 끌어올리고 있다. 댓글을 없애는 것이 답이
될 수 없는 이유이고, 혐오에 메스를 들이대는 것만이 근본적인
해결책인 이유다. 포털 뉴스 시스템이 존재하지 않는 해외에서는
일부 온라인 커뮤니티와 SNS를 중심으로 커지는 혐오 문제가 골
치를 썩이고 있다.

마찬가지로 우리도 앞으로 언론의 탈 포털이나 댓글창 폐쇄 등
에 의해 악플의 영향력이 약화한다면 이 혐오가 다른 곳으로 튈
것이다. 앞서 포털이 연예·스포츠 뉴스 댓글을 폐지하자 같은 주
제를 다루는 온라인 커뮤니티 댓글이 급증하는 풍선효과가 나타
난 바 있다. 실제로 악플러들이 서서히 서식지를 옮겨가는 양상
도 보이기 시작했다. PC나 모바일에서 TV 콘텐츠를 중계하는 라

이브 스트리밍 서비스, 유튜브 실시간 채팅 창이 댓글창과 유사한 특성을 보이고 있다. 실시간 채팅 창의 경우 프로그램이 끝나면 기록이 잘 남지 않기 때문에 순간적으로 나타나는 폭력성과 자극성으로는 일반 댓글창보다 한 수 위지만, 문제 되는 발언을 적발 및 처벌하는 일은 난이도가 더 높다.

무엇보다 영악한 기회주의적 정치인들이 혐오 세력과 손을 잡기 시작한 최근의 흐름은 바로잡을 수 있는 시간이 정말 얼마 남지 않았다고 우리에게 경고하고 있다. 제도화되어버린 혐오의 해악은 댓글창을 훌쩍 넘어가 오프라인에서의 정치·사회적 변화로 우리의 현실을 완전히 바꿔놓을 것이다.

우리는 대중에게 힘이 점점 더 이양되는 시대, 세계시민이 본격적으로 팔로어십을 발휘하는 시대를 살고 있다. 혐오 세력에게 집단지성의 힘을 넘기지 않고, 시민성에 근거해 스스로 사유하며 주권을 지키는 노력이 절실해졌다. 아돌프 히틀러의 홀로코스트는 하루아침에 일어난 일이 아니었다는 사실을 기억해야 한다. 나치 당의 조치에 아무도 항의하지 않고 방조하는 일들이 쌓여 전대미문의 비극을 낳았다. 현 상황에서 아무것도 하지 않는 것은 최악의 선택을 하는 것과 마찬가지다.

지식의 회복과 공적 담론 살리기

지식의 권위가 추락하고 공적 담론의 장이 사라져가는 시대의 또 다른 단면은 우리의 빈약한 사회적 상상력이다. 공론장에서 단절된 것을 이어보려는 소통에 도전하기보다 불신과 체념에 짓눌려 지레 포기하려는 것은, 더 나은 미래를 우리 손으로 만들 수 있다는 상상을 하지 못하기 때문이 아닐까. 그 목표를 위한 사고력과 행동력을 빼앗기면서 말이다. 온라인 여론의 양극화와 심화하는 폭력성은 점점 더 많은 사람이 스스로 생각하는 능력을 상실하고 있다는 것을 보여준다. 독립적인 개인으로 바로 선 채 의견을 정립하지 못하는 이들은 자신이 소속감을 느끼는 집단의 분위기에 편승하기 바쁘다. 그 결과 공론장에서의 발언 또한 집단이 정해놓은 패턴을 따라 기계적으로 입출력하는 데 그친다.

우리에게 시급한 것은 '가보지 않은 길'에 대한 믿음과 사회적 신뢰를 회복하는 것, 타인과의 단절을 막겠다는 의지와 실천이다. "미래를 창조하려면 도덕적 상상력이 필요하고, 그런 능력은 오직 인간만이 갖고 있다"라고 미국의 데이터 과학자 캐시 오닐은 말했다. 그렇게 하려면 가끔은 이익보다 공정성을 우선시해야 한다는 조언도 함께 들려준다. 자동화된 시스템이 언제까지고 시간이 멈춘 듯 그대로 존재하는 것과 달리, 인간은 학습과 적응에 의해 스스로는 물론 제도와 시스템까지 개선할 줄 안다. 이런 '진화하는 능력'이라는 최고의 미덕을 활용해야 한다고 오닐은 지적했다.[95]

아무것도 하지 않는 것은 유효한 선택지가 아니다. 이미 게임은 시작되어버렸고, 가만히 있으면 지는 건 시간문제이며 로그아웃

한들 패배 처리될 뿐이다. 무기력에서 벗어나 사람들이 진실에 더 많이 노출되도록 맞서 싸우고, 거짓말은 거짓말이라고 당당히 말해야 한다. 팩트를 모호하게 만드는 모든 시도에 반기를 들어야 한다. 지식 없이 이루어지는 실천은 아무런 의미도 없다는 데서 출발해야 한다.

『포스트 트루스』의 저자 리 매킨타이어는 "우리가 거짓말에 맞서야 하는 이유는 거짓말쟁이를 설득하기 위해서가 아니다. 그보다 모든 거짓말에 관객이 존재한다는 점을 기억하면서 아직 시간이 있을 때 조금이라도 다른 사람들에게 유익을 주기 위해 거짓말과 맞서 싸워야 한다"라고 했다.[96] 그는 우리가 우리의 인지 편향을 밟고 올라가 더 유리한 위치에 설 수 있다고 주장한다. 더 나은 뉴스 미디어를 지원하는 것, 진실의 중요성을 제때 깨닫는 것이 그 시작이다. 누군가 우리를 속이려 아무리 애쓴다 한들 결국 세상에 어떻게 반응할지 결정하는 건 우리의 몫이기 때문이다.

우리는 지식인과 권력자의 책무에 대한 압박의 수위를 대폭 높여야 한다. 정치인, 고위공직자, 사회적으로 영향력 있는 이들이 혐오 표현은 잘못이라는 메시지를 공적으로 명확히 선언하는 것만으로도 아무 생각 없이 혐오에 올라탄 사람들을 위축시킬 수 있다. 공적인 주체의 대항 표현이 가진 힘은 개개인에게도 영향을 미쳐 우리가 침묵의 나선에 빠지지 않도록 하는 선순환을 만들 것이다. 댓글로 배설하는 이들에 휩쓸려 책임지지 못할 말, 편가르기나 부추기는 기사로 사회적 단절을 확산하는 언론의 책임 역시 무겁다. 소통 없는 언어가 폭력이 되고, 진정한 담론을 형성하지 못하는 곳에서 진정성을 의심받을까 공적인 글쓰기를 포기하는 이들이 늘어가는 현실[97]에 많은 이들이 개탄하고 있다.

대학교 캠퍼스에서 발생한 성범죄에 대해 천박한 헤드라인과 복사 붙이기, 미끼질로 저질 기사를 양산한 기성 언론의 행태는 한참 자격 미달이다. 투박한 손글씨로 교내 성폭력 문화의 문제를 까발리고 "당신 목소리를 키워 응답해 달라"고 한 이름 모를 대학생의 대자보가 훨씬 더 값진 담론을 만들어내는 실정이다. 인하대 성폭력 사망 사건(2022년 7월)을 다룬 언론은 자극적인 속보만 쏟아냈을 뿐, 캠퍼스 성범죄 예방을 위한 근본적인 조치나 추가 노력 등 진지한 논의의 장을 열지 못했다. 보다 못한 20대 청년 A씨가 "완전히 무너져내린 학교 공동체를 회복해야 한다"라며 겨우 공론장을 개장했다.

'꼴페미' '메갈'이라는 공격을 받을까 두려워 학내 성폭력 사건에 대한 발언조차 자기 검열할 수밖에 없는 성차별적 문화를 지적한 이 대자보는, "사전 승인을 받지 않았다"라는 이유로 학교 측에 의해 세 시간 만에 떼어졌다. 그러나 그 메시지가 남긴 흔적은 쉽게 지워지지 않았다. 2차 가해 언어가 난무하던 '에브리타임'에는 폭력적 게시물을 비판하고 저지하는 A씨의 대자보에 지지 의사를 표명하는 글이 올라오기 시작했다. 그동안 다수의 횡포를 두려워하며 지켜보기만 했던 이들이 용기를 낼 불씨가 되어준 것이다.

A씨의 대자보는 문제의 핵심을 찌른 것을 넘어 시민의 공동체

적 움직임을 독려했다는 점에서 더욱 인상적이다. 인하대 사회과학대학 20학번인 그는 익명으로 SNS를 개설해 논의와 연대를 이어갈 끈을 만들었고, 후속 행동을 위한 수십 명의 동료를 단숨에 모았다. 성평등위원회나 학생인권위원회 등을 설치해 학생들이 적극적으로 문제 제기하고 대안을 제시하는 방안을 구상하고 있다고 한다. 이제는 '옛날 방식'으로 여겨지는 대자보를 그가 붙이는 동안 옆을 지나가던 한 교수는 "이 학교에서 대자보 붙는 거 7년 만에 처음 본다"라며 응원했고, 그는 "오늘날 대학 사회에서 비판적인 목소리들의 볼륨이 얼마나 낮춰져 있었는지, 학교가 얼마나 수동적인 공간이 되었는지 느꼈다"라고 밝혔다.[98]

문제에 대해 끝까지 책임지려는 의지를 되살려 이러한 공적 담론장을 활성화하는 지성인이 더 많아져야 한다. 소란을 떨며 잔뜩 키운 판에서 사익을 추구하는 데에 혈안이 되는 것이 아니라, 문제를 해결하기 위해 다 같이 머리를 맞대는 분위기를 조성하는 오피니언 리더의 존재가 절실하다. 이들을 필두로 보다 장기적인 관점으로 공론장 회복이라는 프로젝트를 이끌어나가야 한다. 곧바로 성과가 나올 리 없는, 인내심을 요하는 과정임을 당연히 고려해야 한다.

KBS 〈댓글 읽어주는 기자들〉은 4년간 시청자들과 직접 소통했더니 악플이 확실히 줄어들었다고 했다. 꾸준히, 사람 대 사람으로 서로 말 걸고 얘기를 듣는 과정은 사소한 감정싸움이나 오해에서 비롯된 댓글 전쟁을 상당 수준 약화할 수 있다. 언론은 독자 신뢰도를 높이고, 독자는 비로소 내 의견에 귀 기울이는 매체를 만났다고 느끼며, 대중은 그로 인해 촉진된 양질의 집단지성을 혜택으로 누릴 수 있다. 여러 외신이 댓글을 '대화'로도 표기하는 것은 이러한 소통의 의미를 부각하는 차원일 것이다.

모두 다 확인하지도, 제대로 관리할 수도 없는 댓글창을 열어놓는 것만이 소통이라는 관념에서는 벗어날 때가 되었다. 게다가 현재의 댓글창은 소통의 상징인 양 자리를 차지할 뿐 실상은 어떤 곳보다 일방적으로 각자의 주장이 난사되는 곳이다. 실제로 의견을 나눠본 적이 없으니 기자도, 독자도 서로를 잘 모른다. 이는 독자의 외면과 언론의 자신감 결여로 이어진다. 여전히 대다수 신문사가 누가 보는지 모를 종이신문에 실리는 광고와 포털 클릭 수에 따라 부여되는 광고 수입에 의존하고, 탈 포털을 상상하지 못하는 것은 그 때문이다. 지금 절실한 것은 '공적으로 잘 관리된 창구'를 통해 언론과 독자, 사람들 사이에 인간적인 교류를 늘려가는 일이다. 그 장소는 새롭게 태어난 댓글창을 통해서도 가능하고, 독자 피드백 이메일 같은 방식을 활용할 수도 있다.

공감보다 절실한 이성과 객관성

폭력적 댓글 문화에 대응하기 위한 공동체적 노력은 어떤 것이어야 할까. 법과 제도로 일탈적 행위를 막는 것은 필요하나 근본적인 해결책은 아니다. 그렇다면 사람들의 공감 능력을 키우면 될까? 역시 어딘가 꺼림칙했다. 지금 상황에서 '타인의 입장을 배려하고 공감하자'라는 건 하나 마나 한 말이다. '타인'이 누구냐에 따라 선택적 공감을 하는 비뚤어진 공동체 의식이 오늘날 온라인 혐오 감정의 본질인 탓이다. 내가 이해할 수 있는 범위의 사람, 사회적 맥락을 공유할 수 있는 사람에게만 발휘하는 공감은 공론장의 다양성을 촉진하기보다 위축시킬 확률이 높다.

공감은 지금 여기 있는 특정 인물에게만 초점이 맞춰진 스포트라이트다. 공감은 그 사람들에게 더 마음을 쓰게 하지만, 그런 행동이 야기하는 장기적 결과에는 둔감해지게 하고, 우리가 공감하지 않거나 공감할 수 없는 사람들의 고통은 보지 못하게 한다. (…) 우리와 가까운 사람들에게 감정을 이입하는 행동은 나머지 사람들을 상대로 전쟁을 벌이고 잔학 행위를 일삼도록 자극하는 강한 힘으로 작용한다.[99]

그러니 공감이 오히려 혐오를 불러일으키는 역설을 이해하는 것이 먼저다. 다른 집단에 대해 갖는 강력한 미움의 감정 이면에는 자기 집단에 대한 강한 집착과 연결의식이 있다. 여기에는 타집단을 혐오하는 것을 통해 내가 속한 집단에 충성을 다하며 얻는 이득, 자신의 정체성을 확인시켜준다는 이득이 포함된다.[100] 이런 구도에서 공감만 강조해버리면 공론장은 결국 목소리 크기 싸움으로 납작해지며, 악플은 강자가 약자를 상대로 분풀이 할 도구를 하나 더 추가하는 것 이상의 의미를 갖지 못하게 된다.

현재 온라인 공론장에서의 타깃 색출과 악플 공격은 '배제'를 통해 기존 집단과 사회의 균질함을 지키려는 보수적 움직임이다. 그 밑바탕이 되는 건 공감 능력 부족이라기보다는 자신이 친밀하게 느끼는 이들에게 편향된 과도한 공감이다. 이러한 감정 온도는 조금 식힐 필요가 있다. 심리학자 나카노 노부코는 "사랑이 많은 사람이 더 잔혹하다"라고 했는데, 이는 사람 간 애착과 유대를 형성하는 옥시토신이 인간 본성의 양면적 심리와 밀접한 연관이 있기 때문이다. 사랑과 행복, 신뢰와 결속의 호르몬이 내 편에게만 너무 강하게 적용될 때, 이 감정은 한순간에 타인을 향한 분노와 잔혹함의 원천이 될 수 있다. 옥시토신이 넘칠 때 인간은 지독히 편협해지기도 하며, 자기 뇌의 쾌락을 위하고 소속 집단의 안전을 우선하는 과정에서 이를 가로막는 자를 용납하지 못한다.[101]

이때 중요한 언론의 역할은 달아오른 사람들을 진정시키고, 우선순위가 밀려난 이성의 존재감을 찾아주는 것이다. 정보의 주요 창구가 언론이던 시절에는 기자의 가치중립적 태도가 가장 중요했다면, 너무 많은 정보가 범람하는 지금은 옥석을 가리고 경중을 따지는 '가치지향적' 지식인으로서 해야 할 몫에 비중을 높일 필요가 있다.

조지 오웰은 "거짓이 판치는 시대에는 진실을 말하는 것이 곧 혁명"이라고 했다. 오늘날 많은 기사는 진실 추적에 천착하기보다는 기계적으로 찬반 입장을 제시하고 주장과 의견을 그대로 전달하는 '형식적 객관주의' 보도 관행을 전략적으로 채택한다. 편향성 논란에서 빠져나갈 구멍을 만들어 두느라 정작 진실을 전달하는 일은 도외시하는 실책을 범하고 있는지 모른다. 그러는 동안 조작된 의혹으로 진실에 대한 혼란을 퍼뜨리고자 했던 자들의 손에 제대로 놀아나면서 말이다.

주장과 의견을 따옴표로 무기력하게 나르기만 하는 저널리즘을 정치권은 민첩하고 유능하게 다룬다. 동덕여대 교양학부 교수 홍원식은 '본질 추구' 저널리즘이 무너지는 상황에서 "정당 대변인, 기업 홍보담당자 또는 정치 패널 등은 사실 자체보다는 사실에 관한 주장이 있다는 것을 사실로 간주해 보도하는 우리 언론의 형식적 객관주의 보도 관행을 능숙하게 자신의 전략적 도구로 활용한다"[102]라고 지적했다. 진실을 끈질기게 파헤치는 취재에 나서는 것보다 단순히 반박 입장을 전하는 것이 효율적이기에 언론이 이런 선택을 한다는 분석이다.

양쪽 모두를 공정하게 다루는 척하며 진실을 외면하는 뉴스, 남이 말해준 팩트에 매달려 사실의 파편만 전달하는 뉴스로는 진정한 중립성을 구현할 수 없다. 『허핑턴포스트』 창립자인 아리아나 허핑턴은 2012년 4월 "논쟁적인 주제를 조사하는 데 증거의 균형이 한쪽에 쏠려 있다면 기사에도 그대로 반영할 것"이라며 "우리의 목표는 우리가 다루는 대상을 만족시키려는 것도 아니고 균형 잡힌 척하는 기사를 만들어내려는 것도 아니다. 우리는 오로지 진실만을 추구하고자 한다"라고 밝혔다.

언론이 생산하는 기사가 누구의 발화 권력을 강화하는지에도 세심한 주의를 기울여야 한다. 모든 기사는 누구의 입장에서 바라볼 것인지 반영하는 '관점'을 가진다. 전통적인 저널리즘 원칙은 사건 관계자를 광범위하게 골고루 취재해 사실성factuality에 근거한, 취재원으로부터 거리두기를 한 기사를 이상적으로 본다. 초년병 시절 가슴이 뜨거운 기자들은 "사건 당사자에 너무 감정이입하면 안 된다"라는 조언을 수시로 듣는다.

그러나 평등하고 정의로운 세상을 만드는 데 기여하는 것 또한 언론의 존재 의의다. 이를 위해 때로는 능동적으로 마이크가 필요한 이들을 찾아내 그들이 이야기할 수 있는 스피커가 되어주어야 한다. '개입하지 않고 관찰만 한다'는 원칙에만 기대는 것은 책임을 다하지 않는 소극적 태도다. 발화 권력의 차이가 엄연한 현실에서 땅이 기울어져 있는 것을 외면한 채 단순 사실만 수집하여 전달할 경우 누구의 입장이 더 반영될까.

전국언론노동조합 정책전문위원 김동원은 2020년 박원순 전 서울시장의 권력형 성폭력 사건에서 따옴표 저널리즘 일색인 보도 행태를 예로 들며 "언론 보도 한 건, 기사 단어 하나가 누군가에게 비수로 꽂히는 민감한 상황에서는 사실 수집이 아닌 '대화'로서의 저널리즘이 우선되어야 한다"[103]라고 밝혔다. 사안에 따라서 기사가 누구의 입장에서 어떤 이들에게 말을 걸고 있는지 고민해야 한다는 것이다. 박 전 시장 사건의 경우 위계를 지닌 권력집단으로부터 유사한 성폭력을 경험한 이들, 두려움에 이를 지금도 밝히지 못하는 이들이 많은 '정치적 폭력'의 문제라는 점에서 더욱 그래야 했다. 이런 보도에서 기자가 거리를 둘 대상은 취재원이 아니라 기자 자신과 소속된 언론사 및 출입처다.

오랜 저널리즘 관행은 그러나 기계적으로도 늘 중립을 지켰다고 보기 힘들다. 따옴표 보도 뒤에 숨어 사실상 권력의 입장에 자신을 투사해온 경우가 적지 않았다. 박 전 시장 사건에서 언론은 대체로 정치권, 서울시, 경찰과 기자 자신이 속한 언론사의 관점을 적용했다. 언론의 눈과 귀는 당시 민주당과 미래통합당이 이 사태를 어떻게 대응할지, 보궐선거는 어떻게 치를지와 같은 질문에 주로 머물렀다. 피해자는 철저히 대상화되거나 사라지고, 그 자리는 진실 공방을 도구 삼는 협소한 정당정치가 채웠다. 김 위원은 이 사건에서 "피해자에게 자신을 이입하는 것은 편향이 아니라 철저히 이성적인 태도"라며 "만약 내가 피해자의 직위와 처지에 있었다면 왜 4년 동안 사실을 밝히지 못했는지, 나라면 어떤 선택을 했을지 등의 자문에서 취재를 시작했을 것"이라고 꼬집었다.

한편으로는, 기자들이 혐오 세력의 공세에 위축되지 않고 꿋꿋이 필요한 기사를 써나가는 것만으로도 점진적인 변화를 기대할 수 있다. 끊임없는 공격을 받다 보면 자신도 모르게 자기검열의 늪에 빠지고, 이른바 '안전한' 아이템만 발제하려는 냉각효과를 겪게 되지만 이는 결국 혐오 세력이 원하는 대로 해주는 꼴이 아닌가.

이런 생각에 흔들리지 말아야겠다고 느낀 개인적인 경험을 하나 소개하고 싶다. 몇 년 전 한 독자로부터 받은 장문의 이메일에 관한 이야기다. 어느 날 뜬금없이 「기자님. 응원합니다」라는 제목으로 도착한 이메일을 여는 순간만 해도 흔한 낚시성 욕 메일이겠거니 했다. 사실 이런 멀쩡한 제목의 악성 메일은 기자들에게 일상이다. 그러나 내용은 대반전이었다. 자신을 '26살 청년'이라고 밝힌 그는 "기자님의 기사를 읽고 유튜브를 듣다가 제 모습에 대해 깨닫게 되었습니다. 그래서 죄송한 마음과 감사한 마음을 보내고 싶어 고민하다 글을 적습니다"라고 운을 뗐다.

모 유튜버 사건을 통해 필자를 알게 되었다고 한 그는 페미니즘이니 남녀갈등이니 하는 문제를 자신과 거리가 멀다고 생각했기 때문에 일련의 필자 기사에 분노했었다고 밝혔다. 그러나 시간이 지나면서 필자 기사를 몇 개 읽어보았고, 페미니즘을 조금이나마 이해하게 되었다고 말했다. 그는 "사람들이 상대 성별과 격렬하게 다투고 있는 것은 부끄러운 우리 사회를 마주하고 싶지 않은 거부감에서 비롯된 것 같다"라고 진단했다. "사회에서 만나는 사람들은 모두 착하고 이성적인데, 왜 인터넷에서 사람들은 항상 폭력적인지 궁금했다"는 그는 문득 그들에게서 자신의 모습을 봤다고 고백했다. 그리고는 "혐오스러운 것을 부정하고 현실을 직시하는 데서 나오는 거부감이 독한 저의 모습을 만들어내는 것 같습니다. 그리고 객관적이고 중립적인 자세 없이, 서로를 헐뜯고 비난하는 사람들의 모습에 휩쓸리는 제 모습을 발견하게 됐습니다"라고 덧붙였다. 이 대목에서 놀란 건 필자만이 아닐 것이다. 언론이 묵

묵히 써낸 기사들은 일견 아무 효과도 없이 다음 날이면 사라지는 것 같지만, 꼭 그렇지만은 않다는 것을 체감했다. 보이지 않는 곳에서 누군가에게는 극적인 변화를 만들어내는 매개체가 되고 있는 것이다.

알고 싶지 않은 마음과 싸우기

모르면 당하지만 알면 싸워 이길 수 있다. 혐오·조작 세력이 활개치는 동안 우리 모두는 공론장 파괴에 따른 직간접적인 피해를 본다는 것을 인지하고, 동료 시민으로서 함께 들고일어날 준비를 해야 한다. 그리고 피해자에 연대할 수 있어야 한다. 그것이 길게 보면 우리 자신을 지키는 길이기도 하다.

그런 의미에서 우리 모두 '타인을 알고 싶지 않은 마음'과 싸웠으면 한다. 문해력, 리터러시의 위기라고들 하는데 실은 사회성의 위기인지 모른다. 현재 공론장의 근본적인 문제는 소통 과정에서 오직 '나'밖에 남지 않은 일방향성이 초래한 측면이 크다. 사이버 세상을 무대로 우리의 활동 반경, 교류하는 사람의 범위는 확장되는데, 소통은 반대로 자기애적이고 폐쇄적으로 변해갔다. 나만 맞고 남은 틀렸다는 경향이 강해지면서 말이 통하지 않고 충돌이 늘어갔다. 점점 더 날이 서는 공격적인 댓글창, 누군가를 저격하는 콘텐츠의 범람은 그 결과물이다.

문해력 또는 이해력이 부족하다는 것은 타인을 상상할 수 있는 '힘'이 없다는 뜻이다. 나아가 뇌가 그럴 '용기'를 학습하지 못하는 것이다. 나르시시즘적으로 계속 자기 이해, 자기 입장에 익숙한 방식에만 길들여져서 그에 갇혀버리는 폐쇄성에 머무는 것이다. (…)

문해력이란 나와 타자가 속한 맥락을 포괄적으로 이해할 수 있는 능력과 다르지 않다. 그리고 바로 이런 능력 부족이 문제라면, 단순한 읽고 쓰기의 중요성을 넘어서서 한국 사회 전반을 지배하고 있는 문화의 단순화와 극단화, 이분법적 성향을 먼저 들여다봐야 할 것이다.[104]

상대의 발화를 이해하려 다차원적 맥락을 부여하기는커녕 잘라내기 바쁜 경향은 인터넷 시대에 극대화된 자기중심성에서 비롯된다. 그러니 지금 필요한 것은 디지털 문맹에서 벗어나는 수준의 문해력이 아니다. 중요성이 급락한 맥락의 가치를 되살리는 것, 타자의 세계에 대한 이해에 도달하는 독해를 해내는 것이어야 한다. 있는 힘껏 상대의 의도를 왜곡할 뿐 이해하지 않으려는 한편, 오직 진실한 것은 나의 의도뿐이라고 고집부리는 메커니즘 속에 문해력 위기의 본질이 담겨 있다. 이 상태로 디지털 활용능력이 높아진다 한들 이를 잘못 휘두를 위험만 커진다.

자신에 대한 악플과 폄하로 얼룩진 댓글창 앞에서 이성의 끈을 유지하기란 누구도 쉽지 않은 일이다. 이제는 유명인이 아니더라도 언제든 댓글 때문에 상처받을 수 있는 시대가 되고 있다. 본인이든 주변인이든 악플 피해를 보게 된다면 반드시 터놓고 얘기할 상대를 찾아 풀어야 한다. 필요하면 의학적 도움도 받아야 한다. 그러지 않으면 심각한 감정 동요와 패닉을 겪을 수 있다. 악플이 위험한 것은 단순히 폭력 행위이기 때문이 아니라 한 사람의 사고와 인지를 뒤틀리게 만들기 때문이다. 아무렇지 않다가도 갑자기 이유 없이 세상이 무서워진다거나 모든 사람을 의심하게 된다거나 하는 식으로 말이다.

보통 이럴 때 더 힘이 되는 건 옆에서 같이 걱정해주는 사람보다는 응원해주는 사람이다. 나아가 연대와 동행, 우리가 결코 다른 길을 가는 것이 아님을 알려주고 함께 더 강해지자는 의지를 표현하는 용기를 낸다면 더할 나위 없을 것이다. 악플러 부대의 의도에 절대 말려들어서는 안 된다. 이들은 불순한 목적으로 댓글창에 잠입한 세력임을 잊지 말고, 악의적인 시도들을 간파해내야 한다. 1만 개, 2만 개가 달려도 악플은 악플일 뿐 진실이 될 수 없다.

한편, 댓글창에 자신의 동조 세력이 조금만 줄어들거나 상식적인 시민의 피드백이 늘어나면 악플 부대의 공격은 눈에 띄게 감소하는 것을 볼 수 있었다. 연대하는 시민이 조금만 더 많아져도 효과적인 반격이 가능하다는 의미다. 한국인의 뜨거운 감정 에너지가 악플 사이버테러 행위로만 발현되라는 법은 없지 않은가. 이상론일 수 있지만 이를 긍정 담론과 선플 달기에 활용한다면 악플러 부대에 필적하는 화력을 만들어낼 수도 있다.

한 인터뷰이가 했던 "댓글은 무기이지 답이 되지는 못한다"라는 말로 끝을 맺으려 한다. 우리가 할 일은 어디까지나 도구로서 댓글을 잘 이용하는 것이다. 사회의 성숙도가 낮아 도구를 제대로 쓸 형편이 못 된다면 일시적으로라도 댓글창을 닫는 결단이 필요할 것이다. 댓글이 언제나 정답이라고 확정해버리는 것은 현명한 선택이 아니다. 댓글창에 대한 그런 무관심과 몰이해는 공론장을 망가뜨리는 최악의 적이다. 진부한 결론이지만 댓글창을 어떤 공론장으로 만들 것이냐는 우리 손에 달려 있다. 한 명이 버린 쓰레기를 치우지 않고 다음 사람이 또 공간을 더럽히는 일을 몇 번만 거쳐도 쓰레기장이 되는 건 순식간이다. 그렇게 내버려두지 않겠다는 시민들의 의지, 잘 관리된 공론장에 대한 선호가 단단히 뭉쳐야 할 것이다.

· 구유모. 2021. 「소수 의견은 항상 침묵하는가? 댓글의 예의·무례함과 소수 의견 지지비율이 소수 의견 입장자의 의견표현의지에 미치는 영향」『사회과학연구』 제28권 제4호.

· 김내훈. 2021. 『프로보커터』 서해문집.

· 김선주. 2010. 『이별에도 예의가 필요하다』.

· 김창욱·신우열. 2022. 「여성기자 온라인 괴롭힘에 관한 저널리즘 사회학적 연구」『전국언론노조성평등위원회』.

· 김학준. 2022. 『보통 일베들의 시대』 오월의봄.

· 김형·양혜승. 2013. 「저널리즘 원칙으로 본 온라인 뉴스제목의 형식적 및 내용적 문제점 분석」『언론학연구』 제17권 제3호.

· 나은경·이준웅. 2008. 『댓글 문화 연구』 한국언론재단.

· 나은영. 2015. 『인간 커뮤니케이션과 미디어』 한나래.

· 나카노 노부코. 2018. 『샤덴프로이데』 삼호미디어.

· 노리나 허츠. 2021. 『고립의 시대』 웅진지식하우스.

· 로이터저널리즘연구소. 2022. 「디지털 뉴스리포트」.

· 레나타 살레츨. 2021. 『알고 싶지 않은 마음』.

· 리 매킨타이어. 2019. 『포스트 트루스』 두리반.

· 리처드 브로디. 2010. 『마인드 바이러스』 흐름출판.

· 박세혁. 2019. 「탈진실(포스트-트루스) 시대의 진실적 스토리텔링」『영상문화』 제35호.

· 박아란·이나연. 2021. 『언론인과 디지털 괴롭힘』. 한국언론진흥재단.

· 박인성. 2022. 「밈과 신조어로 읽는 인터넷 커뮤니티의 부족주의—남초 커뮤니티의 정서적 평등주의와 위임된 성장서사」. 『대중서사연구』 제28권 2호.

· 심재웅·김진희. 2013. 「플레이밍에 영향을 끼치는 변인에 관한 연구」. 『정보화정책』 제20권 4호.

· 양정애·최지향. 2017. 『이용자 관여가 언론사 가치 상승에 미치는 영향』. 한국언론진흥재단.

· 오사 빅포르스. 2022. 『진실의 조건』. 푸른숲.

· 에릭 호퍼. 2011. 『맹신자들』. 궁리.

· 율리아 에브너. 2021. 『한낮의 어둠』. 한겨레출판.

· 월터 리프먼. 2021. 『여론』. 커뮤니케이션북스.

· 이라영. 2019. 『타락한 저항』. 교유서가.

· 이종명. 2022. 「불신의 시대, 맹신의 유튜브」. 『관훈저널』 통권 162호.

· 장강명. 2015. 『댓글부대』. 은행나무.

· 정지우. 2022. 『내가 잘못 산다고 말하는 세상에게』. 한겨레출판.

· 주디스 버틀러. 2016. 『혐오 발언』. 알렙.

· 진중권. 2020. 『진보는 어떻게 몰락하는가』. 천년의상상.

· 최인철·배윤희 외 3명. 2021. 『헤이트』. 마로니에북스.

· 최진호. 2022. 「한국 이용자 3명 중 2명 뉴스 회피 '뉴스 불신' 때문」. 『신문과방송』 제620호.

· 캐시 오닐. 2017. 『대량살상 수학무기』. 흐름출판.

· 폴 블룸. 2019. 『공감의 배신』. 시공사.

· International Media Support. 2019. The safety of women journalists: Breaking the cycle of silence and Violence.

· IWMF, Troll Busters. 2018. Attacks and harassment. The impact on women journalists.and their reporting.

· UNESCO. 2021. The Chilling: Global trends in online violence against women journalists.

1 「학력이 높을수록, 소득이 높을수록! 한국인의 행복 지수가 높아지는 경향이 있다(조사 결과)」, 『허핑턴포스트코리아』, 2022년 12월 31일자 기사.

2 나은영. 2015. 『인간 커뮤니케이션과 미디어』. 한나래.

3 「[데스크시각] 댓글이 진짜 여론일까」, 『국민일보』, 2022년 4월 27일자 기사.

4 「커지는 '댓글 불신' … '헤비 댓글러' 3,200명 분석해보니」, JTBC, 2018년 4월 24일자 기사.

5 「[단독] 댓글 점령한 4050남, 여성보다 3배 더 썼다」, 『국민일보』, 2022년 4월 21일자 기사.

6 Srijan Kumar 외 3인. 2018. Community Interaction and Conflict on the Web. The Web Conference (https://snap.stanford.edu/conflict).

7 「[단독] 개당 50원에 '원하는 댓글' … 조작 사이트 등장」, JTBC, 2017년 4월 20일자 기사.

8 「"근거 없는 댓글도 심리에 영향"」, KBS, 2018년 4월 18일자 기사.

9 「[단독] "이런 것이 중요" 댓글 공작 지시 'MB 육성 파일' 나왔다」, 『한겨레』, 2018년 9월 17일자 기사.

10 「[단독] 국정원, 댓글 알바 30개팀 3500명 운영했다」, 『한겨레』, 2017년 8월 4일자 기사.

11 「[단독] '조현오 댓글' 1만 2,400여 건 전수조사 …… '가짜 뉴스'식 댓글 뿌려」, 『시사저널』, 2018년 10월 10일자 기사.

12 「MB 민간인 댓글부대 3,500명 박근혜 정권 때에는 뭘 했을까」, 『경향신문』, 2017년 8월 4일자 기사.

13 「악플러들은 '나르시시즘, 마키아벨리즘, 사이코패시즘' 인간 악의 3대장을 모두

가졌다? [타인의 심리 읽어드립니다 EP.5] | 김경일 교수」, 유튜브 (2021.8.18.).

14 「페미니즘은 죄가 없다[혐오의 민낯]」, 『한겨레21』, 2022년 10월 3일자 기사.

15 「"악플 때문에 사람이 죽어?" 지금 쓴 댓글 읽어보세요」, SBS, 2019년 12월 16일자 기사.

16 「'혐오의 장'된 포털 댓글 어떻게 할 것인가」, 『미디어오늘』, 2022년 12월 28일자 기사.

17 「악플러들의 공통적인 성격 특성 밝혀졌다(연구)」, 『나우뉴스』, 2021년 6월 28일자 기사.

18 「악플러의 근본 | 악플의 코드 2부 | 악플러 1,047명의 실체 [라이프 코드(Life CODE)]」, 유튜브 (2020.1.18.).

19 「페미니즘은 죄가 없다[혐오의 민낯]」, 『한겨레21』, 2022년 10월 3일자 기사.

20 「'기자 출신' 타이틀 단 인터뷰가 되고 싶단 생각… 국회 기자실 박차고 나왔다」, 『기자협회보』, 2022년 12월 22일자 기사.

21 이라영. 2019. 『타락한 저항』. 교유서가, 21쪽.

22 「"이준석, 2030 욕망과 불만을 '공정' 레토릭으로 발화"」, 『미디어오늘』, 2021년 6월 17일자 기사.

23 김학준. 2022. 『보통 일베들의 시대』. 오월의봄, 261, 346쪽.

24 심재웅·김진희. 2013. 「플레이밍에 영향을 끼치는 변인에 관한 연구」, 『정보화정책』 제20권 4호, 55쪽.

25 「정준영 피해자 "2차 가해 판치는 성범죄 기사 댓글창……살인방조"」, 『한겨레』, 2021년 5월 6일자 기사.

26 박아란·이나연. 2021. 『언론인과 디지털 괴롭힘』. 한국언론진흥재단, 62쪽.

27 김창욱·신우열. 2022. 「여성기자 온라인 괴롭힘에 관한 저널리즘 사회학적 연구」, 『전국언론노조성평등위원회』, 23-29쪽.

28 International Media Support. 2019. The safety of women journalists: Breaking the cycle of silence and Violence.

29 IWMF, Troll Busters. 2018. Attacks and harassment. The impact on women journalists and their reporting.

30 김수아. 「여성의 공적 참여 비용이 폭력 감수는 아니다」, 『경향신문』 2022년 6월 13일자 칼럼.

31 리처드 브로디. 2010. 『마인드 바이러스』. 흐름출판, 30쪽.

32 「'어쩌다 윤석열'……한국 보수정치가 이렇게 된 3가지 이유」, 『한겨레』. 2022년 8월 24일자 기사.

33 박인성. 2022. 「밈과 신조어로 읽는 인터넷 커뮤니티의 부족주의─남초 커뮤니티의 정서적 평등주의와 위임된 성장서사」, 『대중서사연구』, 제28권 2호, 59-60쪽. 저자는 사람들이 원하는 방식으로 세계를 인식하고 재현하기 위한 '서사적 구성요소'로 밈이 기능하면서 특정 세력이 편의적 대안세계를 만들어내기 좋은 환경이 되었다고 분석했다.

34 박인성. 2022. 「밈과 신조어로 읽는 인터넷 커뮤니티의 부족주의─남초 커뮤니티의 정서적 평등주의와 위임된 성장서사」, 『대중서사연구』. 제28권 2호. 60쪽.

35 진중권. 2020. 『진보는 어떻게 몰락하는가』. 천년의상상, 20쪽.

36 나은경·이준웅. 2008. 『댓글 문화 연구』. 한국언론재단. 102쪽.

37 「댓글, '남성'과 '60대'가 작성 ↑…"댓글, 유용한 정보 없다"」, 『중앙일보』. 2018년 5월 31일자 기사.

38 장강명. 2015. 『댓글부대』. 은행나무, 151쪽.

39 진중권. 2020. 『진보는 어떻게 몰락하는가』. 천년의상상, 121쪽.

40 「'이대남' 용어에 71%가 '부정적'…"성별·세대 갈등 조장"」, 『연합뉴스』. 2022년 3월 23일자 기사.

41 「"이재명 욕설은 왜곡, 박지현이 선거 망쳐"…내가 개딸이다 [단독 인터뷰]」, 『중앙일보』. 2022년 6월 9일자 기사.

42 율리아 에브너. 2021. 『한낮의 어둠』. 한겨레출판, 163쪽.

43 「[논썰] 한강 의대생 사망 사건, 왜 '음모론'에 열광할까」, 『한겨레』. 2021년 6월 5일자 기사.

44 「어제는 '욕' 오늘은 '명복'… 이슈 따라 돌변 '카멜레온' 댓글러들」, 『국민일보』. 2022년 12월 12일자 기사.

45 「악플러에게 물었다 "악플 쓴 이유? 그냥 똥 싸듯이 찍"」, SBS. 2019년 12월 16일자 기사.

46 에릭 호퍼. 2011. 『맹신자들』. 궁리. 105, 146쪽.

47 「정치인 특정발언 뒤 여혐댓글↑……"혐오해도 된다" 권리로 착각」, 『국민일보』. 2022년 12월 13일자 10면 기사.

48 「[단독] '여성가족부 폐지' 7글자 위력… 혐오댓글 폭발했다 [정중하고, 세련된 혐오사회]」, 『서울신문』, 2022년 7월 28일자 기사.

49 김형·양혜승. 2013. 「저널리즘 원칙으로 본 온라인 뉴스제목의 형식적 및 내용적 문제점 분석」, 『언론학연구』, 제17권 제3호.

50 「기사 제목 '공포' '분노' 쓰는 비율 32년간 2배 이상 늘었다」, 『미디어오늘』. 2022년 10월 15일자 기사.

51 「'진중권 저널리즘'의 막장」, 『오마이뉴스』. 2022년 2월 15일자 기사.

52 「'따옴표 저널리즘'에 사라진 장애인 이동권 문제」, 『기자협회보』. 2022년 4월 5일자 기사.

53 「"정치인과 언론의 '받아쓰기', 혐오 표현에 정당성 부여해주고 있다"」, 『프레시안』. 2022년 3월 2일자 기사.

54 「이재명·윤석열·심상정·안철수 〈삼프로TV〉 댓글 분석해보니」, 『시사인』. 2022년 1월 27일자 기사.

55 「"진보도 보수도 '자기 진영' 유튜브 가짜뉴스에 '맹신 경향'"」, 『한국일보』. 2022년 8월 26일자 기사.

56 「김어준, 유튜브 나홀로만에 '100만 유튜버'…슈퍼챗으로만 2억 넘게 벌었다」, 『디지털타임스』. 2023년 1월 14일자 기사.

57 「균형 잃은 나팔수들 강성발언에… 중도표심 잃고 '폭망' [심층기획-보수유튜브에 발등 찍힌 보수정당]」, 『세계일보』. 2020년 4월 30일자 기사.

58 김승주. 2022. 「사이버 렉카와 미디어가 보수화를 이끄는가?」, 『노동자 연대』

410호, 8~10쪽.

59 「'자극과 편향' 유튜브 흥행 공식… "정치과잉·언론불신이 출발점"」, 『한국일보』, 2022년 8월 30일자 기사.

60 「가세연에 거액 슈퍼챗 쏜 의사……'배신자' 낙인 찍히자 '불륜' 거짓 영상까지」, 『한국일보』, 2022년 8월 25일자 기사.

61 박종선. 「'탈진실' 현상이 초래하는 것, 리 맥킨타이어 '포스트 트루스'」, 『주간조선』, 2021년 1월 17일자 칼럼.

62 박세혁. 2019. 「탈진실(포스트-트루스) 시대의 진실적 스토리텔링」, 『영상문화』, 제35호. 151쪽.

63 박세혁. 2019. 「탈진실(포스트-트루스) 시대의 진실적 스토리텔링」, 『영상문화』, 제35호. 153쪽.

64 오사 빅포르스. 2022. 『진실의 조건』, 207쪽.

65 「중국인 손흥민, 폭행 당한 박은빈… 유튜브 가짜뉴스에 월 수익 1000만원」, 『머니투데이』, 2022년 8월 18일자 기사.

66 「"베트남 영구 추방" 황당 그 자체를 뉴스로 포장한 유튜브 채널」, 『미디어오늘』, 2022년 9월 7일자 기사.

67 오사 빅포르스. 2022. 『진실의 조건』, 216쪽.

68 「거짓이 더 빨리 유통되는 시대……"2년 안에 민주주의 와해될 것"」, 『기자협회보』, 2022년 9월 21일자 6면 기사.

69 「[SDF2021] 공동체 감정을 숙의하는 5천만의 지휘자 - 이경원 기자」, 유튜브. (2021.12.3.)

70 「[단독] 코로나에 2배로 폭증한 댓글……"내가 심판한다"」, 『국민일보』, 2022년 4월 22일자 기사.

71 「"김건희, 버버리서 3000만원 쇼핑" 온라인제보, 허위사실이었다?」, 『조선일보』, 2022년 7월 11일자 기사.

72 박종선. 「'탈진실' 현상이 초래하는 것, 리 맥킨타이어 '포스트 트루스'」, 『주간조선』, 2021년 1월 17일자 칼럼.

73 Thomas B. Edsall. We're Staring at Our Phones, Full of Rage for 'the Other Side'. 『The New York Times』. 2022년 6월 15일자 칼럼.

74 이라영. 「블랙리스트, 통제와 억압의 한국 문화사」 『프레시안』. 2017년 12월 11일자 칼럼.

75 오사 빅포르스. 2022. 『진실의 조건』. 295쪽.

76 레나타 살레츨. 2021. 『알고 싶지 않은 마음』. 후마니타스, 47쪽.

77 김내훈. 2021. 『프로보커터』. 서해문집. 59쪽.

78 양정애·최지향. 2017. 『이용자 관여가 언론사 가치 상승에 미치는 영향』. 한국언론진흥재단.

79 김원장. 「언론윤리TALK (14) 기자는 망했다」 『기자협회보』. 2022년 8월 11일자 칼럼.

80 최진호. 2022. 「한국 이용자 3명 중 2명 뉴스 회피 '뉴스 불신' 때문」 『신문과방송』. 제620호, 55쪽.

81 김선률. 2022. 「오랜 시간 뉴스는 변하지 않았고 우리는 시시각각 변하고 있다」 『신문과방송』. 제620호, 12~15쪽.

82 「욕먹어도 남는 장사⋯⋯언론·유튜버·정치인은 '혐오 공범들'[정중하고, 세련된 혐오사회]」 『서울신문』. 2022년 7월 28일자 기사.

83 노리나 허츠. 2021. 『고립의 시대』. 웅진지식하우스. 197쪽.

84 「"악플에 초연할 사람 없다" 댓글과 사투 벌이는 풍경들[광화문에서/김유영]」 『동아일보』. 2019년 10월 18일자 칼럼.

85 "What happened after 7 news sites got rid of reader comments." Niemanlab. 2015년 9월 16일자 기사.

86 "We disagree on what the space should be": Editors discuss the future of comment sections. Niemanlab. 2021년 7월 28일자 기사.

87 「No comment: Why news websites are ditching comment sections」 『Mashable』. 2014년 12월 17일자 기사.

88 「"화나요" 버튼 없앤 네이버뉴스를 반기는 이유」 『기자협회보』. 2022년 5월

10일자 4면 기사.

89 「네이버뉴스 감정표현 '긍정'만 남겼더니 이용 급감」『미디어오늘』2022년 10월 16일자 기사.

90 최인철·배윤희 외 3명. 2021. 『헤이트』 마로니에북스. 102~103쪽.

91 주디스 버틀러. 2016. 『혐오 발언』 알렙. 318~323쪽.

92 구유모. 2021. 「소수의견은 항상 침묵하는가? 댓글의 예의·무례함과 소수의견 지지비율이 소수의견 입장자의 의견표현의지에 미치는 영향」『사회과학연구』 제28권 제4호. 3~36쪽.

93 위근우. 「메갈만물설, <놀면 뭐 하니?>의 'MSG 워너비'는 어떻게 메갈에 오염되었는가」『경향신문』 2021년 5월 7일자 칼럼.

94 「'숏컷=페미', '손가락=메갈', 이 개소리들 왜 반응해주나요?」『닷페이스』 2021년 8월 4일자 기사.

95 캐시 오닐. 2017. 『대량살상 수학무기』 흐름출판. 337쪽.

96 리 매킨타이어. 2019. 『포스트 트루스』 두리반. 207쪽.

97 김선주. 2010. 『이별에도 예의가 필요하다』 한겨레출판. 222쪽.

98 「[인터뷰] 인하대 '쥐어뜯긴 대자보'……온라인 말고 광장에 붙인 이유」『한겨레』 2022년 8월 3일자 기사.

99 폴 블룸. 2019. 『공감의 배신』 시공사. 21쪽.

100 최인철·배윤희 외 3명. 2021. 『헤이트』 마로니에북스. 329쪽.

101 나카노 노부코. 2018. 『샤덴프로이데』 삼호미디어, 206쪽.

102 「언론학자가 바라본 '바이든' '날리면' 보도의 진짜 문제는」『미디어오늘』 2022년 10월 16일자 기사.

103 「권력 저널리즘 혹은 약자 저널리즘」『미디어오늘』 2020년 7월 14일자 기사.

104 정지우. 2022. 『내가 잘못 산다고 말하는 세상에게』 한겨레출판. 53~55쪽.